통장의 눈물

통장의 눈물

초판 1쇄 인쇄 2013년 3월 15일

초판 1쇄 발행 2013년 3월 20일

지은이 박연수

펴낸이 박기남

펴낸곳 **율곡출판사**

주소 121-872 서울시 마포구 염리동 36-249

전화 02-718-9872~3

팩스 02-718-9874

등록 1989. 11. 10. 제5-206호(윤)

홈페이지 www.yulgokbooks.co.kr

이메일 yulgokbook@naver.com

ISBN 978-89-97428-25-0 03320

값 13,000원

통장의 눈물

율곡출판사

들어가는 글

부자산술적 의미가 아닌 스스로 만족할 경제수준가 되는 공식이 있다. 부자가 된다는 것은 자신의 소득저축 가능 금액을 효율적으로 관리해 의미 있는 종잣돈을 만들고, 이를 통해 지속 가능한 이전소득을 만들어야만 가능하다.

현재 우리의 재테크를 방해하는 최대의 적은 역설적으로 금융상품을 전문적으로 취급하는 금융회사다. 당신은 알고 있는가. 당신이 만드는 통장이 늘어날수록, 통장의 예금액적금 포함이 늘어날수록 당신은 더 가난해진다는 사실을…….

당신이 통장을 더 만들고, 통장에 예금이 늘어날수록 만족하고 있다면, 당신은 현재의 금융시장 흐름에 무지하거나 금융에 대한 이해가 전혀 없는 것이다.

현재 소위 제도 금융권이라고 하는 금융시장은 거대자본이 독점하고 있다. 지금은 경제성장은 더디게 진행되고 개인의 소득은 줄어드는 감속경제의 시대다.

개인의 가처분소득이 감소하는 시대에 개인을 더 가난하게 만

신용거래
자신의 증권계좌에 보유하고 있는 주식을 담보로 해서 돈을 빌려 투자하는 방법이다. 현재 시장 환경은 신용거래를 부추기고 있다. 주식을 담보로 대출해 주는 금융회사는 사채부터 저축은행, 증권사에 이르기까지 매우 많다. 주식 담보에 대한 대출한도 비율도 높다. 문제는 이것이 독이 돼서 모든 것을 잃게 한다는 것이다.

드는 주요 원인 중 하나가 금융자본에 의해 지배되고 독점되는 금융상품에 있음을 부인하기 어렵다.

최근까지도 소위 전문가라고 자처하는 사람들 대부분은 친자본의 프레임에 갇혀 마치 자신이 금융자본의 대변인이라도 되는 것처럼 생각하고, 대중의 눈을 속이고 조작하는 일에 일조해 온 것이 사실이다.

내가 쓰고자 하는 책이 반자본적인 것은 아니다. 그러나 누군가는 시장의 객관에 대해 말해야 한다는 사명감으로 이 책을 쓰게 되었음을 고백한다.

조금 과장해서 말한다면 금융자본이 독점하고 있는 금융시장에서 판매되는 거의 모든 금융상품은 개인의 소득에 빨대를 꼽아 빨아들이는 것에 지나지 않는다. 흡사 사람 몸속에서 기생해 사람의 면역체계를 파괴시키는 바이러스처럼 말이다.

우리는 이제 금융시장에서의 진실을 알고 나서 투자를 해도 해야 한다. 그래야만 더 이상 우리가 땀흘려 일해서 번 소중한 돈을 허망에게 금융회사에 빼앗기는 것을 막을 수 있다.

금융상품은 일반재화를 제외하고 우리가 가장 많이 소비하는 상품이다. 그럼에도 금융회사는 독점적 카르텔이 지배하는 매우 불공정한 시장이다.

금융상품 바이러스가 우리의 잉여소득을 빼앗아 가는 이 모순된 현실에서 누군가는 소비자의 주권을 위해 진실을 말하지 않으면 안 된다.

파생상품
국공채, 주식, 통화 등을 기초 자산으로 해서 가격, 자산 가치, 지수의 변동에 의해 그 가치가 결정되는 금융계약의 투자위험을 회피하기 위해서 또는 이익의 극대화를 위해 레버리지를 결합한 상품을 말한다. 파생상품에는 선도거래, 선물, 스왑 등이 있다. 최근 들어서 파생상품의 기초 자산 범위가 확대되어 곡물, 전력, 원자재를 포함하고 있다. 본래 파생상품은 가격 변동의 위험을 회피하는 것이 목적이었으나 거래 규모가 커지면서 투기의 수단으로 변질됐다.

가처분소득
개인의 가처분소득은 어느 일정 기간 동안 개인이 획득한 소득 중 개인이 부담하는 대출이자를 제외하고 언제든 자유롭게 소비할 수 있고 저축으로 사용할 수 있는 소득이다. 가처분소득에는 임금소득, 주식, 부동산, 금융투자로 발생한 배당수익, 임대소득, 이자소득이 모두 포함된다.
가처분소득은 국민경제에서 소득분배의 평등을 나타내는 지표로 사용된다.

바이러스
바이러스는 동물, 식물, 세균 등의 살아 있는 세포에 기생해 증식하는 미생물이다. 이 책에서 금융 바이러스라는 표현은 오늘날 금융자본이 판매하는 금융상품이 우리의 지갑에 기생하면서 무한증식해 우리의 소중한 소득을 빨아들이고 있다는 점을 표현한 것이다.

잉여소득
잉여소득은 개인의 소득에서 지출을 빼고 난 후의 소득이다. 일찍이 마르크스는 자본에 고용된 노동자가 생산한 잉여가치를 자본이 독점함으로써 산업사회의 모순이 발생한다고 말했다. 그러나 산업사회에서 노동자의 잉여가치를 독점한 산업자본을 대체하는 것이 오늘날의 금융자본이다.

이제 당신은 금융상품에 투자하면 할수록 가난해질 것이며, 당신의 노후는 더 불행해진다는 사실을 알아야만 한다.

어떻게 개인의 잉여소득을 합법적으로 갈취하는 상품이 개인의 가처분소득을 늘리는 상품으로 둔갑할 수 있단 말인가. 은행, 보험사 상품 중에서 안정성을 담보하면서 최소 물가 상승 이상의 수익률을 내는 상품이 있단 말인가.

노후의 생명줄이라 하는 연금저축보험, 퇴직연금보험의 평균 수익률이 얼마나 되는지 아는가. 그나마도 원금 손실이 발생해도 수수료만은 꼬박꼬박 챙기는 곳이 금융회사다.

예전에 우리는 은행을 금융기관이라고 불렀다. 기관이라는 단어가 풍기는 의미처럼 은행은 사회의 공공재로서 나름의 역할이 있었다. 그러나 지금 은행을 포함한 거의 모든 금융회사를 더 이상 금융기관으로 부르지 않는다. 현재의 금융회사는 회사의 이익을 위해서는 무슨 짓이라도 하는 탐욕적 사기업에 불과하다.

금융회사가 판매하는 금융상품의 대부분은 우리의 지갑 안에서 우리의 잉여소득을 갈취해 무한증식하는 바이러스와 같다. 바이러스의 어원은 인체에 치명적인 독毒이다. 그 독버섯 같은 금융상품이 우리를 더 가난하게 하고 우리의 노후생활마저 망치고 있다.

불과 몇 해 전, 지구촌의 선량한 납세자, 소액주주 일반 시민에게 막대한 피해를 안겨준 금융위기의 주범은 월가의 메가 뱅크들이다. 금융위기의 주범이며 지탄의 대상이었던 그들이 금융위기 이후 어떤 행보를 보였었나. 그들은 아무런 책임도 지지 않았으며 그 위기의 와중에도 성과급만 챙기고 유유히 사라졌다. 이들에게는 경제학에서 말하는 인간의 노력과 헌신에는 적절한 보상이 뒤따라야 한다는 말이 무색해진다.

라스베이거스 도박장에서 카지노 게임기를 이길 수 있는 도박사들은 몇 명이 되지 않는다. 이들은 카지노 도박장에 블랙리스트로 관리되어 도박장 출입이 금지된다.

보통 카지노 게임 프로그램을 설치할 때 카지노 게임기가 이길 확률을 1% 높게 해놓는다. 그 1%는 누구도 넘을 수 없는 성벽처럼 견고해 카지노 도박장은 이를 통해 지속적인 이익이 발생하는 구조를 만든다.

사설 도박장에서도 최후의 승자는 도박장을 개설한 사람이다. 판이 벌어질 때마다 꽁짓돈으로 표현되는 판돈을 받는다. 게임이 계속되면 도박에 참여한 사람은 계속해서 꽁짓돈을 뜯겨 빈손이 되고 만다. 그들이 잃은 돈은 모두 도박장 업주의 주머니로 들어간다.

금융회사는 영업 허가권을 쥐고 자신이 판매하는 상품에 도박장에서의 꽁짓돈처럼 일정액의 수수료를 꼬박꼬박 받는다. 이 돈은 투자한 상품의 원금 손실이 발생해도 받는다. 시장에 참여한 사람이 모두 루저가 되도 자신들만은 돈을 버는 구조다. 허가를 받았다는 것뿐이지 돈 버는 생리는 도박장과 다를 것이 없다.

이것이 우리가 투자하고 있는 금융상품의 실체다. 그래서 작금의 금융회사의 금융상품 판매방식을 두고 '약탈적' 이라고 표현하는 것 아니겠는가.

이 책을 펴본 독자[책을 구입하지 않아도 상관없다]들 거의 대부분은 금융상품 투자로 오히려 투자 원금이 깎이는 부당함을 경험했을 것이다. 왜, 스스로 돈도 안 되는 금융상품이라는 좁은 투자공간에 갇혀서 시간과 돈을 허비하는가.

저금리 시대에는 간접투자를 해야만 한다고 누구나 말한다. 이 말의 진원지는 금융회사 임직원과 자본의 기관지라고 하는 언론, 금융상품을 팔아야 먹고 사는 금융회사의 비정규직 노동자, 그리고 자본의 편에서 호구지책을 연명하는 소위 전문가 집단이다.

이들을 비난할 생각은 전혀 없다. 목구멍이 포도청이라고 개인의 물적 토대가 한 사람의 인격을 말하는 시대에 어쩌겠는가. 투자하는 사람이 똑똑해져야 한다.

자산의 포트폴리오 구성에 있어서 부분적으로 은행 상품도 필요하고 CI[critical insurance] 같은 치명적 질병을 보장하는 보험도 중요하다. 그러나 개인의 가처분소득을 늘리고 노후생활자금을 마련하기 위한 수단으로는 맞지 않는다.

CI 보험

CI 보험(critical illness insurance)은 말 그대로 암, 뇌졸중, 심근경색 등의 치명적인 질병을 주로 담보하는 보험이다. 우리가 민간에서 운영하는 보험 상품 중에서 필요한 보험 상품이 바로 CI 보험이다.

금융상품이 경제성에 비해 기형적으로 시장이 커진 것은 자본[금융회사]이 제조기업처럼 이익의 확대재생산 구조를 만들기 위해 규모에 집착하는 성장주의 전략을 추구했기 때문이다. 이렇게 해서라도 금융산업이 발전하면 다행한 일이다.

그러나 지금의 금융회사들은 이익과 규모의 확장에만 몰두한 나머지 비정규직 영업자를 늘려 고용시장을 악화시키고 있다. 금융회사의 성장이 신규 고용도 창출하고 있지 못할뿐더러, 소득 양극화를 악화시키는 데에만 일조하고 있다.

우리는 매우 혼란한 시대에 살고 있다. 세계 유동성의 98% 이상을 지배하는 투기펀드가 언제 금융위기를 촉발시킬지 아무도 모른다.

환율은 수시로 변동되고, 기업은 단기적 경영성과마저 예측하지 못해 투자는 안 하고 유동성을 사내에 쌓아두기에만 급급하다. 과연 이 불확실한 시장 흐름에서 누가 성공을 장담할 수 있겠는가.

앞에서 말했듯이 현재 금융시장에서의 투자는 도박장에서 자신의 미래를 거는 것과 같이 어리석은 일이다. 투자자의 돈으로 게임에 나서는 펀드매니저들은 게임에서 이기면 인센티브를 받고, 게임이 지는 경우에도 수수료를 받으면 그만인 사람들이다.

이제는 금융상품이 좋다 나쁘다를 떠나 투자자가 주체가 돼서 올바른 선택을 할 수 있도록 투자자의 편에서 말하는 사람이 있어야 한다.

올바른 금융상품 투자, 적어도 손해를 보지 않는 투자를 위해서 우리는 무엇을 어떻게 할 것인가. 그 첫걸음은 투자에 대한 생각, 거창하게 말해서 전략 · 전술을 바꾸어야 한다. 금융상품은 우리가 갖고 있는 카드 중 하나일 뿐이다.

은행, 보험사가 현재 하고 있는 연금, 저축상품이 당신의 가처분소득을 늘려주고 은퇴 이후의 생활자금을 마련해 준다면 4개의 통장이 아니라 그 이상의 통장인들 못 만들겠는가. 그 무엇이 됐든 투자상품은 수익성예측 가능한 수익률, 안정성원금의 보장, 환금성언제든지 현금화 가능을 가지고 말해야 한다. 투자상품의 선택에 있어서 이것보다 더 중요한 기준이 어디 있는가.

지금 당신은 어두컴컴한 동굴 안에 갇혀 있다. 동굴을 벗어나 광장으로 나오면 당신이 볼 수 있는 세상은 참으로 넓고 투자할 돈은 많다. 당신은 지금 동굴 안에서 길을 잃고 있는 처지에 놓여 있다. 나는 나만이 알고 있는 특별한 비법이 없다. 그러나 나는 당신에게 금리 1%를 더 받는 방법과 어떻게 해야 적은 돈으로 당신의 가처분 소득을 늘리고 효율적으로 노후생활자금을 마련하는지에 대해서는 정확히 말해 줄 수 있다.

우리는 이제 어떤 희망도 담보하고 있지 못하는 통장 만들기에 왜 이토록 열중했는지를 반성해야 한다. 또 우리가 왜 재테크를 하는지 그 이유에 대해서도 성찰해야 한다.

우리가 재테크를 하는 이유는 단순히 돈을 많이 벌어 나만 잘 먹고 잘 살자고 하는 것이 아니다. 재테크를 하는 최종적 목표는 돈이 아니라 행복하게 살기 위함이다. 그 목표는 나만 잘 산다고 이뤄지는 것이 아니다. 우리 공동체가 행복을 공유해야 나도 행복해질 수 있다.

가난한 이웃이 늘고 있고 경제의 양극화로 인해서 사회안전망이 위협받는 곳에서는 누구도 행복한 삶을 영위할 수 없다. 이것이 우리의 재테크가 개인의 영역에서 벗어나 사회공동체의 이익을 공유해야 하는 이유다.

참으로 어렵고 험난한 시대다. 이 보잘것없는 책이 그나마 독자 여러분의 생활에 자그마한 위로의 도구로 쓰이기를 희망한다.

2013년 3월

박연수

차례

01

저금리 시대, 여전히 시장은 넓고 투자할 곳은 많다

—저금리 시대, 당신이 꼭 알아야 하는 투자 10계명

현재의 투자시장 환경은 결론적으로 말해 잿빛 하늘이다. 간간이 구름 사이로 햇살이 비추기는 하겠지만, 그 몫조차도 이미 준비된 자들의 몫이다.

우리나라 서민, 중산층의 자산구조는 매우 기형적이다. 거의 대부분의 사람이 살고 있는 집 한 채와 금융자산 몇천만 원이 정도도 상위 20%에 든다이 고작이다. 이마저도 저금리와 집값 하락으로 금융소득은 줄고 있고 대출이자는 계속 부담해야 하는 처지에 놓여 있다.

이 틈을 비집고 금융회사는 부동산은 줄이고 금융자산을 늘려야 한다고 말하고 있다. 그러나 이들이 말하는 것은 가난의 늪에 빠져 허우적되는 사람을 구조하는 것이 아니라 자신들의 이익을 위해 그들의 생명줄을 아예 끊어버리는 행위다.

왜냐하면 현재 그들이 판매하고 있는 금융상품의 대부분은 평균 수익률이 3%에도 못 미쳐, 투자 금액이 늘어날수록 개인을 더 가난하게 할 뿐이기 때문이다.

부자가 되는 일은 신기루가 아니다. 지속 가능한 소득, 꾸준한 저축과정이 있어야 하고 투자금 대비 실질소득의 증가로 가처분소득이 늘지 않고서는 어느 누구도 부자가 될 수 없다. 경제가 어렵다는 것을 모르는 사람은 없다. 그렇다고 갑자기 부자가 되는 특별한 방법도 없다. 현실을 냉정하게 분석하고 이에 대비하는 방법밖에는 없다.

현재 투자시장을 지배하는 키워드는 저금리, 실물자산의 가치 하락, 소득의 양극화 등 모두 부정적인 단어뿐이다. 그러나 이렇게 생각해 볼 수도 있다. 그 안에서도 부자는 탄생하고 또 누군가는 돈을 번다. 그 대상이 당신이 될 수도 있다는 생각을…….

희망적인 생각을 가지고 주요 투자상품별 시장의 현황과 이에 대응하는 방법들에 대해 알아보자.

부동산, 소형 수익성 부동산에 투자하라

인간은 원래 자신이 존재하는 물적 토대에 기반해 사고하고 행동하는 존재이다. 특정 문제에 대해 각각 다른 시각차가 존재하는 것도 이 때문이다.

부동산으로 밥 먹고 사는 전문가 그룹에서는 현재의 부동산 시장의 몰락이 일시적인 것으로 충분히 반등할 것이라고 말한다. 그럴 수 있다. 투자시장에서의 상품의 가치는 절대적이지 않으며, 상대적 가치에 의해 변동한다는 논리를 대입시켜 본다면 말이다.

또 그들은 말하고 있다. IMF 외환위기와 최근 금융위기로 부동산 가격이 급락한 것과는 매우 다른 성격의 것이라고. 지금의 부동산 급락은 붕괴에 가까울 정도로 심각하지만, 외환위기 당시와 비교하면 주택의 경우 매매가 대비 전세가격의 차이가 매우 적어 부동산시장이 침체기를 벗어나면 강한 상승이 예상된다고 말한다. 따라서 부동산시장에서 희망을 버리는 것은 어리석다고까지 말한다.

이 말도 틀리지 않는다. 사람이 몰리고 교육, 상가 수요가 많은 곳에서는. 다만 이런 곳이 현재는 정부청사가 이전해 정부부처에 근무하는 공무원이 몰리고 있는 세종특별시 외에는 특별한 곳이 없다는 것이 문제다. 전체적으로 호황을 말하기보다는 불황의 그늘이 부동산시장 전체에 짙게 그리고 넓게 깔려 있다.

서두에 말했듯이 사람은 자신이 실존하는 물적 토대와 경험의 프레임에 갇혀 시장의 객관을 인지하지 못한다. 이것이 우리가 시장을 '객관화' 해 보지 못하는 이유이기도 하다.

내 주관으로도 부동산이 과거처럼 일정한 사이클을 유지하면서 오르고 내리는 시대는 종언을 고했다고 본다. 시중의 풍부한 자금이 부동산시장에 일시적으로 몰려 부동산가격이 상승할 수는 있다. 실제로 수도권의 아파트시장이 죽을 쑤고 있던 시기에 부산 · 대전 · 광주 광역시를 중심으로 지방권 아파트는 상승해 왔던 것이 사실이다. 그러나 이는 상대적으로 저평가된 지역의 아파트가 침체기를 틈타 핵심권역의 아파트와의 가격차이를 줄인 것이지 부동산시장이 침체기를 벗어난 것이 아니다. 아파트가 과거의 패턴대로 가격이 상승하던 시대는 지났다. 다시 부동산시장이 본격적으로 상승하기에는 개인의 가계재정과 경제가 너무 안 좋다.

그렇다면 부동산투자는 끝났다고 봐야 하는가. 그렇지 않다. 오히려 돈 많은 사람만이 투자할 수 있다는 수익성 부동산시장에서 1억 원 이하의 투자자에게 유리한 국면이 조성되고 있다. 이는 인구변동과 연관이 있다. 소위 중대형 아파트, 고가의 수익성 부동산상가, 오피스 등은 죽을 쑤고 있지만 1억 원대 이하의 수익성 부동산소형 오피스텔, 소형 아파트의 매매와 임대 수익률은 부동산 버블이 붕괴되는 2006년 말부터 상승했다. 독신가구의 비약적 증가와 신혼부부의 주택난이 심각해졌기 때문에 발생한 현상이다.

결론적으로 부동산시장에 대한 전망에 대해서 이렇게 정의하고 싶다. "시장의 주도상품이 교체된 것이지 부동산시장이 끝났다고 하는 것은 과장이다." 이 부분에 대한 좀 더 상세한 내용은 본문에서 계속하겠다. 이를 참조하기 바란다.

세상에 존재하는 모든 변동금리 상품에서 발을 빼라

중앙은행이 존재하는 근본적 이유는 물가 통제에 있다. 물가가 상승해 실물경제에 악영향을 미치는 경우 중앙은행은 시중은행에 대한 지급준비율을 높이거나, 금리 인상 등의 금융조작 정책을 통해 시중통화를 환수해 물가를 잡는 것이 통상적으로 하는 일이다.

우리는 여기서 이런 생각을 해봐야 한다. 그동안 물가가 상승해 금리 인상 요인이 많았음에도 왜 한국은행은 기준금리를 올리지 않았던 것인가.

우리는 MB정부의 소위 낙수효과 이론대기업에 돈이 차고도 넘쳐야 그들이 흘려주는 떡고물로 국민도 잘산다는 이론으로 고환율, 대기업에 대한 법인세 감면국내 대기업의 실질법인세는 17% 수준으로 OECD 평균보다 10% 이상 낮다정책으로 MB정부 임기 내내 고물가에 시달려 왔다. 그렇다고 대기업이 흘려준 떡고물이 있었던 것도 아니다. 결국 정부의 고환율정책은 대기업에게만 특혜를 주는 일이 되었고 국민은 그 피해를 고스란히 안게 되었다. 고환율정책은 당연히 국내물가를 상승시켜 왔다.

낙수효과
낙수효과(trickle down effect)는 법인세 감세, 고환율의 정책을 통해 대기업이 돈을 벌면 그들이 번 돈이 흘러 넘쳐 그 돈으로 서민도 잘살 수 있다는 것이다. 낙수효과의 반대 논리가 분수효과(fountain effect) 이론이다. 분수효과란 대기업, 부자들에 대한 세금을 증세하고, 저소득층의 복지를 늘리면 소득분배의 효과가 있어 경기도 부양된다는 논리다.

고환율이 필연적으로 수반하는 고물가를 잡기 위해서 통화당국은 금리를 올려야만 했다. 그럼에도 금리를 올리지 못하는 근본적 이유가 있다. MB정권의 친재벌적 정책도 큰 영향을 미친것이 사실이지만, 그 이상으로 계속 증가하는 정부재정의 악화에도 이유를 찾을 수 있다.

박근혜 정부에서는 보편적 복지의 실천으로 인해서 사회복지 예산이 획기적으로 늘어난다. (그녀가 선거공약을 지킨다는 가정 아래) 정부가 복지예산을 늘리기 위해 증세정책을 실시할 경우 대기업뿐 아니라 서민, 중산층도 거세게 저항할 것이 분명하다. 증세정책은 정부나 정치권 모두에게 정치적 부담이 크다.

정치적 부담을 줄이고, 복지예산을 늘리는 손쉬운 방법이 결국 정부발행 국채 발행을 늘려서 재정적자를 메우는 것이다. 국채 발행을 통해 재정을 조달하는 것이 정치적 부담을 줄이고 복지예산을 늘릴 수 있는 현실적 방법이다. 정부는 국채 발행 증가로 인한 재정적자의 부담을 덜기 위해서 국채 발행금리를 낮추려 할 것이다.

보통 자본시장에서의 시장 실세금리는 정부발행 국고채 3년물을 기준으로 한다. 국고채 금리가 낮아진다는 것은 시장 실세금리에 영향받는 거의 모든 투자상품의 금리가 낮아지는 것이다. 이렇게 되면 현재 여러분이 투자하고 있는 변동금리 상품의 수익률은 지금보다 더 떨어지게 된다.

국고채
1994년 정부가 국채를 종합 관리하기 위해 만들어진 국채 관리기금 부담으로 발행하는 채권을 총칭하는 것으로 국고기금채권(국관채)으로 발행되어 오다가 1998년 8월부터 국고채로 바뀌었다. 국고채는 농지 채권, 농어촌발전 채권, 국민주택기금채권, 철도채권 등이 통합 발행된다.
국고채는 1년, 3년, 5년 만기가 있으며 이 중 유통량이 가장 많은 국고채 3년물이 시장 실세금리 지표로 쓰인다.

현재 우리가 노후 준비 상품으로 가장 많이 선호되고 있는 상품이 은행 신탁상품, 보험사 저축성 상품, 연금저축상품은행, 보험사 판매이다. 이 상품들은 모두 변동금리 이자방식을 적용하고 있다. 미래에 금리가 현재보다 더 떨어진다면 당연히 변동금리 상품의 수익률은 낮아진다.

정부의 저금리정책은 서민을 두 번 죽이는 행위다. 저금리로 인해 개인의 가처분소득은 낮아질 수밖에 없기 때문이다. 지금 같은 저금리 시대에는 금리 1%를 더 받는 것보다 금리 1%라도 더 손해보지 않는 것이 중요하다.

자영업을 하기에 창업시장은 지독한 레드오션이다

은퇴를 앞두고 있는 사람, 또 이미 은퇴를 한 사람은 반드시 명심해야 할 것이 있다. 현재 수중에 있는 돈이 단순한 돈이 아니다. 당신의 생명줄이나 다름없다.

현재 우리나라의 자영업자는 720만 명으로 통계조사가 실시된 이후 최고치를 기록하고 있다. 자영업자의 과반수는 3년을 못 버티고 폐업한다. 자영업자의 월 평균소득은 150만 원에 불과하나, 이들의 가계부채는 임금 근로자의 두 배인 900만 원에 이른다. 이 자료만 놓고 본다면 적어도 국내에서의 창업은 미친 짓이다.

우리나라는 OECD 국가 중에서 노인복지 예산이 가장 적은 사회복지 최빈국이다. 그러나 자연수명은 하루가 다르게 늘어나고 있다. 그러나 국가는 당신의 노후생활에 대해 관심이 없다.

OECD
OECD(organization for economic cooperation and development, 경제협력개발기구)는 경제 선진국 클럽이라고 부른다. 2010년 기준으로 OECD 회원국은 한국을 포함해 34개국이다.

당신이 복지 포퓰리즘 논쟁의 한가운데 있는 유럽의 노동자라면 노후를 걱정하지 않아도 된다. 재정위기에 처한 남부 유럽벨트 국가스페인, 포르투갈, 그리스 등의 남부 유럽국가를 제외하면 여전히 유럽의 은퇴 노동자들은 임금 피크 시점의 80%를 노후연금으로 받고 있다. 그리고 만약 당신이 특수직역 연금공무원, 군인, 사학 연금 수령자에 해당된다면 노후 걱정을 안 해도 된다. 특수직역 연금 수령자는 퇴직 전 최종 임금의 63%를 연금으로 지급받고, 연금이 적자가 나도 국가가 세금으로 보장해 주기 때문에 무덤으로 갈 때까지 편안하게 살 수가 있다. 소득대체율이 50%에도 못 미치고 연금이 적자가 발생하면 그 피해를 연금수령자에게 책임을 지우는 국민연금과의 형평성에서 매우 부당하다. 사회복지를 말하기 전에 특수직역 연금을 개혁하는 것이 우선적으로 해야 할 일이다.

OECD 국가 중에서 우리나라만큼 사회적 약자를 위한 복지에 인색한 나라가 없다. 열 개 중에서 하나도 못 가진 나라에서 복지 포플리즘 운운하는 것은 정말 웃기는 일이다. 보수우파 사르코지 정부가 집권하던 시기에도 프랑스 육아 예산은 우리나라 육아 예산의 50배가 넘는 150조 달러였다. 유럽 국가에서 보편적 사회복지는 국가통합의 기초 조건이지 좌 · 우 논쟁의 쟁점이 될 수 없을 정도로 국민의 인식이 확고하다.

GDP 성장이 국민의 삶에 전혀 기여하지 못하는 현실에서 과연 경제성장이 무엇을 의미하는지 깊은 성찰이 필요한 시점이다.

아무튼 우리는 기나긴 노후생활을 우리 힘으로 견뎌내야만 하는 조건에 처해 있다. 그러니 아이들 키우고 결혼시키면서 이미 헐거워질 대로 헐거워진 지갑에서, 마지막으로 남은 생명줄 같은 시드머니seed money를 가지고 실패할 확률이 80%나 되는 창업 전선에 뛰어드는 것이다.

상권이 번성하지 못하고, 유동인구마저 뜸한 지방 소도시의 밤거리를 걸어보기 바란다. 사람은 없고 휑한 거리에 눈에 띄는 간판은 거의 편의점 불빛뿐이다.

장사가 잘될 리가 없다. 인건비를 줄여보자고 부부가 24시간 가게에 붙어 있어도, 먹고 살면 다행이지 돈을 버는 것은 가능하지 않다. 우리나라 프랜차이즈 가맹점을 운영하는 사업주 중에서 현재 매출에 만족한다고 답하는 사람은 전체의 4분의 1밖에 되지 않는다.

최초 투자금에 부부의 인건비를 더해 수익성을 계산해 보면 투입요소에 비해 마이너스다. 결과적으로 말한다면, 가맹점 창업에 나서는 사람들은 결과적으로 프랜차이즈 본사만 좋은 일 시켜 주는 것

GDP
GDP(gross domestic product, 국내총생산)는 국적을 불문하고 국내에서 발생한 모든 생산활동을 포함하는 개념이다. 따라서 1인당 GDP는 1년 동안 발생한 총 GDP를 국민의 수로 나누어 계산한다. 1인당 GDP는 실질 구매력을 나타내지 못하는 한계성을 가지고 있어 현재 1인당 국민소득 지표로는 1인당 GNI(gross national income)를 사용한다.
GNI는 한 나라의 모든 경제 주체가 일정 기간 생산한 부가가치를 시장가격으로 평가해 합산한 소득 지표다. GNI는 국민소득, 국가 경제규모를 파악하는 데 있어서 유효하게 사용된다.
GNP(gross national product)는 한 나라의 국민이 국내, 국외를 불문하고 생산한 총 생산량을 나타내는 지표이다.

이지, 개인은 가난과 노동의 굴레에서 벗어날 수 없음이 자명하다.

그나마 편의점이라도 할 수 있을 정도의 여유가 있는 사람은 전체 은퇴자의 30%도 되지 않는다. 나머지 대부분의 사람은 빈약한 연금에 기대어 살아가야 한다. 지금의 창업시장은 시장의 파이는 줄고 있는데 창업자 수는 증가해 결국 서로 제 살 깎아 먹기 식의 지독한 레드오션이다.

나는 창업에 대한 당신의 사고가 전환하기를 간절히 바란다. 그 대안은 본문에 있다. 참고하기 바란다.

Tips

그림으로 보는 자영업자 월 평균수익

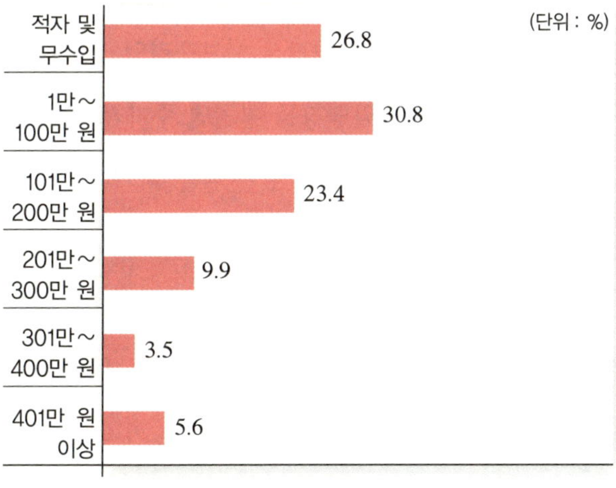

* 자료 : 소상공인진흥원 5세 미만 자영업, 10인 미만 제조업 기준

위 그림의 통계가 맞는 것이라면 국내 자영업자의 80% 이상이 도시가계 평균소득에도 못 미치는 돈을 벌고 있다.

유동성
이 책에서 말하는 유동성은 개인이 재산 증식을 목적으로 투자대안을 선택하는 경우에 그 대상을 자신이 원하는 시기에 바로 현금으로 전환해 투자할 수 있는 정도를 말하는 것이다.
유동성 자산에 포함되는 자산은 언제든 현금화가 가능한 은행예금, 채권, CP, CD, CMA 등과 같은 단기 유동성 상품이다. 유동성의 함정이라는 말은 시장금리를 인하해도 투자와 소비가 실물경제에 영향을 미치지 못하는 상태를 가리킨다.

현금을 쥐고 있는 사람이 최후의 승리자가 될 것이다

투자상품의 가치에는 절대성이 없음을 반드시 인식하라.

한때 1기 신도시 분당 아파트는 천당 아래 분당이라고 할 만큼 거침없이 상승했다. 그러나 지금 1기 신도시의 아파트 시세는 어떠한가.

시장이 버블기에 들어서면 긍정적 논리의 집단최면에 걸리는 투자집단의 속성상, 이 시기에는 부정적 논리가 시장의 진실을 담고 있음에도 발붙이지 못한다.

삼성전자가 정부의 고환율정책과 친재벌정책으로 창업 이래 최고의 실적을 내고 있음을 부정할 사람은 없다. 그러나 삼성전자 같은 최우등 블루칩 기업의 주가도 서브프라임 모기지론 사태처럼 금융위기가 실물경제에 악영향을 미치면 주가가 하락하는 것이 투자시장의 속성이다. 금융위기가 오면 실물자산의 가치는 소위 그 대상이 블루칩일지라도 급락하게 된다.

그런데 역설적이게도 금융위기는 현금자산을 갖고 있는 사람에게는 대단한 호재다. 부동산이 됐든, 주식이 됐든, 기업이 발행한 채권이 됐든 가격이 똥값으로 표현될 정도로 싸지기 때문이다.

금융위기에 의한 실물자산의 급락은 펀더멘털에 의한 것이 아니므로, 일정 시간이 지나면 전 고점을 회복하고 급등하는 것이 일반적으로 인정되는 가격 사이클이다.

이때가 아니면 시장에서 블루칩으로 평가받는 상품을 어떻게 그 낮은 가격으로 살 수 있겠는가. 그런 측면에서 금융위기가 투자에 불리하게만 작용하는 것은 아니다. 그러나 현금이 없는 사람에게는 해당되지 않는다.

금융위기가 반복되면서 상시적으로 현금자산을 확보하는 문제는 투자의 기본이 됐다. 그래서 금리 불문하고 언제든 입출금이 가능한 MMF, CMA 등의 실세금리 적용 수시 입출금 상품에 돈을 묻어두고 경제상황에 기동성 있게 대응하라고 권고하는 것이다.

제발 지금같이 저금리를 넘어 물가 대비 실질금리 제로의 시대에 1년 이상의 저축상품, 연금 등에 당신의 생명줄 같은 돈을 스스로 까먹는 어리석은 투자는 하지 말기 바란다. 지금은 저축상품 무용론의 시대라는 것을 절대로 흘려듣지 말아라.

분명히 말하건대 미래의 투자시장은 현금을 얼마나 확보하고 있는가가 성공을 결정할 것이다.

자산의 안전지대를 채권으로 확보하는 전략은 여전히 유효하다

우리의 금융상품 투자는 은행, 보험사 등의 소매 금융회사에 맞춰져 있다. 이들 회사를 통한 금융상품 투자는 편리한 면은 있다. 이는 일반 상품으로 따지면 소매점에서 쇼핑하는 것과 마찬가지다.

우리가 대형 할인소매점에서 쇼핑하는 것을 생각해 보자. 넉넉한 주차공간에서 원스톱 쇼핑이 가능한 편리성이 다른 쇼핑공간에 비해 확실한 비교우위에 있는 점을 부인할 수 없다. 그러나 그놈의 편리성 때문에 우리가 치러야 할 기회손실도 만만치 않음을 생각해야 한다.

만약 청과물, 채소, 고기, 더 나아가 가전제품에 이르기까지 도매시장인 가락동 농수산물시장, 경동 청과물시장, 용산 전자상가 등을 이용한다면 이동거리와 배송에 있어 불편을 감수해야 하지만 물건을 매우 싸게 구입할 수 있다.

시간이 곧 돈이라고 하는 현대인에게는 시시하게 받아들일 수 있다. 그러나 우리가 구매하고자 하는 물건이 일반 생필품이 아니고, 그보다 수배, 수십 배, 경우에 따라서는 수백 배, 수천 배의 가치를 갖고 있는 금융상품에 투자하는 것이라면 얘기는 크게 달라진다.

일반 생필품의 경우 일정 부분은 도매시장을 이용하는 것이 일반적이다. 그러나 금융상품 투자만은 은행, 보험사, 저축은행 등의 소매 금융회사만 이용하는 것이 습관처럼 굳어졌다.

상황이 이러하니 금융상품에 투자를 많이 할수록 실질소득이 오히려 감소한다고 해도 소귀에 경 읽기 식으로 흘려듣는다. 이 악순환의 고리를 끊는 아주 간단한 방법이 금융상품 투자도 도매시장을 적극 이용하는 것이다.

금융상품의 도매시장이 증권시장이다. 증권시장이 주식만 거래하는 곳으로 오해하는 사람들이 있다. 증권시장은 주식을 포함해, 국가, 기업이 자금을 조달하기 위해 발행하는 국공채, 회사채, 금융채, CB전환사채, BW신주인수권부 사채, 후순위 채권, ABS자산담보부 유동화증권 등의 채권, 주식연계채권, 유동화증권에서부터 CP자유금리기업어음, RP환매조건부 채권, CD양도성예금증서 등의 단기 실세금리 상품이 유통되는 곳이다.

은행의 계정상품들은 금리가 획일적이다. 그러나 직접투자시장은 다르다. 예를 들어 기업이 발행하는 회사채만 해도 발행기업 간의 신용등급 차이에 따라 수익률 차이가 크다. 기업은 재무구조에 따라 신용등급이 18등급으로 나눠진다. 개인의 신용 상태를 10등급으로 분류해 신용대출 가능 금액과 가산금리에 차등을 두는 것과 같다고 보면 된다.

시장 실세금리 지표로 쓰이는 국고채, 우량기업이 발행한 AAA 등급의 회사채의 유통 금리가 3%대라고 해도, 신용등급이 이보다 다소 떨어지는 회사채에 투자하는 경우 그 이상의 수익률이 가능해진다.

채권은 수익률이 금리와 비례한다. 따라서 금리가 높으면 채권 가격이 떨어져 수익률이 높아지고, 그 반대의 경우는 수익률이 낮아진다.

현재 예금금리는 실질금리 마이너스물가 상승률과 비교했을 때라고 할 정도의 저금리 시대다. 이 흐름을 채권투자에 적용하면 이런 시나리오가 가능하다. 앞으로 금리가 더 떨어질 것으로 예상되는 환경에서 당신의 채권투자가 빠르면 빠를수록 채권투자의 특성상 채권 만기까지 확정금리를 받게 되고, 또 여기에 채권 만기 이전에 (금리가 떨어지는 것을 가정해) 매매하게 되면 매매로 인한 시세차익을 얻을 수 있어 투자 수익률은 더 높아지게 된다.

채권투자는 은행, 보험사, 저축은행에서 판매되고 있는 고유계정 상품방카슈랑스로 은행권이 위탁판매하는 펀드 등의 상품을 제외한에 비해서 최소 1～2%에서 최고 2배 이상까지 높은 수익률을 얻을 수 있다.

채권투자에 주의할 점이 있다. 채권은 예금자보호가 되는 상품이 아니므로 신용도가 낮은 기업이 발행한 채권일부 파산한 저축은행이 발행한 고금리 후순위 채권이 저축은행의 파산으로 원금을 돌려받지 못하게 된 것과 LIG 건설의 부도로 LIG 건설이 발행한 CP가 휴지조각이 된 사례처럼에 고금리만 노리고 투자하는 것은 조심해야 한다.

채권 거래를 어렵게 생각하는 사람이 많은데, 이는 채권투자가 어려운 것이 아니라 우리가 채권투자에 익숙하지 않은 탓이다. 채권투자는 증권시장이 아니라도 증권사 창구를 통하면 증권사 보유물량을 소액을 가지고도 매입할 수 있다. 펀드처럼 실적 배당형 상품이 아니라면 시중 은행권에서 판매되고 있는 거의 모든 금융상품은 채권투자로 대체하는 것이, 이 어려운 시대에 당신의 헐거워진 지갑을 한푼이라도 채우는 일이다.

금융에 무지한 사람은 그 메카니즘을 이해하기까지 시간이 꽤 필요하다. 금융을 모르면 고수익 금융상품이 있음에도 주구장창 돈만 까먹는 은행권, 보험사 상품에 목을 매게 된다. 지금 당장 금융공부에 하루 60분 일주일만 투자해도 새로운 투자의 길이 보일 것이다.

갖고 있는 통장을 쓰레기통에 처넣는 용기를 가져야만 한다

4개의 통장이 있어야만 부자가 될 수 있는가. 부자만 될 수 있다면 100개의 통장인들 못 만들겠는가. 당신의 장롱 속에는 노후 준비를 위해 만든 통장, 종잣돈을 만들기 위한 통장, 비상시를 대비해 만든 통장, 그 외에도 갖가지 이유로 만든 많은 통장들이 있을 것이다.

문제는 통장이 중요한 것이 아니다. 당신이 통장을 만드는 이유가 무엇인가. 당신이 명품 수집가처럼 통장 수집가는 아니지 않는가. 통장을 만드는 이유는 매우 명확하다. 노동을 통해 만든 소득을 가지고 투자해 가처분소득을 늘리기 위함이다.

그런데 당신이 갖고 있는 그 잘난 놈의 통장 중에서 최소한 물가 상승률을 넘는 수익률을 내는 통장이 있는가. 없을 것이다. 그렇다면 당신은 통장이 많아 보기에는 즐거울 수는 있으나, 결국 통장을 많이 만들수록, 통장에 돈을 많이 넣을수록, 당신은 가난의 굴레에서 벗어나기 어렵다. 당신이 갖고 있는 은행상품, 저축성 상품, 연금저축의 수익률이라는 것이 한국은행의 기준금리에도 못 미치는 것이 대부분일 것이다.

최근 우리의 재테크 시장을 들여다 보자. 재벌그룹 계열사, 거대 금융지주회사가 완전히 시장을 독식하고 있다. 통장만 많이 만들라는 얘기는 결국 금융자본에 개인의 소중한 소득을 갖다 바치라는 뜻이고, 이는 금융자본만 점점 더 배부른 돼지로 만들 뿐이다.

내가 왜 금융자본을 바이러스에 비유하고 있는지 이해하리라고 믿는다. 바이러스는 면역력이 약한 사람의 몸에 침투해 기생하면서 결국에는 사람을 치명적 질병에 걸리게 하거나 심지어는 생명까지 앗아가는 존재이다. 지금 우리 자본시장에서 금융자본이 하는 짓거리와 별반 다르지 않다.

흔히들 말하기를 감속경제의 시대에는 덧셈의 재테크보다 뺄셈의 재테크가 중요하다고 말하고 있다. 뺄셈의 재테크에서 가장 효과가 즉각적으로 나타나는 것이 금융 바이러스로부터 당신의 소중한 재산을 보호하는 일이라는 사실을 잊지 말아야 한다.

당신의 노동수명을 최대한 늘려라

재테크에서 성공하는 법 중에서 한 가지만 고르라고 하면 뭘까. 지속적이며 안정된 소득의 창출이다.

당신이 은퇴 후 창업을 계획하고 있다면 스스로 위험에 빠지는 일이 될 수 있다. 창업은 목돈을 투자해야 한다. 여기에 매년 가치가 하락하는 시설 투자비에 대한 감가상각비용도 계산해야 한다. 또 경기불황에 의해 매출이 급감하는 경우 사업에 대한 위험 가중치는 매우 높아지게 된다. 이 모든 것을 감안하면 지금의 시장 여건에서 창업은 스스로 불기둥에 뛰어드는 일이다.

그렇다면 대안이 있는가. 절대적이지는 않아도 그 대안이 될 수 있는 방법이 있다. 자신의 건강을 잘 관리해서 노동수명을 늘리고, 눈높이를 낮춰서 최소한 일주일에 40시간 이상 일한다. 그러면 시간당 임금을 최저임금 수준시간당 5,000원으로 잡아도 월 80만 원의 근로소득이 발생한다. 그리고 매월 받는 연금국민연금과 기타 연금 포함을 더한다. 여윳돈이 5,000만 원 정도 있다면 이 돈으로 소형 오피스텔을 매입해 임대를 줘서 월 50만 원 정도의 이전소득이 발생하게 한다매매가 5,000만 원에서 8,000만 원대의 소형 오피스텔이 많다는 것은 수도권 서남부 지역의 대규모 오피스텔 단지를 방문하면 바로 확인할 수 있다. 이렇게 하면 굳이 사업에 나서지 않아도 매월 160만 원에서 200만 원의 고정소득이 발생한다.

우리나라 창업자의 월 평균 소득이 150만 원이 되지 않는다. 자신의 생명줄이나 다름없는 노후자금을 다 투자해서 얻는 결과치고는 매우 적다고 생각지 않는가.

두 가지 예를 기회비용 측면에서 생각해 봐도 어느 쪽이 나은지 답은 뻔하다.

기회비용
경제학에서는 세상에 공짜로 먹는 점심은 없다는 말로 기회비용을 표현한다. 기회비용은 한정된 재화를 가지고 무엇을 선택하는 경우 하나의 선택을 포기하고 다른 선택을 함으로써 발생하는 비용을 말한다.

앞으로 자연 수명은 80세를 넘어 100세 시대가 곧 온다. 그 긴 세월을 버티는 것만 해도 버거운 일이다. 그렇다면 자신의 생명줄이나 다름없는 노후자금은 지갑에 꽁꽁 감춰두고, 노동 수명을 최대한 늘려 정말 기력이 달려 일을 할 수 없을 때까지 일을 해 그 수입만으로 살아가는 것이 현명하다. 다시 한 번 강조해 말하지만 노후 준비에 대한 사고의 전환이 정말 시급하다.

금융회사처럼 생각하고 투자하지 마라

은행 상품, 저축성 보험에 대한 충분한 대체 금융상품이 있는데도 불구하고, 경제성이라고는 전혀 없는 이들 회사의 통장을 무엇 하려고 덕지덕지 갖고 있는가. 당신이 이들 회사의 통장을 갖고 있는 한 당신의 소중한 돈과 기회비용을 날릴 뿐이다. 은행, 보험사의 저축상품 투자로는 단 한푼의 실질 이자가 발생하지 않는다.

금융상품 투자로도 얼마든지 당신의 돈을 늘릴 수 있는 방법이 있다. 그 방법이 무엇인지 궁금하지 않은가. 그 방법은 의외로 단순하다. 당신의 쇼핑 동선을 바꾸면 된다. 금융상품 쇼핑 동선을 바꾸는 것만으로 당신은 시장금리를 넘어서는 고수익 상품을 얼마든지 만날 수 가 있다.

당신은 소비자 주권을 상실했다. 그것은 당신이 원한 것이 아니다. 우리는 금융회사가 시공간을 초월해서 전달하는 정보의 대중조작에 세뇌당할 수밖에 없는 처지다. 그리하여 우리는 스톡홀롬 증후군 환자처럼 그들의 거짓말에 동조하는 처지로 전락하고 있다. 그렇지 않다면 어떻게 이런 말도 안 되는 소비를 하겠는가.

다시 한 번 정확히 짚고 넘어가자. 우리는 소비의 주체다. 그것이 은행 상품이건, 보험사 상품이건, 종금사 상품이건 간에 우리는 비교우위에 있는 상품을 선택할 권리가 있다.

금융회사의 이익을 따를 이유가 없다. 금융상품은 안정성이 같다면, 만기 또는 중도 해지 시점에 최종 받게 되는 세후이자로 경제성을 평가하는 것이다. 현재 가입시점의 금리가 만기까지 보장되는 확정금리 금융상품 중에서 최종 수익률이 가장 높은 금융상품이 무엇인가만 따지면 된다.

저축성 보험은 5년 이내 중도 해지 환급금이 불입 원금도 되지 않는다. 그럼에도 보험회사는 자신들이 상품이 복리로 계산되기 때문에 만기 시에 가서는 더 많은 이자를 받는다고 말한다.

보험회사가 쓰는 금리계산법과 우리가 일반적으로 알고 있는 금리 계산법과는 도저히 극복되지 않는 차이가 있다. 보험회사는 자신들만의 계산법으로 금리를 계산한다. 보험사에 내는 보험료 중에서 적립되는 순보험료는 3분의 2에도 못 미친다. 설계사 수당과 보험사의 사업비로 빠져 나가는 부가보험료가 3분의 1 이상 차지하는 상품이 허다하게 많다.

보험사의 수익률 계산법은 그들만의 논리다. 보통의 상식으로 이런 상품을 저축성 상품이라고 말할 수가 있는가. 우리는 저축성 보험이 아니더라도 얼마든지 그 이상의 금리를 주는 상품을 선택할 수가 있다.

저축성 보험은 가입한 지 1년이 지난 후 해약하면 원금이 절반도 되지 않지만 종금사의 발행어음은 1개월만 투자해도 4.3%2012년 기준의 금리를 준다. 또 신협, 단위농협, 신협 같은 상호금융회사의 예금은 3,000만 원까지 실질적으로 비과세 혜택을 준다. 같은 저축성 상품이라면 당신은 어느 상품을 선택하겠는가.

당연히 종금사, 상호금융회사의 상품이다. 그런데 우리는 지금 어떻게 하고 있나. 투자기간이 10년 이상인 연금 상품조차 보험사 상품을 선택하는 사람이 많다. 이렇게 하고서도 저금리 탓만 할 것인가.

돈을 벌고 싶다면 기업을 공부하라

당신이 모르고 있는 사실 중의 하나가 거의 모든 고수익 금융상품도 기업이 생산의 주체라는 점이다. 기업이 일반적인 제품, 용역 서비스만 제공하는 주체라는 시각을 버리기 바란다.

지금부터 이와 연관된 몇 가지 예를 들어보겠다. 투자기간이 6개월 이내인 단기 금융상품 중에서 대표적 고수익 상품이 CP다. 이 상품은 기업이 자금을 조달하기 위해 발행한 어음을 종금사가 인수해 증권시장에 유통시킨다. 이 상품은 기업의 신용등급, 발행시점의 시장 실세금리를 적용해 금리가 결정된다.

기업이 증권시장에서 직접자금을 조달하기 위해 발행하는 채권인 회사채는 여전히 고수익을 대표하는 상품이다. 이렇듯 기업은 투자시장에서도 고수익 투자상품을 생산하는 주체다. 기업이 생산하는 투자상품의 특징은 은행, 보험사를 통한 간접금융시장이 아닌 직접금융시장에서 유통된다는 점이다.

직접금융시장을 대표하는 곳이 증권시장이다. 증권시장은 일반 상품시장으로 말하면 도매시장이다. 도매시장은 물건의 구색이 다양하고 가격이 싼 것이 장점이다.

CP를 알면 금융이 보인다

Tips

"CP를 알면 금융이 보인다"라는 말은 실체가 있다. IMF 외환위기로 수십 곳에 이르던 투자금융사(기업 단기자금을 주로 취급한다고 해서 단자사라고도 불렀다. 투금사는 현재 종금사의 전신이며 그 당시에도 CMA와 CP는 투금사의 주력 상품이었다)가 대부분 파산하거나, 피인수되면서 당시 CP에 대한 지급보증이 사라지게 되었다. 2011년에 LIG건설이 발행한 CP가 LIG건설 부도로 휴지 조각이 됨으로써 많은 투자자에게 피눈물을 흘리게 했던 사실을 기억할 필요가 있다. 지급보증이 사라진 CP에 위험을 감수하고 투자했던 이유는 아무래도 CP가 단기 금융상품 중에서는 가장 금리가 높았기 때문일 것이다.

CP는 'commercial paper'의 약어다. 우리말로 직역하면 상업어음 정도가 될 것이다. 그러나 발행시점의 실세금리와 기업의 신용등급에 의해 금리가 경정된다는 측면에서 시장에서는 자유금리 기업어음으로 부른다. 어음은 기업이 대금 결제용으로 발행한다는 것은 다들 잘 알고 있을 것이다. 그러나 CP는 기업이 용역이나 서비스, 제품 판매 등의 상거래 없이 자금조달을 목적으로 발행한다는 면에서 융통어음에 가깝다. 그리고 참고적으로 기업이 상거래의 결제용으로 발행하는 어음을 물품 판매 대금어음(물대어음) 또는 진성어음이라고 한다.

기업이 전도 금융을 받기 위해서 금융회사에 어음 만기 전에 할인하는 것을 두고 우리는 보통 어음할인이라고 한다. 어음할인에는 대개 두 가지의 경우가 있다. 첫째는 한국은행 재할인가는 어음을 대상으로 하는 어음할인과 한국은행 재할인 대상이 아닌 어음을 금융회사가 만기까지 보유하고 전도 금융을 제공하는 어음할인 방법이 있다. 우리는 보통 후자를 어음할인과 구분해 어음할인 팩토링이라 하는데 금융회사는 만기까지 보유하게 되는 어음할인 잔고를 기초로 표지어음을 발행해 판매한다.

CP는 기업이 단기자금을 조달하기 위해 발행한 융통어음을 종금사가 인수해 증권시장에서 유통시키는 것으로 기업의 신용등급과 발행시점의 시장 실세금리에 따라서 금리가 결정된다.

현재 CP는 무보증으로 발행되기 때문에 고수익만 노리고 투자를 할 경우에는 낭패를 볼 수 있다. CP 투자를 하기 전에 발행회사의 신용도를 철저히 검증한 후 투자해야 한다.

이에 비해서 은행은 소매시장이다. 은행의 신탁상품은 고객의 예금으로 도매시장(증권시장)에서 기업이 발행한 상품(CP, ABS, 회사채)을 구매해 여기에 수수료를 붙여 판매한다. 중간 마진을 은행이 가로채는

격이다.

우리는 증권시장을 통해 이들 상품에 투자하면 수익률이 높은 다양한 상품에 투자할 수가 있다. 유가증권 상장기업이 발행하는 BBB- 신용등급의 회사채는 보통 은행 정기예금의 2배의 수익률을 보장받는다.

투기자본에 의해서 지배되는 작금의 금융시장에서 미래를 예측하는 일은 만용이다.

투자의 격언 중에 이런 말이 있다. "남들이 욕심낼 때를 두려워하고 남들이 두려워 할 때 욕심내라." 최근의 서브 프라임 모기론 사태가 불러온 금융위기에 가장 많은 돈을 번 사람이 누구이던가.

남들이 두려워할 때 자산가치가 크게 떨어진 채권에 투자를 늘린 사람들이었다. 금융위기가 오면 즉시 일어나는 현상이 금리 상승이다. 채권은 금리고점에 투자하면 수익을 최고치 할 수 있는 대표적 상품이다. 금융위기에 너무 쫄지 말기 바란다. 충분한 현금자산을 가지고 있는 사람에게 금융위기는 기회이지 절대 위험이 아니다.

당신의 지갑을 훔치는 금융 바이러스부터 퇴치하라

금융상품 바이러스는 우리 지갑 속에 기생하며 우리 돈으로 무한증식한다는 측면에서 우리 행복의 독毒이다. 바이러스가 면역력이 약한 사람에게 감염되기 쉬운 것처럼 금융지식에 무지한 사람은 금융회사의 먹잇감이 되기 십상이다.

우리는 각자의 일터에서 열심히 일한다. 경제의 기본적인 법칙은 매우 단순하다. 개인의 노력과 헌신에 따라서 그에 합당한 보상을 받는 것이다. 우리는 앞서 말했듯이 열심히 일한다.

그렇게 벌어들인 돈으로 저축을 하며 미래의 희망을 꿈꾼다. 이것이 일반적인 소시민이 일을 하는 이유다. 현재보다는 나은 삶을 사는 것, 이것이 우리가 일하는 이유다. 그런데 정작 우리의 희망을 앗아가는 것은 엉뚱한 데서 발생한다.

우리가 노동을 통해 획득한 잉여가치는 금융회사의 임직원을 먹여 살리는 데에만 기여하고 있다. 외환위기 이후 국내 은행의 임원 급여는 14~15배가 올랐다. 반면 은행의 고객인 우리의 실질소득은 거의 늘지 않았다. 이 사실이 놀랍지 않은가. 투자한 금융상품의 수익률은 물가 상승률에도 못 미치고, 심지어는 마이너스 수익률을 기록함에도 금융회사에 수수료는 반드시 내야 한다.

우리가 노후 준비를 위해 투자하고 있는 상품들의 대부분이 이렇게 불공정하다. 결과적으로 금융상품이 내 소중한 자산을 증식하는 데 기여하기는 커녕 내 자산을 갉아먹는 해충이나 다름없는 것이 지금의 모습이다.

이런 상황에서는 투자는 자제하고 어떻게 해야만 우리의 지갑을 노리는 금융 바이러스로부터 우리의 지갑을 안전하게 지킬 것인가를 고민하는 것이 먼저 해야 할 일이다. 이 문제를 푸는 방법, 역시 매우 간단하다. 금융을 알면 된다.

작금의 투자시장은 가히 멘붕 상태다. 금리는 실질금리 마이너스 상태를 이미 지났고, 일부 연금 상품의 경우 수익률보다 수수료가 더 많은 것이 현실이 되었다. 부동산 시장은 언제 풀릴지 짐작조차 할 수 없고, 임대시장도 포화상태다. 소시민이 대부분인 이 땅의 투자자들은 투자할 곳이 없다. 이 틈을 비집고 하이일드HIGHYILED형 투자상품의 마케팅이 극성이다.

최근에는 해외채권을 부추기는 프로모션이 활발하다. 그러나 해외채권은 달러화로 투자하기 때문에 환율의 변동이 수익률에 크게 영향을 미친다. 그리고 발행국가 대부분은 신흥 개도국으로 거시 경제지표의 변동폭이 매우 크다. 위험을 예측하려면 복잡한 경제 함수부터 풀어야만 한다.

이런 상황에서 무엇을 어떻게 투자해야 되는가의 물음에 대한 답을 누구도 자신 있게 말할 수는 없을 것이다. 다만 이렇게는 말할 수 있다. "경제는 생물이므로 항상 변하기 마련이다. 이는 기회를 의미하기도 한다. 따라서 그 기회를 위해 현금자산을 충분히 준비하고, 항상 펀더멘털을 중시하는 투자를 해야 한다."

02

통장의 눈물, 통장을 만들수록 가난해진다

통장을 만들수록 가난해지는 이유는 명확하다. 금융상품의 금리에 절대적으로 영향을 미치는 한국은행 기준금리가 2.7%다.

이 기준금리는 금융상품이 지급하는 금리의 가이드 역할을 한다. 현재 은행 예금금리의 세후 수익률이 얼마나 되는지 아는가? 3%가 안 된다. 문제는 앞으로 금리가 더 떨어진다는 것에 있다.

우리가 통장을 만드는 이유가 단지 소득을 관리하기 위함인가. 그 점도 무시할 수는 없을 것이다. 금리 불문하고 저축의 습관을 갖는 것은 매우 의미가 있다. 그러나 통장을 만드는 정말 중요한 이유는 당신의 소득을 증식시키기 위해서다.

당신이 갖고 있는 통장들 중에서 수익률이 물가 상승률에도 못 미치는 것이 대부분이다. 그래서 통장을 더 많이 만들수록 당신은 더 가난해질 뿐이라고 말하는 것이다.

그런데도 이 사실을 모르는 바보들이 너무 많다.

금융회사의 여론공세에 속지 마라

이런 관행이 사라지지 않는 것에는 두 가지 이유가 있다.

첫째는 관행적으로 굳어진 습관이다. 은행에서 통장을 만드는 것은 좋은 습관이다. 이를 누가 뭐라 하겠는가.

대체재
재화 중에서 같은 효용을 얻을 수 있는 재화로 경쟁재라고도 한다. 예를 들어 녹차와 홍차, 돼지고기와 쇠고기 등은 서로 대체재의 관계가 있다. 대체재의 관계에 있는 두 재화는 하나의 수요가 증가하면 다른 하나는 감소한다. 만약 쇠고기 파동으로 쇠고기 가격이 급등하면 쇠고기의 수요는 줄고 그 대체재인 돼지고기의 수요는 증가한다.
현재 저금리로 인해 은행, 보험사 저축상품의 경쟁력이 떨어졌다. 이 경우 그 대체재 역할을 할 수 있는 상품이 종금사, 증권사의 고수익 상품이다.

그러나 은행 통장의 수익률을 넘는 충분한 대체제가 있는 현실에서 은행 통장만 고집하는 것은 어리석다. 우리의 소비습관은 너무 편리성에만 무게중심을 두고 있다. 또 익숙한 것만 고집하는 경향이 있다. 이를 무시할 수는 없다. 그러나 기회비용을 따져보면 그 편리성이라는 것은 무시해도 된다.

둘째는 금융회사의 여론공세다. 케이블 채널이 100개에 이르고 공중파에서도 24시간 내내 방송을 하는 시대에 우리는 좋든, 싫든 방송 미디어에 노출될 수밖에 없는 환경에 처해 있다.

방송광고 중에 가장 방송 빈도가 높은 것이 금융상품 광고다. 그 광고비용은 다 우리의 지갑에서도 나가는 것이다. 방송광고는 대부분의 경우 객관적 사실은 숨기고 그들이 말하고 싶은 것만을 말한다. 금융회사들의 여론공세가 효력을 발휘하는 것은, 진실이 아닌 것도 반복해서 듣다보면, 그들이 말하는 정보의 프레임에 갇혀 그들과 같은 생각을 하게 된다. 이 때문에 말도 안 되는 내용이 버젓이 진실인 것처럼 우리의 구매동기에 큰 영향을 미쳐 실제 소비로 이어진다.

은행, 보험사의 거의 모든 금융상품이 우리의 지갑을 더 가난하게 할 뿐임에도 약 70% 이상의 사람들이 노후 준비를 위해 은행, 보험사의 저축상품을 선택하고 있다. 사람들은 나에게 묻는다. 그렇다면 당신은 이 상품들을 대체하는 고수익 상품을 알고 있느냐고. 나는 이렇게 말할 수 있다. "내게는 당신을 부자로 만들어 줄 능력은 없다. 그러나 당신에게 금리 1%를 더 받는 방법에 대해서는 정확하게 말해 줄 수 있다."

은행상품은 안전성이 없다

금융시장을 전체로 놓고 보면 은행과 보험사의 저축상품은 소매점에서 쇼핑하는 것과 마찬가지다. 일반 상품처럼 금융상품도 도매점에서 구매하면 더 다양한 상품을 더 낮은 가격으로 구매할 수 있다. 그럼에도 은행에서 통장을 만드는 이유를 물어보면 안전성 때문이라고 한다. 과연 그럴까? 안전성에 대한 생각을 바꿔야 한다.

은행 예금에 투자해서 세후 수익률이 물가 상승률을 밑돈다면 실질 화폐 구매력으로 따져서 원금이 감소하는 것으로 결국 안전성을 해치는 것이다.

우리는 각자의 일터에서 하는 노력의 10분의 1, 아니 100분의 1이라도 금융상품에 대해서 알려고 노력한다면 아무리 저금리 시대라고 해도 1% 금리를 더 받는 것은 일도 아니다. 절세 상품이 됐든, 비과세 상품이 됐든지 간에 금융상품의 비교우위는 만기에 가서 받게 되는 최종이자로 따지면 된다. 은행, 보험사에서 판매하고 있는 예금, 적금, 저축성 보험, 연금상품이 다 포함된다. 이 기준으로 금융상품을 선택한다면 지금처럼 이런 어이없는 금융상품에 자신의 귀중한 재산을 맡기는 어리석은 일은 하지 않을 것이다.

초저금리 시장에서 높은 수익률을 얻기 위해서는 소위 말하는 하이일드highyield 상품에 투자해야 한다고 금융회사는 설레발을 친다. 그것도 자신들을 통해 간접투자해야만 투자의 안정성이 보장된다고까지 말한다.

하이일드
하이일드(high yield)는 단순히 해석하면 높은 수익률이다. 하이일드, 즉 높은 수익률에는 그에 상당하는 높은 위험(high Risk)이 뒤따른다. 투자의 격언에서는 이를 일반화시켜 "하이일드 하이리스크"라고 말한다. 이에 덧붙여 하이일드 펀드는 투기등급의 채권, 파생상품에 투자해 위험기준치는 높으나 높은 기대 수익률을 노리고 투자하는 펀드를 말한다.

그러나 그들이 말하는 대표적 간접상품인 ELS, ELD와 심지어 코스피 평균지수를 목표 수익률로 한다는 인덱스, 절대수익형 펀드 중에서 코스피 평균지수는 고사하고 시장금리 정도의 수익률을 내는 펀드도 20%가 되지 않는다.

수익률은 시장금리에도 못 미치는 펀드 중에는 수수료가 펀드 수익률을 초과하는 웃지 못할 사례까지 빈번하게 발생하는 것이 작금의 현실이다.

현재 금융시장에서의 투자자는 멘붕 상태다. 금리는 계속 떨어지기만 하고 부동산 시장은 불황의 골이 너무 깊다. 정기예금에서 이탈한 자금들이 투자처를 찾지 못하고 MMF, CMA 같은 단기 유동성 상품에 몰리고 있는 것이 단적인 예다. 그리고 주식투자는 여전히 두렵다. 정말 답이 없는 것일까? 아니다. 답은 있다. 눈높이를 낮추고 투자상품에 경계를 두지 않는다면, 초저금리라고 하는 금융시장에서도 당신의 소득을 실질적으로 늘려줄 상품은 얼마든지 있다. 이 책을 통해서 여러분 스스로 그 길을 찾기를 바란다.

박연수가 알려주는 금리 1% 더 받는 법

Tips

정기예금 세후 수익률2013년 1월 25일 기준 시중은행 평균 세후 수익률 2.65%, 시장 실제금리국고채 3년물, 2013년 1월 23일 2.77%를 기준으로 해서 1%의 금리를 더 받는 법에 대해서 지금부터 알려주려 한다. 아래의 내용을 참조하기 바란다.

1. 확정금리 상품은 가입시점의 금리가 만기까지 확정되는 상품으로 세후 수익률 측정을 정확히 할 수 있다. 여기에 해당되는 상품이 은행상품 이외에도 저축은행, 종금사, 상호금융회사, 증권사장외채권 거래로 매입한 채권 상품 등이 있다.
2. 이 상품을 가지고 예금가입기간, 투자금액에 맞게 투자상품을 선택한다.
3. 확정금리 상품은 가입 후에는 만기까지 금리 변동이 없으나 가입시점, 판매회사에 따라 금리가 달라지므로 투자시점에 거래하고자 하는 금융회사의 홈페이지를 검색해 높은 금리를 주는 회사를 선택한다. 가령, 저축은행의 경우에는 대주주 계열회사가 은행지주회사보다 정기예금의 금리가 높다.

   상호금융회사단위, 농 · 수협, 새마을금고, 신협는 같은 금리라도 3,000만 원까지는 비과세되기 때문에 은행, 저축은행과 예금금리가 같다고 해도 이자를 16.5% 더 받게 되는 효과가 있다. 상호금융회사와의 거래는 거주지역 내에서 영업 중인 단위 농 · 수협, 새마을금고, 신협을 방문하여 이 중 최고금리를 주는 회사를 선택한다.
4. 증권사를 통한 소액 장외채권거래는 증권사 보유물량을 매입하는 것으로 만기까지 보유해야 하지만 신용등급이 높은 A~AA 등급의 회사채, 카드채, 유동화증권의 은행환산 수익률이 4.5~6% 수준으로 은행정기예금 세전 수익률2.9~3.40%, 2013년 1월 기준과 비교해 1.5~3%까지 금리를 더 받을 수 있다.

   증권사 창구를 통해 소액으로 장외채권을 매입하는 경우에는 매입 당일 전에 동양종금증권, KDB대우증권, 현대증권 등의 대형 증권사의 금융몰을 찾아서 매율정보와 수익률을 확인하고 투자하면 된다.
5. 투자기간이 1개월에서 3개월인 경우의 단기투자는 종금사 상품인 발행어음과 CP를 선택하면 은행권 상품보다 1%의 금리를 더 받을 수 있다.

끝으로 당부하고 싶은 것은 금융상품의 비과세 여부는 중요한 것이 아니라는 점이다. 중요한 것은 금융상품 투자로 만기에 받는 최종 세후 수익률로 비교하면 된다. 이 기준으로 금융상품을 결정할 경우 비과세가 된다 해도 최고 5년 이상의 투자가 요구되는 연금상품 · 저축성 보험은 경쟁력을 가질 수가 없다. 이 점을 명심해 두고 투자하기 바란다.

03

저금리가 서민을 두 번 죽인다

어느 가난한 아기 엄마가 있었다. 아기 엄마가 아기에게 아무리 젖을 물려도 아기는 더 보채기만 할 뿐 쉽게 잠들지 않았다. 굶주린 엄마한테서는 아기를 편하게 잠재울 만큼 젖이 나오지 않았기 때문이다.

아기 엄마는 해서는 안 되는 일인지 알면서도 동네 가게에서 아기에게 먹일 분유 한 통을 훔쳤다. 2만 원이 안 되는 돈이다. 야박한 주인은 아기 엄마를 경찰에 신고했다. 아기 엄마는 감옥으로 갔다.

아기 엄마는 매우 부지런한 사람이다. 다만 일시적으로 생계를 이어가지 못했을 뿐이다. 사정은 다르지만 대부분의 생계형 범죄가 이런 과정에서 발생한다. 만약 우리 사회의 사회안전망이 튼튼해 일시적으로 경제적으로 곤란한 처지에 있는 사람에게 마중물의 역할을 했다면 많은 생계형 범죄는 이미 사라졌을 것이다. 그러나 현실의 법은 그 힘없고 가여운 아기 엄마를 용서하지 않았다.

라면에 이물질이 들어 있다는 고객의 항의에 라면회사는 동 시간대에 제조된 모든 라면에 대해서 리콜 조치하고 많은 돈을 들여 소비자에게 사과광고를 했다. 그럼에도 식품안전당국에서는 이 회사를 엄중하게 벌했다.

아기 엄마가 분유 한 통을 훔친 것도 용서치 않는 것이 법이다. 제조회사가 판매하는 상품에 조그만 이물질이 들어가도 처벌하는 것이 법이다. 그런데 금융회사가 판매하는 불량 금융상품에만은 어떤 처벌도 하지 않는다. 금융자본이 법과 시장 위에 존재하기 때문이라고밖에 말할 수 없다. 그렇기 때문에 금융회사가 마음놓고 약탈적으로 고객의 지갑을 털더라도 어느 누구도 문제삼지 않는다. 법은 공평하게 집행돼야 정당성을 가질 수 있다. 금융회사의 약탈적 금융상품에는 이 법이 무용지물이다. 법은 만인에게 똑같이 적용해야 한다. 이것이 정당한 법의 집행이다.

나는 대안없이 무조건 통장을 버리라고 말하는 것이 아니다. 단 우리의 지갑을 합법적으로 털어가는 약탈적 금융상품에 대해서는 단죄하는 것이 마땅하다고 말하는 것이다. 약탈적인 금융상품이 이렇게까지 활개치는 것은 금융자본이 법을 발의하고 결정하는 의회권력을 돈을 매개로 한 로비력으로 무력화했기 때문이다. 돈 앞에는 정의가 사라진 시대다.

우리는 금융자본에 의해 설계되고 판매되는 약탈적 금융상품에 자신의 미래를 기대고 있다. 현재 변액보험 가입자가 247만 명, 퇴직연금에는 330만 명, 연금저축에 631만 명이 가입하고 있다. 이 상품에서 시장평균시장금리 기준의 수익률을 내는 것은 없다. 원금이 까지지 않으면 다행이다. 왜 이 상품들은 수익률이 저조한 것인가. 의문을 가져야 한다.

보험료는 순보험료와 부가보험료로 구성된다. 보험료는 보험금으로 지급할 적립금과 보험회사가 합법적으로 떼어가는 부가보험료로 구성된다.

순보험료와 부가보험료의 비율을 보험료지수로 표현한다. 보험료지수가 150%라고 하면 자신이 내는 돈 150원 중에서 100원만 순보험료에 포함되고 50원은 부가보험료가 된다. 따라서 이 경우 자기가 내는 돈의 50%가 설계사 수당, 회사의 관리비용으로 쓰이는 것이다. 아무리 자산운용능력이 뛰어난다고 해도 처음부터 보험료에서 떼어가는 돈이 많은데 수익률이 높을 리가 없다.

펀드형 보험을 앞세우는 변액보험의 경우 보험사가 합법적으로 떼어가는 부가보험료는 최소로 삼아도 보험료의 13%가 넘는다. 변액보험이 수익률이 나든 안 나든 간에 보험회사는 이미 가입시점에 챙길 것을 다 챙겼으니 손해 볼 것이 없다. 고객들의 불만을 한 귀로 듣고 흘리면 그만이다. 이에 대해서 아무런 법적 책임을 지지 않기 때문이다.

아기 엄마가 분유 한 통 훔치는 것에도 엄중한 처벌을 하는 법이 천문학적인 고객의 돈으로 잘 먹고 잘 사는 보험회사의 상품에는 아무런 책임을 묻지 않는다. 현재도 변액보험에 매년 10조 원의 돈이 몰린다. 판매수수료가 높은 퇴직연금 가입금액은 50조 원이다.

계속 급증하고 있는 중이다.

은행에서 운용하는 퇴직연금은 92.8%가 자기은행 정기예금으로 운용한다. 따라서 퇴직연금 운용수수료 0.8%를 공제하고 나면 정기예금에 직접 투자하는 것과 비교해 수익률이 떨어질 수밖에 없는 구조다. 노후에 한푼이 아쉬운 사람들이 가입하는 퇴직연금이 금융회사들 잇속만 챙기는 상품으로 전락하고 있다.

연금저축의 수익률은 더 심각하다. 연금저축이 생겨난 2001년 2월부터 2012년 9월까지의 수익률 분석 결과, 대부분의 보험사 연금저축보험 수익률이 마이너스 수익률을 기록하고 있다. 투자위험이 높은 해외펀드의 경우에는 원금이 모두 없어질 때까지 꼬박꼬박 수수료를 떼어간다.

결론적으로 이들 상품에 투자하는 사람은 바보같은 사람이 돼버렸고, 이들 덕분에 금융회사의 임직원 연봉은 크게 올랐다. 이것이 금융회사가 설계하고 판매한 통장의 현주소다.

저금리는 우리를 두 번 죽이는 일이다

고객의 자산운용에 수수료가 따라붙는 펀드, 신탁, 저축성 보험, 연금상품을 제외하고 수익률 예측이 확정되는 금융상품금융회사를 통한 간접금융상품으로는 더 이상 3%세금공제 후 이상의 이자를 받기 어려워졌다. 왜냐하면 금리는 앞으로 오르기 어렵기 때문에, 시장 실세금리에 준해서 예금금리가 결정되는 확정금리 금리상품이 시장 실세금리 이상의 수익률을 내는 것은 사실상 어렵다. 저금리는 경제 주체들의 이해관계가 매우 복잡하게 얽혀 있어 쉽게 말할 수 없는 일이다.

앞으로 크게 늘어나는 복지재정을 국민의 저항이 뒤따르는 증세보다는 국채 발행으로 해결하려는 정치권의 정책이 근본적으로 바뀌지 않는 한, 적자재정의 축소를 위해서 국채의 발행금리를 낮추는 관행은 계속될 수밖에 없다.

아무튼 저금리로 인해서 가장 많이 손해 보는 사람이 서민이다. 서민들의 재테크라는 것이 보통 아껴쓰고 저축해서 가처분소득을 늘리는 것이다. 멀리 갈 것도 없이 불과 3～4년 전만 해도 예금자보호가 되는 저축은행의 정기예금 금리가 8%였다. 1천만 원을 투자하면 복리로 연 80만 원세금공제 전의 이자를 받았다. 현재는 그 절반도 되지 않는다.

저금리로 인해서 70% 이상의 서민들은 가처분소득이 줄게 되었다. 그러나 대기업은 저금리를 즐기고 있다. 우리나라 가계의 예금성 자산은 200조 원 정도다. 반면에 대기업의 총부채규모는 1,000조 원이다. 가계부채도 1,000조 원쯤 된다. 그러나 가계부채의 상당액약 70%은 고가의 중대형 아파트, 상가 등을 소유한 고소득층의 빚이다. 저금리로 인해 서민이 대출이자를 감액받는 돈은 미비한 수준이다5분위 이하의 서민 가계대출 100조 원. 반면에 대기업의 경우 대출이자가 1%만 줄어도 연 10조 원 이상의 이자경감 효과가 있다.

저금리 정책이 물가안정, 수출확대로 인한 신규고용의 증가 등의 경제효과가 있다고 말하지만 실제로는 가뜩이나 막대한 경영이익을 사내에 쌓아두고 있는 대기업, 고소득층만 더 살찌우는 정책이 되고 만다.

통장을 버려야 저금리의 덫에서 해방된다

통장을 계속 갖고 있는 것은 스스로 저금리의 한계를 인정하는 것이다. 우리의 금융거래는 대부분 소매 금융에 치중돼 있다. 통장을 만드는 것이 그 증거다. 우리의 투자는 금융회사가 만든 프레임에 갇혀 있는 상태다. 그 프레임을 넘지 못하고 금융회사가 반복적으로 틀어주는 소리에 세뇌돼 간다. 한정된 공간에 갇혀서 똑같은 소리를 반복적으로 듣다보면 무엇이 진실인지 헷갈리게 된다. 지금 우리의 시공간을 지배하는 거의 모든 정보채널은 금융회사의 광고에 장악되고 있다. 다른 소리가 들리지 않는다. 금융회사가 만든 틀 안에서 상품의 우위를 비교하고 그중에서 선택하는 것을 당연하게 여긴다.

나는 지금 금융회사의 금융상품이 이래서 나쁘고, 저래서 나쁘다고 말하는 것이 아니다. 금융상품이 좋다 나쁘다를 떠나서 우리가 우리의 소중한 돈으로 투자를 하는 이유는 투자이익을 최대한 늘려서 우리가 원하는 경제적 목표를 이루기 위함이다.

이 기준에서 우리가 갖고 있는 통장은 도움이 안 된다는 것을 말하는 것이다. 만약 당신이 현재보다 나은 경제적 생활을 하기를 꿈꾸고 있다면 그 목표를 이루기 위한 길을 제대로 찾아가라는 얘기다. 그 첫단추가 바로 당신이 갖고 있는 약탈적인 통장을 버리는 것부터 시작된다.

04

그들이 말하는 '머스트 해브' 통장의 비밀

빌 게이츠는 일찍이 디지털 문명이 빛의 속도로 변한다고 말했다. 그의 말대로 컴퓨터 파워는 지수함수적으로 성장해 2030년에 이르면 인간의 지능을 초월할 것이라는 전망까지 나오고 있다. 디지털문명이 탄생시킨 수퍼인공지능 컴퓨터가 인간의 미래를 지배하는 시대가 멀지 않았다. 빛의 속도로 변하는 것은 단지 IT 기술의 진화만이 아니다.

경제, 사회, 문화 전반에 걸쳐서 그 변화는 가히 혁명적으로 진행되고 있다. 그 종속물의 하나인 금융시장의 변화 역시 놀랍다. 금융시장의 급진적인 변화는 그 변화에 종속되는 가계경제에도 새로운 투자환경에 적응할 것을 요구하고 있다. 우리는 이처럼 금융시장의 변화를 가리켜 패러다임이라고 정의한다.

금융시장의 급진적 변화가 우리 일상에서 직접적으로 피부에 와 닿는 변화가 예금금리의 변동이다. 예금금리의 변동이 어느 정도이기에 급진적이라고 표현하는가. 정말이지 예금금리의 변동은 가히 혁명적 변화라고 말할 수 있다. 2000년대 이전 예금금리가 10%가 넘던 시절은 호랑이 담배 피던 옛얘기가 되었다. 그때와 비할 바는 아니지만 2009년 이후 3년간 예금금리는 절반으로 뚝 떨어졌다. 2009년만 해도 저축은행의 평균 예금금리가 8.1%였고, 은행의 정기예금은 6.5%였다.

그러나 불과 3년이 지나지 않은 2012년 말에 저축은행의 정기예금 평균금리는 3.9%, 은행은 3.2%가 되었다. 결과적으로 저축은행, 은행의 평균 예금금리는 딱 절반으로 떨어졌다. 이 정도면 혁명적이라는 표현을 써도 과장된 것이 아니다.

이 결과가 투자에 어떤 영향을 미치고 있는지 생각해 보자. 2009년까지는 적어도 정기예금 투자만으로도 실질소득이 증가했다. 그러나 이제는 정기예금 투자가 더 이상 우리의 소득증가에 기여하지 못하고 있다.

이전소득
이전소득(transfer income, 移轉所得)은 생산활동에 참가해 그 대가로 받는 소득과 다르게 생산에 직접 기여하지 않고 개인이 전부 또는 기업으로 받은 수입은 단지 정부나 기업의 소득이 개인의 소득으로 대체되었을 뿐이므로 일반소득과 구별해 이전소득이라고 한다. 이전소득에는 정부로부터 받은 연금, 개인이 자산운용을 위해 투자하고 그대가로 받게 되는 이자, 임대소득을 포함한다.

그래서 이 변화를 가리켜 패러다임이라고 말하는 것이다. 패러다임이라는 말이 변화에 적응할 것인가, 아니면 도태될 것인가를 선택하라고 강요하는 것이라면 우리는 도태되지 않기 위해서 그 변화에 적응할 수밖에 없다.

금융시장의 이런 변화가 소위 금융회사의 '머스트 해브' 상품에도 변화를 가져왔다. 금융회사들은 이 변화를 자신들의 시장점유율을 늘리기 위한 기회로 삼고, 적극적으로 프로모션에 나서고 있다. 그들이 말하는 대표적 '머스트 해브' 상품이 해외 채권펀드, 즉시연금, 변액 종신보험 등이다. 그러나 이는 그들이 말하는 '머스트 해브' 상품일 뿐이다. 우리가 이를 쫓을 필요가 없다.

그들이 항상 말하는 '머스트 해브' 상품은 그들의 이익이 된다는 점에서 그렇다는 것이다. 실상 이들 상품이 소비자들에게는 치명적인 해가 되는 경우가 허다하다. 왜 그런지 그들이 말하는 '머스트 해브' 상품을 들여다보기로 하자.

해외 채권펀드

미래에셋에 의해 야심만만하게 출범했던 인사이트 펀드를 기억하고 있는가? 인사이트 펀드가 시장에서 고객의 돈으로 중국 투자를 본격화한 지가 어느새 4~5년이 지났다. 그동안 인사이트 펀드는 어떻게 되었을까? 원금은 고사하고 여전히 마이너스 30%가 넘는 손해를 고객에게 안기고 있다. 그럼에도 인사이트 펀드를 설계하고 판매한 미래에셋의 대주주에게는 최고의 수익을 안겨주었다. 실제 인사이트 펀드가 출범한 이듬해 미래에셋의 대주주 박현주는 150억 원의 배당을 받았다. 정작 투자의 주체인 고객은 원금 손실로 인해 피눈물을 흘리고 있는 상황에서 말이다. 도대체 이게 말이 되는 일인가.

인사이트 펀드
인사이트(insight)는 통찰력이란 뜻을 가진 멋진 단어이다. 인사이트의 뜻을 차용해 미래에셋이 2007년 10월 22일에 야심차게 출발한 펀드가 바로 인사이트 펀드다. 미래에셋에 의하면 인사이트 펀드는 특정자산, 섹터에 구분받지 않고 전 세계를 대상으로 투자처를 발굴하고 투자하는 고위험 · 고수익 펀드라고 한다.

펀드회사는 자신들이 설계하고 판매한 펀드가 수익이 나든 말든 수수료를 꼬박꼬박 떼어간다. 이처럼 불공정한 상품은 일찍이 자본주의 역사에 없었다. 자본과 시장, 소비자 간의 상생을 외치고 있는 자본주의 4.0 시대에도 그들은 여전히 고객의 지갑을 털 생각만

자본주의 4.0
자본주의 1.0은 자유방임 당시의 자본주의, 자본주의 2.0은 대공황 이후 태생한 자본주의, 자본주의 3.0은 현재 우리가 겪고 있는 신자유주의, 그리고 그 통합의 가치를 말한 것이 자본주의 4.0이다. 자본주의 4.0을 처음 말한 사람은 타임지의 저널리스트 아나톨 칼레츠키다. 그의 말에 의하면 자본주의 4.0의 핵심은 '적응성 혼합경제'다. 즉, 현대경제체제의 복잡성과 예측불가능성에 대한 한계를 분명히 인식하고 시장의 일반적 추종을 중지하되 개인과 정부, 시장의 관계를 재설정해 상생의 경제를 자본주의의 이상적 모델로 제시하고 있는 것이다.

이머징마켓
새롭게 떠오르고 있는 경제신흥강국인 브라질, 인도, 중국, 러시아, 동남아시아 등의 신흥시장의 주식·채권시장을 말한다.

하고, 고객을 유혹할 수 있는 킬러killer 상품 개발에만 열성적이다.

해외 채권펀드는 객관적으로 이 지독한 저금리 흐름에서 기회가 될 수 있다. 채권금리라는 것은 금융시장이 불안해져 발행 주체의 안정성이 떨어질수록, 고위험의 채권일수록 고수익을 올린다. 현재 고수익을 올리는 해외 채권펀드는 대개가 이머징마켓신흥시장에 속하는 국가가 발행한 채권에 투자한다. 실제로 2012년에 일본을 제외한 아시아국가에 투자한 해외 채권펀드의 수익률이 12.59%였다. 수익률은 높았지만 투자위험을 감안할 때 하이일드high yield 펀드에 속한다.

어쨌든 2012년 해외 채권형 펀드의 수익률은 3.45%에 불과한 국내 주식형 펀드를 압도하는 수익률을 올렸다.

그러나 2012년의 높은 수익률은 전 세계 대부분의 국가가 경기부양을 위해 금리를 내리면서 벌어진 특수한 경우다. 그러니까 채권투자의 속성상 기존의 상대적 고금리에 투자한 채권이 시장금리가 떨어지면서 반사이익을 얻은 것이다. 저금리에 채권에 투자하면 향후 금리가 오를 경우 마이너스 수익률이 발생할 위험이 더 크다채권의 수익률은 금리와 반비례 관계에 있으므로 금리 고점에 투자해 금리가 낮아질수록 수익률이 채증된다. 실제로 글로벌 투자은행, 미국의 연기금은 향후 금리가 오를 것으로 생각하고 해외채권 투자에서 발을 빼고 있다.

서브프라임 금융위기가 발생한 다음 해에도 채권투자 수익률이 최고의 수익률을 기록했다. 이는 금융위기로 인해 시장금리가 단기간에 급등해 높은 수익률을 얻을 수 있었기 때문이다. 반대로 금리가 이미 상승한 시점에 투자한 사람들은 금리가 떨어져 원금 손실이 발생한다. 특히 채권형 펀드는 채권시가평가제의 도입으로 매일 변동되는 채권의 가격이 수익률에 반영되기 때문에 적어도 만기까지 보유하면 발행금리를 보장받게 되는 직접투자와 비교해 투자 위험이 오히려 크다.

해외 채권펀드는 원화를 달러화로 바꿔 투자하기 때문에 환율의 변동에 따라서도 수익률이 직접적으로 영향받는다. 해외 채권펀드 투자를 하기 위해서는 환율, 세계 금융시장의 변동에 따른 금리의 변동, 발행 주체 국가의 거시경제 동향 등등 투자를 하기 위해서는 이 복잡한 경제 함수를 풀어야 한다.

그만큼 투자의 결과를 예측하기 어렵다. 이는 국내 채권시장에서 직접 투자하는 것과 비교해 그 위험의 가중치가 매우 높다는 것을 의미한다. 또 원화의 평가절상으로 원화를 달러화로 바꿔 투자하는 해외펀드의 특성상 환차손이 발생할 수 있다는 점을 염두에 두어야 한다.

즉시연금

즉시가 뜻하는 사전적 의미를 생각해 보면, 즉시연금이 무엇을 말하는지 미루어 짐작할 수가 있다. 즉시연금이란 말 그대로 연금에 가입하자마자 바로 연금을 받을 수 있는 연금이다.

그런데 매우 황당한 것은 이 즉시연금의 재원이 고객의 쌈짓돈이라는 것이다. 결국 자기 돈 내서 금융회사에 수수료 떼어주고 차액을 받는 것이 즉시연금이다.

즉시연금은 정부가 2012년 8월 부자증세 강화를 골자로 하는 세제개편안을 발표하면서 몸집이 빠르게 커졌다. 밴드웨건 효과까지 더해져 부자들만이 아니라 금융자산이 수천만 원에 불과한 서민, 중산층도 이 대열에 합류하고 있다.

밴드웨건 효과
밴드웨건 효과(bandwagon effect)는 유행에 따라서 상품을 구매하는 소비 현상을 말한다. 밴드웨건 효과는 하비 라이벤스타인(harvey leibenstein)이라는 사람이 골드러쉬 시대의 사람들이 마치 퍼레이드의 맨 앞에서 행렬을 선도하는 악대 차량을 무리지어 뒤 딸아 가는 것에서 아이디어를 얻어 쓴 네트워크 효과라는 논문에서 유래 하였다. 최근에 밴드웨건 효과는 충동구매를 유도하는 마케팅 기법의 하나로 이용되고 있다.

금융회사는 비과세 혜택이 언제 끝날지 모르므로 빨리 가입해야 한다고 적극적으로 마케팅 공세에 나섰다. 그 결과 삼성, 한화, 교보 생명 등 소위 빅3 생명보험 회사의 즉시연금 수탁고는 2012년 1,000억 원에도 못 미치던 것이 불과 10개월이 지나지 않아서 1조 1천억 원대까지 급증했다.

앞서 말했듯이 즉시연금은 목돈을 집어넣고 매월 일정액을 연금으로 지급받는 상품이다. 이보다 훨씬 나은 이자를 매월 받을 수 있는 상품이 있는데 왜 즉시연금을 선택해야 하는지 이유를 모르겠지만 어쨌든 생명보험사가 판매하는 즉시연금에는 두 가지 유형이 있다고 한다.

본인이 사망하는 날까지 매월 원금과 이자를 나눠서 받는 종신형과 본인은 매달 이자만 받고 원금은 나중에 본인이 찾거나 자녀들에게 물려주는 상속형이 이에 해당한다. 즉시연금은 어느 유형을 선택해도 10년 이상 가입하면 모두 비과세가 된다. 종신형은 일단 가입하면 중도 해지가 불가능하고 상속형은 중도 해지가 가능하다. 이 때문에 즉시연금의 경우 80% 이상이 상속형에 가입하고 있다. 60

세 남성이 종신형 즉시연금에 가입하면 매월 45만 원10년 보증, 2013년 1월 기준을 죽을 때까지 받는다.

즉시연금 상속형에 3억 원을 가입했다고 가정할 때 매월 88만 원20년 만기, 4.2% 기준을 받아왔으나 세법시행령 개정으로 인해 2억 원 초과 가입 시는 과세대상이 된다. 따라서 상속형 즉시연금 2억 원 이상을 초과하는 금액까지 비과세 혜택을 받기 위해서는 부부가 2억 원씩 나눠서 가입하면 된다. 이 경우 최대 4억 원까지 비과세를 받을 수 있다.

즉시연금이 비과세 혜택그것도 한시적을 받는다고 해도 수익률이 시장 금리보다 낮고, 중도 해지 시에는 원금 손해까지 감수해야 하는 판국에 생명줄 같은 종잣돈으로 즉시연금에 가입하는 것은 생각해 봐야 할 문제다.

은퇴자들의 노후생활자금 대비 상품으로 나오는 은행권, 보험사의 상품들이 다 소비자의 관심을 끌기 위해 소리만 요란했지 아무런 경제적 효과가 없다. 다음에 소개하는 변액 종신보험도 경제적 이득이 없기는 마찬가지다.

변액 종신보험

변액보험은 보험의 기능에 펀드의 투자를 결합한 상품이다. 문제는 이 상품이 변액보험을 최초로 판매한 미국에서조차 소비자의 민사소송이 가장 많을 정도로 탈이 많은 상품이라는 점이다.

우리나라에서도 마찬가지다.

보험회사는 가족을 생각하는 가장의 마음을 이용해 가장이 사고나 사망으로 인해 경제능력을 상실하는 경우를 대비해 종신보험에 가입해야 한다고 말한다.

그러나 그 보험이 가족의 미래를 더 불안하게 한다는 것은 정말 아이러니다. 왜냐하면 사망보험금이 2억 원인 종신보험에 매월 41만 원을 보험료로 내는 것과 비교해서 41만 원을 매월 복리로 금리가 계산되는 자유적립식 예금에 10년을 가입한다면 가장이 사망하지 않아도 40대 가장이 50대에 사망하거나, 사고로 경제력을 상실할 경우는 희박하다. 연령대가 더 낮은 가장은 그 가능성이 더 낮다 1억 원을 받을 수 있다. 원금이 체증되는 확실한 수익률이 보장된다. 당신이라면 무엇을 선택하겠는가?

보험의 무용론을 말하는 것이 아니다. 건강보험이 보장하지 못하는 치명적인 질병, 자동차 배상 책임보험 같은 손해보험은 필요하다. 그러나 보험회사가 자신들의 자본 확대를 위해 소비자의 희생을 전제로 하는 보험상품들은 결국 우리의 지갑을 훔치는 금융 바이러스라는 것을 알아야 한다.

금융회사가 말하는 '머스트 해브' 상품은 자신들의 입장에서 그렇다는 것이지, 소비자 입장에서는 워스트 상품이다. 이런 워스트 worst 상품이 위에 설명한 상품뿐이겠는가. 많다. 많아도 너무 많다. 우리가 잘 알고 투자하는 수밖에 없다.

세법 시행령 개정으로 달라진 절세 상품 정리

Tips

세법 개정으로 인해 절세 상품에도 변화가 있다. 최근 세법 개정으로 그 내용이 달라진 절세 상품에 대해 알아보자.

세법 개정으로 2013년부터 금융종합과세 부과기준이 종전 4,000만 원에서 2,000만 원으로 낮아지면서 절세형 상품에 대한 관심이 무척 커졌다. 물론 금융소득과세 기준이 낮아졌다고 해도 여기에 해당되는 사람은 매우 소수다. 그럼에도 우리가 절세 상품에 관심 가져야 하는 것은 재테크를 세테크로 바꿔 불러도 이의를 제기하지 않을 정도로 세테크가 재테크에서 차지하는 비중이 매우 커졌기 때문이다. 세법 시행령 개정으로 달라진 절세 상품에는 즉시연금 이외에도 신연금저축, 물가연동국채가 있다.

신연금저축

세법 시행령 개정으로 12년 만에 개편되는 신연금저축은 구연금저축과 비교해 크게 달라진 점은 계약 유지기간이 10년에서 15년으로, 연금 수령기간은 5년에서 15년으로 크게 늘어난다는 것이다. 즉, 돈을 넣는 기간은 짧아지고, 연금은 더 오래 받을 수 있게 제도가 바뀌었다.

또 구연금저축이 18세 이상만 가능했던 반면, 신연금저축은 연령제한이 없어져 청소년도 가입이 가능해졌다. 납입한도도 1,200만 원에서 1,800만 원으로 늘어났다. 소득공제는 연 400만 원으로 종전과 같다.

연금저축 가입자는 새로 바뀐 제도 중에서 자신에게 유리한 항목만 골라 이용할 수 있다. 예를 들어서 새 제도에 맞춰서 연금은 5년만 내고 연금을 받을 때는 5년간 나눠서 받을 수 있다.

물가연동국채

부자들을 위한 절세 상품으로 잘 알려진 물가연동국채는 물가 상승률만큼 원금이 불어나는 채권이다. 종전에는 채권의 낮은 표면금리연 1.5%에만 이자소득세를 부과하고 불어난 원금에 대해서는 비과세 혜택이 주어졌다. 따라서 물가채물가연동국채는 현금자산이 많은 사람들에게 실질 수익률은 높은 데 비해서 금융종합과세를 피할 수 있었다.

그러나 2015년 1월 1일 이후 발행되는 물가채부터는 물가 상승으로 늘어난 이자에 대해서도 일반 금융상품과 마찬가지로 이자에 대해 15.4%를 과세한다. 2014년 말 이전에 물가채에 돈을 묻어두면 이후에도 비과세 혜택을 받는다는 것을 기억해 두기 바란다.

◉ 세법 시행령 개정으로 달라지는 절세 상품 내용정리

금융상품	개정 전(前)	개정 후(後)	시행시기
즉시연금(상속형)	10년 이상 비과세	가입금액 2억 원 이하만 비과세	2013년 2월 15일
즉시연금(종신형)	10년 이상 비과세	가입금액 상관없이 비과세	2013년 2월 15일
신연금저축	10년 이상 납입 후 55세부터 5년간 연금수령, 연간 가입한도 1,200만 원	5년이상 납입 후 55세부터 15년간 연금수령, 연간 가입한도 1,800만 원	2013년 1월 1일 신규가입부터 적용
물가연동국채	원금상승분 비과세	원금상승분 15.4% 과세	2015년 1월 1일

05

무에서 유를 창조하는 금융의 기술

IMF 외환위기가 발생하고 일자리를 잃은 사람들이 거리로 쏟아져 나오면서 그들 중 상당수는 먹고 살기 위해서 생계형 창업자의 길을 선택했다.

퇴직하면서 받은 돈은 이미 다 소진된 사람들이 그나마 선택할 수 있었던 사업이 거리의 노점이었다. 당시를 기억하고 있는 사람이라면, 동네 상가 주변에 갑자기 떡볶이, 오뎅 등의 먹거리를 파는 포장마차가 급증한 사실을 잘 알 것이다.

이런 먹거리 노점은 돈 없이도 창업이 가능해 진입장벽이 낮은 장점이 있는 반면, 일시에 너무 많은 사람이 창업에 뛰어들다 보니 경쟁이 격화되어 사실 하루 인건비도 건지기 어려운 전형적인 레드오션 시장이다.

그때 이런 문제들을 보고 당시 내가 썼던 책이 『돈 없이도 창업할 수 있다』였다. 이 책이 나오자 같은 동업자들인 컨설턴트들마저 비웃었다.

IMF 외환위기
우리나라는 1997년 말 금융회사의 부실, 차입 중심의 방만한 기업 경영, 대기업 중심의 성장전략, 정부의 과도한 시장 개입, 대외 신임도의 하락, 단기 외화 채무의 급증 등의 요인에 의해서 정부는 모라토리움(채무 지불 유예)을 선언하고 IMF에 구제금융을 신청함으로써 시작됐다. 이것이 소위 말하는 IMF 외환위기다. 외환위기 당시 IMF는 195억 달러, 세계은행(IBRD)과 아시아 개발은행(ADB)은 각각 70억 달러, 37억 달러를 지원했다.

그들은 말했다. "돈 없이 창업할 수 있다고 말하는 것은 조금 과장해 말해서 책을 팔기 위해 독자의 눈을 속이는 행위다." 그들의 시각에서는 당연한 발언이다.

그러나 그들이 간과한 것이 있다. 자본에는 유형의 자본만 있는 것이 아니다. 무형의 자본도 있다는 점을 그들은 간과했다. 무형의 자본에는 개인의 사회경험, 금융권의 신용, 인적 네트워크, 사업 아이템이 포함된다.

일반적으로 사람들이 잘못 생각하고 있는 것이 '사업은그것이 투자라 해도 반드시 밑천자본이 있어야 한다' 이다. 틀린 말은 아니다. 그러나 그 이전에 확실한 컨텐츠와 사업적 비전이 우선이다.

당신이 지금 출판사를 하나 만들려고 한다. 총 창업자금은 1억 원 정도다. 창업자금 1억 원이 소진되기까지 당신은 사업의 선순환을 위해 최대한 단기간에 재무적 성과를 얻어 수익과 이익의 균형점이 되는 소위 브레이크 이븐 포인트break even point, 손익분기점를 넘어야 한다. 이것이 물리적으로 가능할까?

브레이크 이븐 포인트
브레이크 이븐 포인트(break even point, 손익분기점)는 이븐 찬스(even chance)라고도 불리며 통계학상의 대등한 기회로 일어나거나 나타나지 않을 수도 있는 50 : 50의 확률을 가지고 말한다. 이런 의미를 차용하여 기업의 재무제표상의 손익계산서에 활용한 것이 브레이크 이븐 포인트이다. 즉, 한 기업의 매출과 그 매출을 위해 투입되는 모든 비용이 일치되는 점이 바로 손익분기점이 되는 것이다.

단기간에 대박을 치는 책을 만든다면 그 꿈은 이뤄질 수도 있다. 그러나 지금의 출판시장 현실에서는 그 대박이라는 것은 정말 꿈에 가깝다. 당신은 불행히도 그 대박을 맞기도 전에 도태될 확률이 더 크다.

왜냐하면 출판 사업에 대한 인프라를 최소한으로 갖춘다고 해도 편집, 기획, 영업 분야에 직원을 고용해야 하고 고정적으로 사무실 유지비용을 내야 하며, 책 제작에 따르는 비용종이, 인쇄, 제본비 등을 지불해야 한다.

책이 나오더라도 대금이 회수되기까지 적어도 3개월 이상의 시간이 소요된다. 저자에 대한 인세통상 저자의 인세는 정가의 10%로 책의 서점 공급가가 보통 정가의 60%인 점을 고려하면 실제로는 저자의 인세는 공급가 기준으로 18%에서 20%가 넘는다와 반품되어 돌아오는 책의 감가상각비용까지 감안하면 1억 원으로는 고정비 포함해서 책을 5종 이상 발행한다고 해도 1년을 버티기 어렵다.

감가상각비
기업이 취득한 건물, 비품 등의 고정자산은 시간이 경과하면 여러 가지 요인에 의해 경제적 가치가 감소한다. 일정기간(내용년수), 일정비율로 추산하여 비용으로 간주하는 절차를 감가상각(depreciation)이라 하며 이상과 같이 자산의 이용으로 발생하는 비용을 감가상각비(depreciation expenses)라고 한다.

그러나 오랜 기간 출판 경력이 있는 편집자, 영업자 출신의 창업자는 그들만의 경험 자본으로 좋은 저자를 사업 시작 전에 섭외해 상업성 있는 컨텐츠를 확보할 수 있고, 책 제작 전반에 걸쳐 유능한 프리랜서에게 아웃소싱으로 일을 전담시켜 고정인력을 두지 않고도 사업을 시작할 수가 있다. 그렇게 하면 사업의 최대 적인 고정비를 대폭 줄일 수가 있다.

사업 경험이 있는 사람이라면 모두 공감하는 점이 사업의 최대 적은 아이템이 아니라 매월 나가는 고정비라는 사실이다. 전자와 후자의 경우를 비교할 때 과연 누가 더 사업의 성공 가능성이 더 높은가? 후자다. 그렇다면 사업에 있어서 성공의 키워드는 유형적 자본 이전에 무형의 자본이 먼저라는 얘기가 논리적으로 타당성을 갖는 것에 대해 부정할 수 없을 것이다.

20세기 말 불어닥친 벤처 붐으로 그야말로 종이 한 장에 불과한 사업계획서만으로 펀딩funding받고 사업을 시작하는 사람이 늘었다. 정말 사람들은 그 사업계획서 한 장만을 믿고 투자를 한 것인가? 아니다. 사업 주체에 대한 검증, 이를 테면 그의 사회적 성과, 경력 등을 보고 투자를 결정하는 것이다.

물론 창업에 나서는 사람이 자기 자금 한푼 없이 출중한 경력과 사업 아이디어만으로 사업자금을 모으고, 창업에 성공할 수는 없다.

당신의 네트워크를 관리하라

내가 궁극적으로 하고자 하는 말은 사업자금이 없다고 해서 사업에 도전하지 못하는 것이 아니라는 점이다. 창업에 있어 돈은 필요조건 중 하나이지, 그것이 전부가 될 수는 없다고 말해 주고 싶다.

지금 다시 누군가가 나에게 "정말 돈 없이 창업이 가능한가?"라고 묻는다면? 순수 자기 자본이 전무하다면 불가능한 일일 것이다. 그러나 사회생활을 하는 동안 자기신용 관리를 잘해 온 사람이라면, 또 자신이 일했던 분야에서 인정을 받았던 사람이라면 돈이 없어서 창업 전선에 뛰어들지 못한다는 말은 틀린 말이다.

창업자가 갑자기 급증하는 시기는 호황시기보다 금융위기나 불황으로 기업들이 구조조종에 나서 인력감축이 현실화되는 시점과 맞물려 있다. 실제 경기불황의 골이 깊던 2012년에 신규 창업자 수가 전년도에 비해 크게 증가한 것에서도 알 수 있다.

보통 이 시기에는 정부, 각 지방 자치단체에 창업자를 위한 지원 프로그램이 대폭 증가한다. 아무래도 저금리의 창업자금을 구하는 일이 상대적으로 쉬워진다. 그러나 이들 지원자금 역시 민간 금융회사보다는 덜 하지만 일정 등급 이상의 자기신용을 확보하고 있는 사람에게 기회가 주어진다. 이것이 단지 창업에 나서는 사람에게만 해당되는 것은 아니다.

매우 단순한 질문을 하나 해보겠다. 당신이 현재 가용할 수 있는 자금이 1,000만 원이 있다. 이 돈은 당신의 순자산에 해당된다. 당신은 이 돈으로 투자를 하는데 투자의 기회비용을 물가 상승률 이상으로 잡는다. 어떻게 투자하면 될까?

이 돈으로 현재 소위 제도 금융권이라고 부르는 소매 금융회사들은행, 보험사, 상호금융회사의 예금, 적금에 투자한다면 돈을 잃을 확률이 높다. 현재 이들 금융회사가 제시하는 금융상품의 세후 수익률이 물가 상승률을 밑돌기 때문이다.

그러나 당신이 이 돈으로 도매시장증권시장에서 안정성이 검증되며 상대적으로 고수익이 보장되는 채권주식연계증권에 투자한다면 물가 상승률 + α 의 수익이 가능하다. 투자금을 늘릴수록 기회이익은 더 커진다.

자기신용이 있는 사람은 저금리로 대출을 받을 수 있다. 이 경우에는 소위 레버리지 효과가 발생한다. 그러나 레버리지 효과가 발생하기 위해서는 조달자금의 금리가 최소한 투자상품의 세후 수익률보다 낮아야만 한다. 물론 지금 같은 초저금리 흐름에서 채권이라고 한들 타인 자본을 조달해서 수익을 내기는 어렵다.

그래도 그 가능성을 높일 수 있는 방법이 자기신용을 최대한 잘 관리해 대출 가능 금액을 늘리고, 조달 금리를 낮추는 일이다. 그것이 가능하다면, 당장 여윳돈이 한푼 없어도 투자가 불가능하지 않다. 이런 면에서 금융은 무에서 유를 창조하는 행위가 된다. 물론 절대적으로 아무것도 없는 '무'는 해당되지 않는다.

금융지식이 성공을 불러온다

지금 당신은 창업 전선에 뛰어들었다. 창업 후 보통 손익분기점을 넘어서려면 1년 이상을 기다려야 한다. 그러나 1년이 지나도 매출 채권은 쌓여만 가는데 현금화는 이뤄지지 않고 있다.

당장 필요한 운전자금도 하루하루 연명하기 힘든 처지다. 이때 회사의 현금시제를 매일 기록하고, 기업의 경영 성과를 기록하는 재무제표를 충실히 관리했다면, 보증기금에서 매출액 대비해서 지급보증서를 받을 수 있고, 어음할인 한도도 높일 수가 있어 운전자금을 확보하는 것이 용이해진다.

재무제표
재무제표는 회사의 매출과 이로부터 기초한 경영현황을 실시간으로 측정하여 이를 명확하게 기업의 이해관계인에게 알리기 위해 작성하는 기업재무현황표다.
재무제표는 기업 회계기준에 따라 대차대조표, 손익계산서, 현금흐름표, 이익잉여금처분계산서를 포함한다.

보증기금
준정부기관인 보증기업은 예비 사업자, 중소기업, 벤처 사업자의 자금 지원 업무를 위해 설립되었다.
보증기금에는 신용보증기금과 기술신용보증기금이 있다. 두 보증기금 간에는 업무가 많이 중복된다. 기술보증기금은 타이틀대로 벤처기업의 기술수준을 평가해 자금을 지원하는 데 치중한다.

금융은 눈에 보이는 현금자산의 이동으로만 그 효과가 발생하는 것이 아니다. 금융이 무에서 유를 창조한다는 말이 무조건은 아니지만 그래도 자기관리를 충실하게 한 사람이라고 하면 금융이 무에서 유를 창조한다는 것이 현실성 없는 얘기만은 아니다.

또한 금융에 능한 사람은 확정채권이 없어도 미래의 확정채권을 가지고 소위 말하는 전도 금융으로 운전자금을 확보하는 일이 가능하다. 이것이 바로 팩토링 금융이라는 것이다.

과거 서울 소재 대형 저축은행들은 기업을 대상으로 하는 법인

영업에 집중해 왔었다. 은행에 비해 점포가 적어 규모의 경제를 실현한다는 면에서 저축은행은 법인영업에 집중할 수밖에 없는 한계가 있었다. 그렇다면 기업 입장에서 대출금리가 높은 저축은행과 거래를 하는 이유가 무엇 때문이었을까?

은행이 업무매뉴얼이 정교해 소위 말해서 융통성이 없는 반면, 저축은행은 금리는 높다고 해도 신용으로 받을 수 있는 금액이 많고, 받을 어음의 신용도가 떨어져서 은행에 가서는 할인이 안 되는 어음도 어음 담보 내 대출, 제3자 담보대주주의 예금, 부동산, 유가증권 내에서의 어음할인을 해주는 등 업무의 탄력성이 있어 자금을 편리하게 운영할 수 있게 해주는 이점이 있었다. 이런 점이 금리가 높아 경쟁력이 없어 보이는 저축은행이 금융위기와 자체의 도덕적 해이로 인해 시장에서 퇴출되기 전까지 생존해 왔던 비결이다.

다시 말하지만 금융은 고정된 것이 아니다. 또 개인의 능력에 따라 결과의 차이 역시 크다.

이제 우리는 알아야만 한다. 소위 소매 금융이라고 부르는 금융회사에 우리가 소중한 소득을 꾸준히 저축하고 있음에도 우리의 가처분소득은 증가하지 않고, 그들과 거래할수록 더 가난해지는 이유를. 그 누구보다 사업에 열정적이고 모든 시간과 자본을 투자해 헌신하는데도 사업이 나아지기는커녕 위기 상황이 계속되는 이유를. 같은 직장에 다니고 입사연도도 같은 사람이 일정 기간이 지난다음에 부의 지도가 바뀌는 일을.

이 모든 것이 당신이 금융에 무지해 벌어지는 일이라고 말하기

팩토링 금융
금융회사가 기업의 매출채권(미확정 채권 포함)을 담보로 해서 전도금융(prepayment, 선급금이라고도 함)을 제공하는 금융기법을 말한다.
팩토링 금융은 1920년대 초 미국에서 기업들의 매출채권을 빠르게 현금화하여 기업의 활동을 돕는 것으로부터 시작됐다. 우리나라에서는 1980년부터 팩토링 금융이 당시 단자사로 부르던 투자금융회사(현재의 종금사)를 중심으로 대중화되었다.

는 어렵다. 그러나 상당한 이유가 당신이 금융에 무지하기 때문인 것만은 확실하다.

책 속의 책 1

부자의 점심에서 먹을 것을 찾지 마라

투자의 신으로까지 세계인으로부터 추앙받고 있는 워렌 버핏은 매년 그의 만찬에 초대받는 권리를 부여한 식사권을 경매에 붙여 판다. 워렌 버핏을 우상화하는 투자자들은 그 식사권을 따내기 위해 수십만 달러를 지불하는 것을 기꺼이 감수한다. 기회비용으로 따져볼 때 그와 식사 한 끼를 하는 것에 그 만한 가치가 있을까?

내 의견은 "아니다"다. 전문가의 시각으로 그를 평가해 보면 그는 그저 그런 잡식성 투자자에 불과하다. 그럼에도 그가 다른 이와 다르게 성공을 한 것은 그의 말 한 마디 한 마디가 미디어를 통해 전파되고 그 과정에서 발언의 무게감이 더해져 시장에서 영향력을 갖기 때문이지 그가 특별한 능력의 소유자라서는 아니다. 그런 측면에서 그는 데마고그에 능한 선전 · 선동가에 가깝다. 이는 그의 회사 버크셔 하서웨이의 포트폴리오를 통해서도 잘 알 수 있다.

결론부터 말하자면 부자는 자신들만이 알고 있는 특별한 부자되는 비법이 없다. 그래서 익히 알고 있는 부자들의 점심에는 공짜가 없다는 말은 틀린 말이다. 적어도 내가 알고 있는 부자들은 매우 상식적인 투자를 하고 근검이 몸에 배어 있는 사람들이다. 투자에 있어서도 위험을 두려워하고, 장기투자를 선호하는 사람들이지 섣불리 욕심이 앞서 레버리지나 하는 사람들이 아니다.

시장에서의 투자라는 것은 상대적 가치에 의해 움직이고, 일정한 투자패턴이 반복된다. 그들이 부자가 될 수 있었던 이유는 언제나 현금화가 가능한 풍

워렌 버핏, 버크셔 하서웨이

워렌 버핏은 세계 3대 부자로 전업 투자가를 대표하는 사람이다 그는 1965년 35세가 되던 해 방직회사 버크셔 하서웨이를 인수해 세계 최고의 투자회사를 만들었다. 버크셔 하서웨이는 그가 최대 주주로 있는 회사다.

데마고그

데마고그(demogogue)는 고대 그리스의 민중 지도자를 가리키는 데마고고스를 그 어원으로 한다.
현대에 와서 데마고그는 대중조작의 수단으로 감정적, 정서적으로 대중을 기만하여 정치적으로 이를 이용하는 정치 선동가를 말한다. 즉, 데마고그는 사실과 다른 내용을 가지고 선동적인 언행으로 벌이는 허위선전을 가리키는 데마고기(demagogy)와 같은 의미다.

부한 유동성을 보유하고 있어서 금융위기나 경기하락이 발생하면 소위 블루칩 부동산, 채권, 주식 다 포함해서을 상대적으로 싼 가격에 살 수 있는 기회가 많았다는 점일 것이다.

부자에게만 특별한 부자의 비법이 있다는 말은 우리 생각일 뿐이다. 그보다는 실증적으로 부자가 되는 방법에 대해 알아보는 것이 더 중요한 일이라고 생각지 않는가?

내가 생각하는 부자되는 비법이는 내 개인의 주관이 아니다. 금융으로 20년 이상 일한 사람으로서의 주관은 객관을 담보하고 있다고 자신한다은 매우 단순하다. 단순하지만 지키기기에는 어려운 것이 사실이다. 내가 말하는 부자되는 3단계는 이렇다.

첫째, 지속적이며 안정적인 소득을 만들어라. 부자학에서는 이렇게 말하고 있다. "버는 돈이 얼마가 됐든 소득의 절반 이상이면 가장 좋다 소득의 일정 금액을 지속적으로 저축할 수 있다면 시간이 문제이지 누구나 부자가 될 수 있다." 그렇다. 부자가 되는 제1법칙은 지속적이며 안정적인 소득, 지속적인 저축, 이 두 가지가 유지된다면 시간이 문제이지 누구나 부자가 될 수 있다. 그래서 재테크에 앞서서 안정적인 직장을 구하는 일이 중요하고 안정적인 소득이 기본이 돼야 한다고 말하는 것이다.

둘째, 저축만이 능사는 아니다. 이 말이 무슨 말인가 하면 저축을 한다고 해서 거기에 만족하고, 실질 수익이 체증되지 않는 상품에 투자한다면 그 저축이 오히려 독이 될 수 있다. 즉, 저축을 한다고 해도 그 저축으로 발생되는 이자소득이 최소한 물가 상승률 이상이 돼야 실질적으로 소득 증가의 효과를 얻을 수 있게 된다. 그렇다면 모르긴 몰라도 지금 당신이 투자하고 있는 은행상품, 저축성 보험은 좋은 저축수단이 아님이 분명하다. 현실적으로 이 상품들은 당신의 지갑을 훔치는 상품이 분명하기 때문이다.

셋째, 자산의 확대 재생산 구조를 만든다. 자산의 확대 재생산 구조를 만들어야 비로소 당신은 부자의 길에 들어서게 된다. 자산의 확대 재생산 구조는 지속적으로 저축하고, 저축을 통해 증가한 돈으로 규모의 경제를 갖춘 투자금을 만든 뒤, 이를 부동산, 채권 등에 투자해서 임대소득, 이자소득 등의 이전소득이 발생하는 구조를 만들면 완성된다.

생각해 보면 이 간단한 공식을 찾기 위해 우리는 수많은 시간과 비용을 빼앗기기도 한다. 개인적으로 부자되는 방법 중 이 이상의 방법은 없다고 생각한다. 문제는 항상 찰라에 모든 것을 이루려는 우리의 조급함에 있다.

06

금융상품, 제발 도매점에서 투자하라

—한눈에 보는 금융상품의 모든 것

현대인에게 익숙한 것과 결별하는 것은 매우 어려운 일이다. 신용카드가 과소비의 주범이라고 아무리 외쳐본들, 머리로는 이해돼도 몸이 따라주지 않는다. 그래서 우리의 일상생활은 악화가 양화를 구축하는 경제현상이 일상적으로 벌어지고 있다. 그러나 개인의 잉여소득으로 저축해 미래의 희망을 담보해야 하는 금융상품까지 소매금융회사를 이용해 그 희망의 싹을 스스로 없애는 일은 그만두어야 하지 않겠는가.

우리는 지금 편리하다는 이유 하나만으로 대형 할인 소매점에서 일상 생필품을 싹쓸이 쇼핑을 한다. 심지어 비교적 고가의 가전, 전자 제품에서 의류에 이르기까지……. 주차하기 쉽고 원스톱 쇼핑이 가능하다는 편리성 때문에……. 그러나 그로 인한 기회 손실도 생각해야 한다. 지금은 개인의 소득은 줄고, 경제는 성장하지 않는 감속경제 시대다.

대형 할인매장의 전자제품이 용산 전자 도매상가의 전자제품과 비교해 구색과 가격이 얼마나 차이가 나는지 알고나 있는가. 또 청과, 고기, 생선, 야채도 가락시장, 경동시장과 비교해 얼마나 차이가 나는지 알고 있는가.

엥겔지수
엥겔지수 또는 엥겔계수(Engel's Coefficient)라고 한다. 엥겔지수는 가계의 총소비지출액에서 식료품비가 차지하는 비율을 말한다. 소득수준이 높은 가계일수록 식료품비가 전체 지출에서 그 비율이 낮고 그 반대의 경우는 높다는 점을 착안해 1857년 독일의 통계학자 엥겔(Ernst Engel)이 만들었다.
대개 엥겔지수가 20% 이하면 상류층, 25~30%는 중산층, 30~50%는 서민층, 50% 이하는 극빈계층으로 분류하는 것이 보통이다.

우리의 가계지출을 측정하는 엥겔지수에서 식료품비가 차지하는 비중이 결코 작지 않다. 그럼에도 그놈의 편리성 때문에, 또 '차이가 나면 얼마나 나겠어' 라는 생각에, 이처럼 소극적 소비가 만성화되지는 않았는지 생각해 봐야 한다.

옛말에 가랑비에 옷 젖는다는 말이 있다. 그 한 푼, 두 푼이 일정 기간 후 나비효과로 엄청난 차이를 가져올 수도 있다는 것을 왜 모르는 것인지.

일반 생필품 소비와는 비교도 안 되는 금융상품 소비조차도 우리는 이 공식을 그대로 따르고 있다. 그저 원스톱 쇼핑이 가능하다는 것과 편리하다는 이유로 아무 생각 없이 가격 경쟁력이라고는 전혀 없는 은행, 보험사 금융상품으로 연금을 들고 저축을 한다. 그리고 방카슈랑스에 홀딱 넘어가 펀드변액보험 포함까지 금융상품의 소매점에 불과한 은행, 보험사에서 아무런 거리낌없이 구매한다.

금융에 대해 조금이라도 지식이 있는 사람이라면 금융상품의 도매시장이라고 부르는 증권시장에서 채권, 주식 관련 채권, 단기 유동성 상품에 투자하면, 이 초저금리 시장에서도 은행 정기예금 이상의 금리를 보장받는다는 사실을 잘 알 것이다. 금리 탓만 하고 과거의 금융거래 습관을 버리지 못하는 것은 이해되지 않는 소비 습관이다.

최근에 쏟아져 나오는 금융상품이 너무 많고, 그 내용도 이해하기 어렵다고들 말한다. 만약 당신도 그 말에 동조하고 있다면 그것은 잘못 생각하고 있는 것이다. 당신이 관심이 없기 때문이지, 금융상품이 어려운 것은 아니다. 사실 최근에 금융상품이 쏟아져 나오기는 해도, 그 밥에 그 나물이라고 할 정도다. 판매회사가 정한 이름만 다를 뿐 내용에 있어서는 같은 상품이다. 당신이 복잡하다고 생각하고 있는 금융상품을 한눈에 알아볼 수 있게 속 시원히 정리해 보자.

한눈에 보는 금융상품의 모든 것

만기 수익률이 확정되는 고정금리 상품

고정금리 상품으로 표현했지만, 이 상품들 역시 시장 실세금리 변동에 따라 가입시점의 금리가 달라진다. 따라서 고정금리 상품은 가입시점의 금리가 높을 때 투자할수록 기회이익이 커진다.

참고로 미래에 시장금리가 오를 것으로 예상될 때는 가입 후 금리가 변하는 변동금리 상품을, 그 반대의 경우는 고정금리 상품을 선택하는 것이 상식이다.

그런데 이 책에서 일관되게 주장하고 있듯이 현재의 시각에서는 미래에 금리가 오르기보다는 떨어질 가능성이 더 크기 때문에 고정금리 상품이 유리하다. 다음은 투자기간별로 경쟁력이 있는 대표적인 고정금리 상품이다.

a. 1일에서 12개월 이내

- CMA
- CP
- 발행어음
- CD
- 표지어음

1년 이내의 단기 고정금리 금융상품은 위에 예시한 5개가 전부다. 그 이상은 알 필요가 없다.

이 중에서 수시 입출금 기능이 있어 급여이체 통장으로 쓸 수 있고, 시장 실세금리가 적용되는 상품이 어음관리계좌라고 부르는 CMA[cash management account]다. CMA는 운용자산이 무엇이냐에 따라 발행어음 CMA와 RP형 CMA로 구분된다. 이 둘의 차이는 거의 없다. 다만 차이가 있다면 전자는 예금자보호가 되고 후자는 예금자보호가 안 된다는 정도다.

RP[repurchase agreement]라는 상품은 환매 조건부 채권이라고 하는데 이는 증권사가 한국은행에 예치하고 있는 채권을 기초자산으로 해서 판매되는 단기 금융상품으로 시장 실세금리가 적용된다. 최근에 이 RP를 은행권의 적금상품처럼 만들어 판매하고 있는 것이 적립식 RP라는 상품이다.

1개월 이상의 투자에서 경쟁력이 있는 대표적 고정금리 상품은 발행어음과 CP다. 발행어음은 예금자보호 대상 상품으로 1년 이상 투자 시는 정기예금의 단리식처럼 목돈을 투자한 후 매월 이자를 받아 생활자금으로 쓸 수 있다. CP는 그 특성상 발행기업의 신용등급에 따라 금리가 차등 적용되는 상품으로 안정성보다 수익성을 추구하는 투자자에게 적합하다. CPcommercial paper는 예금보호 대상 상품이 아니므로 발행기업의 안정성을 따져 투자해야 한다.

여기까지 설명한 내용 중에서 금융에 대한 지식이 없는 사람에게는 이해하기 어려울 수 있다. 그러나 이는 어려운 것이 아니라 이들 상품에 익숙하지 않은 것이므로 반복해서 상품 내용을 읽다보면 다 알 수 있는 내용들이다. 어려워할 필요가 전혀 없다.

CDCertificate Deposit, 양도성 예금증서는 은행이 발행하며 만기는 270일이다. CD는 은행이 발행하는 단기 금융채권이라고 보면 된다.

2012년 10월 금융통화위원회에서 발표한 기준금리가 연 2.7%다. 국고채 3년물을 기준으로 하는 시장 실세금리도 이 정도 수준이다. 소매 금융회사의 각 계정별 금융상품이 바로 이 기준금리에 따라서 크게 영향받는 점을 감안하면, 이제 소매 금융회사의 고정금리 상품투자로 받을 수 있는 세후 수익률은 3% 이상을 넘기기 어렵다.

금융통화위원회
한국은행의 통화신용정책에 관한 주요심의 · 의결하는 정책결정기구로 일반 은행에 대한 최종적인 감독기관인 동시에 한국은행의 업무운영 및 관리에 대해 지시하는 감독기관이다. 한국은행 총재는 금융통화위원회 의장을 겸임하며 국무회의 심의를 거쳐 대통령이 임명한다.

금융상품 투자로 3%의 수익률도 올리지 못한다는 말은 물가 상승률 대비 실질 수익률이 마이너스라는 것을 의미한다. 이 때문에 소매 금융을 통한 투자의 경제성은 이제 끝났다고 말하는 것이다.

그래서 소매 금융회사를 통해 하는 저축만이 능사는 아니다. 저축을 많이 할수록 손실이 커지는 상황에서, 가능하든 가능하지 않든 간에 그 대안을 찾아야 한다. 표지어음은 금융회사은행, 종금사, 저축은행가 기업으로부터 할인해 준 어음잔고를 기초자산으로 해서 발행하는 상품으로 예금자보호가 되며 통장으로 관리된다.

b. 1년 이상의 고정금리 상품

■ 은행권의 모든 정기예금, 정기적금

은행권 금융상품이라고 함은 판매하는 금융상품이 일정 범위에서 교집합을 형성하고 있는 은행, 저축은행, 상호금융회사에서 판매하는 금융상품을 말한다.

은행에서는 일정 기간 목돈을 예치하고 매월 이자를 지급받거나, 만기에 복리로 금리를 계산해 원금과 이자를 일시에 수령하는 상품을 정기예금이라고 한다. 상호금융회사에서는 이를 정기 예탁금으로 부른다. 부르는 이름이 다른 것이지 같은 상품이다. 매월 일정 금액을 일정 기간 적립해 만기에 원리금을 받는 상품을 은행에서는 정기적금이라 부르지만, 저축은행에서는 신용부금이라고 부른다. 똑같은 상품인데 부르는 이름만 다른 것이다.

은행, 저축은행, 상호금융회사에서 파는 정기예금, 정기적금이 다른 점은 없다. 차이가 있다면 저축은행이 은행보다는 금리가 높다는 것이다. 이는 저축은행의 대출이자가 은행보다 높다는 것을 감안하면 이해되는 부분이다.

상호금융회사
농협 · 수협의 단위조합(농협중앙회, 수협은행은 제1금융회사로 단위조합의 기금으로 설립된다)을 통해 제한된 형태의 예금과 대출을 취급한다. 따라서 각 조합원의 영세한 자금을 예탁받아 이를 조합원에게 융자함으로써 조합원 상호간의 원활한 자금융통을 도모하는 호혜금융의 일종이다. 신용협동조합, 새마을금고도 호혜금융을 하는 상호금융회사에 포함된다.

그러나 최근 들어 개인 대주주 계열 저축은행이 대거 파산하고, 이를 은행 지주회사들이 인수하면서, 그 차이는 거의 사라졌다. 반면 신협, 단위 농협 · 수협, 새마을금고의 정기예금, 정기적금은 3,000만 원까지 실질적인 비과세 혜택이 주워지는 관계로 금리 경쟁력에서 유리한 위치에 있다. 비과세 혜택만을 놓고 볼 때 규모가 작다고 해서 동네 신협, 새마을금고를 우습게 볼 일이 아니다.

c. 채권 및 주식연계채권

채권은 일정 등급 이상의 신용등급을 가진 기업이 증권시장을 통해 자금을 조달하기 위해 발행한다. 우리는 이를 회사채라고 한다.

회사채는 발행하는 기업의 신용등급에 따라서 유통금리가 차이가 난다. 쉽게 말하면 개인이 은행에서 신용대출을 받을 경우 적용되는 금리가 개인의 신용등급에 따라서 달라지는 것처럼 말이다.

따라서 신용등급이 다소 떨어지는 회사채에 투자하는 경우에 시장 실세금리 지표가 되는 국고채 이상의 수익률을 얻을 수 있다. 채권의 금리라는 것은 발행 주체의 재무 안정성에 의해 차등 적용되기 때문이다. 그래서 채권에 투자하면 은행 정기예금 금리 이상의 수익을 얻는 것이 가능하다. 상대적으로 금리가 높을 때 채권에 투자하는 경우 매매차익을 얻는 것은 덤이다.

채권에는 흔히 알려진 회사채, 국고채 이외에도 주식연계채권으로 부르는 일종의 옵션부 채권인 전환사채CW, 신주인수권부 사채BW, 교환사채EW가 있다. 그리고 기업이 자산으로 갖고 있는 채권을 담보로 발행하는 유동화증권도 유통 과정은 채권과 같다는 점에서 넓은 의미에서는 채권이라고 할 수 있다. 우리가 알고 있는 유동화증권의 대표적 상품이 바로 주택 저당권을 담보로 발행되는 주택 저당권 유동화증권[MBS]과 후순위 채권이다.

주식연계채권이란?

Tips

주식연계채권은 채권으로 발행됐으나 일정 기간 미리 정해 놓은 가격으로 주식을 취득할 수 있는 권리가 부여된 채권이다. 주식연계채권에는 부가된 옵션에 따라 CB[전환사채], BW[신주인수권부사채], EW[전환사채]가 있다.

◉ 주식연계채권의 주요 내용

구분	CB	BW	EW
취득주식	채권 발행회사의 주식	채권 발행회사의 주식	채권발행 회사가 보유한 타사주식
투자 장점	BW보다 이자율이 높다. 주식전환 시 자본이익을 얻음	회사채 대용납입으로 추가 수익 가능	주식 취득기간이 짧아 주가 변동의 리스크가 적음

금리, 운용수익에 따라 금리가 변하는 변동금리 상품

변동금리 상품은 크게 두 가지로 나누어 생각할 수 있다.

첫째, 가입 후 금리 변동이 수익률에 직접적으로 영향을 미치는 상품이다. 대표적인 상품이 은행의 신탁계정 상품과 보험사의 연금을 포함한 저축형 보험상품이다.

이들 상품은 운용 수익률이 금리 결정에 큰 영향력을 미치고 있다. 그러나 이들 상품의 자산운용은 비교적 수익률의 탄력성이 낮은 채권과 대출 등으로 자산운용을 한다는 점에서 금리 변동에 따라 수익률이 절대적으로 영향받는다. 여러 번 반복해 말했듯이 미래에 금리가 오르기보다는 더 떨어질 가능성이 크다는 점에서 은행의 신탁형 상품과, 예정이율 방식을 택하고 있는 보험사의 저축형 상품은 고정금리 상품에 비해 경제성이 떨어진다.

둘째, 변동금리라고 표현하는 것이 부분적으로는 부절적한 면이 있지만, 크게 봐서 수익률이 확정되지 않는다는 점에서 소위 배당형 상품도 변동금리 상품이라고 하겠다.

실적 배당형 상품은 금융회사가 투자자로부터 자금을 모집해 그 돈으로 자산운용에 나서 그 수익을 투자자에게 배당하는 상품으로 대표적인 상품이 펀드상품이고, 투자형 보험이라고 하는 변액 관련 보험상품도 여기에 포함된다.

펀드를 가리켜 정형적인 하이리스크 하이일드hisk risk high yield 상품으로 말하고 있다. 즉, 위험이 높은 대신 높은 수익률을 기대할 수 있는 상품이 펀드라는 얘기다. 그러나 펀드는 우리가 일반적으로 생각하는 금융상품과는 거리감이 있다. 왜냐하면 펀드는 자산운용사의 운용능력과 포트폴리오에 따라서 원금 손실이 발생할 가능성이 크고 자칫 원금 손실이 투자금의 수십 % 이상 발생할 수 있는 매우 위험도가 큰 상품이라는 점에서 그렇다.

또한 펀드는 투자금의 손실이 발생하더라도 일정 금액의 수수료를 반드시 내야 한다는 점에서 투자자 입장에서는 부당하기까지

하다.

펀드의 종류는 기초 자산이 무엇인가에 따라서, 또 파생금융상품을 어떻게 결합했는가에 따라서 수십에서 수백 가지가 있다. 대표적 펀드인 ELS만 해도 파생금융의 활용 정도, 옵션의 선택에 따라 수십 가지의 변종 펀드를 만들 수 있다. 그래서 펀드의 유형을 따지는 일은 무의미하다.

위에서 설명한 금융상품 중에서 무엇을 택하고, 버릴 것인가? 개인의 투자 성향에 따라 다양한 경우의 수가 있을 것이다. 그러나 한 가지 분명한 것은 선택과 집중을 잘해야 한다는 점이다. 우리의 현금자산이라는 것은 매우 일천하기 때문에 자칫 다양한 상품으로 포트폴리오를 구성한답시고 분산투자를 하면 실제로 역효과가 더 크다.

개인적으로 고정금리 상품의 투자는 채권과 채권 관련 상품에 집중하고, 수시 입출금 상품은 CMA를 선택하는 것을 권한다.

참고로 펀드상품 중에는 채권을 기초 자산으로 하는 채권형 펀드가 있다. 채권은 그 운용 기초 자산이 만기 수익률이 확정되는 상품이나 채권의 간접투자상품인 채권형 펀드는 매일매일의 채권시세가 수익률에 반영되는 채권시가평가제의 적용으로 인해 수익률 변동이 크다는 것을 알고 투자해야 한다.

채권형 펀드도 채권을 기초 자산으로 하기에 금리 변동에 따라 수익률이 크게 변동되므로 가급적 금리 사이클이 고점일 때에 투자해야 한다.

채권시가평가제
채권시가평가제는 2000년 7월 고객과의 실적배분의 충실화를 기하고 채권유통시장의 선진화 및 금융회사의 효율적인 위험관리 시스템을 갖추기 위해 도입되었다. 따라서 채권시가평가제 도입 이후 펀드에 투자된 채권 값을 장부가로 계산하지 않고 시장의 실세금리로 평가한다. 즉 회사채, 국공채 등의 채권가격을 주식가격처럼 매일 시장가격대로 평가, 확정한다.
채권시가평가제가 도입된 후부터 채권형 펀드의 수익률이 매일 변동되므로 가급적 금리 저점에 투자해야 기대 수익률을 높일 수 있다.

금융상품 투자를 잘하는 방법은 무엇일까? 금융상품에 투자를 잘하는 방법은 역설적으로 금융상품에 투자하지 않는 것이다. 만약 투자한다고 해도 수시 입출금 기능이 있는 CMA에 당신의 현금을 묻어두면 된다. 그렇다면 투자는?

그것은 걱정 안 해도 된다. 대형 증권사가 보유하고 있는 채권을 장외 개인에게 판매하는 채권상품 리스트를 보고만 투자해도 정기예금보다 훨씬 높은 수익률을 얻을 수가 있다.

또 그 다음은? 그 다음 문제는 이 책을 보면서 천천히 생각해도 늦지 않다. 단 한 가지 반드시 알아야 할 것이 있다. 당신이 그토록 애지중지하는 연금상품이 어느 금융회사 것이든 간에 당신의 노후를 더 가난하게 할 것이라는 사실만은 분명하다.

한눈에 보는 금융상품의 모든 것

고정금리 상품	변동금리 상품	실적 배당형 상품
CP, CD, 발행어음, 발행어음 CMA, 정기예금, 표지어음, 저축은행, 상호금융회사의 예금 · 적금	RP, RP형 CMA, MMF, 은행의 신탁형 상품(연금, 신탁 포함), 보험사 저축형 상품(연금보험, 퇴직연금 포함)	펀드 1(주식 성장형, 채권 혼합형), 펀드 2(편입자산에 따른 분류)로 주식 · 채권 편입 비중 파생상품 활용 정도에 따라 구분

책 속의 책 2

건설사 발행 CP, 회사채, 무엇이 문제인가

이 책의 많은 부분을 할애해 나는 기업이 자금조달을 위해 발행하는 상품 중에서 확정부 이자를 지급하는 CP, 회사채를 실질금리 제로 시대에 매우 매력적인 투자상품이라고 강조해 왔다.

그런데 기업이 단기자금을 조달하기 위해 발행하는 CP와 회사채가 중견 건설사의 파산부도, 법정 관리 등으로 원금상환에 적신호가 켜지면서 기업발행 CP와 회사채가 개인이 투자하기에는 수익은 높지만 투자하기에는 매우 위험하지 않냐는 우려감이 커졌다.

그러나 이는 건설시장의 침체로 인한 중소 건설사의 수익성 악화로 재무건전성이 크게 낮아지면서 이미 예상된 것으로, 이에 대한 리스크 변동은 이미 신용등급에 다 반영이 되어 있다.

건영건설, 극동건설을 각각 인수한 LIG건설, 웅진그룹 계열의 극동건설이 발행한 CP와 회사채는 투기등급은 아니나 투자적격 채권 중 가장 낮은 단계의 신용등급에 해당하는 BBB 등급의 채권으로 이미 시장의 투자 경고음이 켜진 상태에서 부도가 난 것이다.

CP, 회사채, 후순위 채권을 포함해 기업이 발행하는 채권 관련 상품은 그 위험 정도에 따라 18등급으로 분류되며, 그 분류에 따라 발행금리가 차등 적용된다. 따라서 최상위 등급의 삼성, 현대자동차 그룹 계열의 기업이 발행한 회사채와 비교해 낮은 등급의 회사채는 금리는 높으나, 그 위험 정도도 그만큼 높게 되는 것이다.

그래서 높은 수익률에는 그만큼의 위험이 수반된다는 투자의 법칙을 잊지 말아야 한다. 금융시장을 움직이는 원리를 조금만 이해한다면 건설경기의 침체로 중견 건설사가 발행한 CP, 회사채가 부실화되는 것은 상식적으로 납득이

가는 현상이다.

IMF 외환위기 전에는 증권시장에서 유통되는 CP와 회사채가 지급보증이 돼 있어, 발행 기업이 부도가 나도 원금을 보장받을 수 있었다. 그러나 현재는 아쉽게도 증권시장에서 유통되는 대부분의 CP와 회사채는 무보증 채권이다. 그러므로 수익성과 안정성을 감안해 본인 책임 하에 투자할 수밖에 없다. 흔한 말로 지나친 욕심은 화를 부른다는 인생의 격언이 이 경우에 해당된다.

그럼에도 불구하고 기업이 발행하는 CP와 회사채는 확정부 금리를 보장하는 상품 중에서 가장 금리 경쟁력이 있다. 다만 업종에 따라 시장위험도를 감안해 투자해야 한다. 적어도 은행 정기예금의 2~3% 이상 금리를 더 받는 것은 현재도 가능하다.

Tips

CP 투자는 어디서 어떻게 하나

CP는 과거 투자금융사로 부르는 종금사의 대표 상품이었다. 그러나 외환위기 이후 종금사의 전신인 투금사 수십 곳이 부도나고 파산하면서 또 최근에 종금사 업무를 겸임하던 동양종금증권마저 증권사 전업을 선언하면서 금호종금, 메리츠 종금이 명맥을 유지하는 정도다. 그러나 대형 증권사를 중심으로 투자은행으로의 전환이 이뤄지면서 대형 증권사에서 CP 물량이 많이 나오고 있어, 증권사를 통해 쉽게 투자할 수 있다. 그리고 대형 증권사와 장기거래 방식으로 투자하는 경우 소액으로 다양한 채권상품, 유동화 증권에 투자할 수 있다.

07

빽셈의 재테크가 당신을 부자로 만든다

현재의 투자시장에서는 시장상황을 가리켜 '자산 디플레이션의 시대' 라고 말하고 있다. 디플레이션이 뜻하는 것이 무엇인가? 바로 자산 가치의 감소를 뜻하는 것이다. 대한민국 국민의 대다수를 이루고 있는 서민, 중산층의 자산구조는 어떻게 구성되어 있는가? 사실 이 질문은 물으나마나 한 질문이다.

자산의 대부분이 부동산에 몰빵되어 있다. 사실 부동산이라고 해봤자 자신이 살고 있는 집 한 채가 고작이다. 그것도 철근 콘크리트로 지어진 아파트를 가지고 있는 사람이 가장 많다.

주택 보급률은 낮고, 국민의 소득은 높아진 상황에서, 그리고 2베이 구조의 낡은 아파트가 쾌적한 3베이 구조로 진화되면서 주택시장에서 아파트는 최고의 인기 주택이 되었다. 오죽하면 국내 최초의 신도시 개념으로 건설된 분당 아파트는 천당 아래 분당이라고 할 정도로 꿈의 주택으로까지 평가되었다. 그런데 지금 분당 아파트는 애물단지로 변했다.

3베이
베이(bay)는 아파트의 전면부의 공간을 말한다. 3베이는 전면을 3개의 공간으로 구획해서 공간의 활용을 최적화하여 주거의 쾌적성을 높이는 방식이다. 3베이는 1990년대 초에 지어진 단순히 거실과 방으로 구획한 2베이 방식보다 오후 조망권과 일조권을 확대했기 때문에 주거의 쾌적성이 높아 최근에 각광받는 주택 구조다.

이 흐름이 우리가 흔히 말하는 가격 사이클 변동의 범주 내에 있는 것이라면 가격이 오르기를 기대할 수 있다. 그러나 이제 적어도 부동산 시장에서 그러한 기대를 하는 것은 시대착오적이라는 말을 듣고 있다.

현재 부동산 시장에서 주택으로서의 아파트는 부동산이 아니라는 말까지 하고 있다. 쉽게 말해 아파트는 일반 재화처럼 잔존가치 평가법에 의해서 가격을 정하는 시대가 온 것이다. 즉, 아파트도 자동차처럼 출시 후 기간이 경과될수록, 그 가치가 현격하게 떨어지게 된다. 이는 기존의 아파트 가격을 평가하는 툴TOOL에 비추어 가히 혁명적 변화라고 할 수 있다.

이 논리의 연장선에서 보면, 이제 아파트는 유통기간 수명이 최장 40년에 불과한 소모품이다. 앞으로 아파트의 경제적 가치가 더 떨어진다면, 아파트 소유주는 30년 후, 재건축을 예상해 건축비로 수억 원 이상을 준비해야 된다. 따라서 아파트 시장도 금융시장처럼 건설사만 돈을 버는 무서운 착취구조의 시장으로 전락하게 될 것이다.

2007년 끝 무렵, 소위 부동산 버블이 정점을 찍을 당시와 현재의 가격을 비교해 보면 충분히 가능성이 있는 얘기다. 분당, 일산 등의 1기 신도시는 물론이고, 중대형 아파트가 단기간에 가장 많이 공급되었던 용인시의 대규모 택지 개발지구, 화성시의 동탄 지구, 병점 지구 등의 아파트가 평균적으로 20~30%의 가격이 하락했다. 용인시 성복 지구에 대형 평수 단지가 집중되어 있는 LG빌리지의 경우는 고점 대비 40% 이상 떨어진 상태다. 이 정도면 가히 붕괴라

잔존가치 평가법
특정 자산이 다른 목적으로는 전혀 사용할 수 없을 정도의 상태에서 처분하는 자산을 가지고 하는 자산가치 평가법으로 폐물가치, 잔존가치 평가법이라고 말한다. 자동차, 사무실 비품 등의 자산가치를 내구연한, 마모도에 따른 잔존가치도 자산을 평가하는 대표적 자산이다. 우리 세법에서는 유형 고정자산의 잔존가치를 보통 취득가격의 10분의 1로 하고 있다.

재건축
재건축은 주택건설촉진법에 의거해 해당 지역의 건물 소유주들이 조합을 결성해 노후 주택을 헐고 새로 건물을 신축하는 것을 말한다. 이때 공동주택을 대표하는 재건축은 용적률, 건폐율이 높은 저층 아파트를 대상으로 고층 아파트로 개발하는 것이므로 완성 후 개발이익이 발생하는 것이 일반적이다. 그러니 최근 재건축 대상이 되는 노후 아파트는 대부분 고층 아파트로 개발 후 늘어나는 건축면적이 적어 개발이익이 발생하기 어렵고, 신축을 해도 아파트 시장의 가격 하락으로 그 효과가 미미하다.

는 단어를 써도 무리가 아니다.

이 결과로 보면 아파트의 가치 하락으로 10억대의 자산을 보유했던 사람은 7억 원으로 자산이 줄어든 것이고, 5억 원의 자산 보유자의 자산은 3~4억 원으로 감소한 것이다. 그리고 아파트 이외에 갖고 있던 현금자산을 변액보험, 펀드, 민간연금에 나눠서 투자한 사람은 이들 상품의 그간 수익률을 통계적으로 검증했을 때 자산의 가치는 더 많이 감소한 상태다.

만약 경제흐름이 과거의 패턴대로 일정 사이클 내에서 오르고 내리는 것이라면 금융비용을 어떻게든 감당해서 버티면 된다. 그러나 지금의 시장은 과거와 매우 다른 모습이다. 그래서 패러다임이라고 표현하고 있는 것이다.

만약 당신이 변화하는 것을 주저하면 당신은 언론에 자주 등장하는 하우스 푸어가 되거나, 깡통으로 변해 버린 아파트, 펀드로 인해서 거지가 되어 길거리에 나앉을 수도 있다.

자산 디플레이션 시대의 재테크의 기본은 과거와 단절하는 것으로 시작돼야만 한다. 아직도 아파트가, 또 펀드가 당신의 지갑을 채워줄 것이라고 생각하고 있다면 당신은 절대 가난에서 벗어날 수가 없다.

자산 디플레이션 시대의 재테크는 무엇이 됐든 하나를 더 벌려고 하는 덧셈의 재테크에서 어떻게 하면 손실을 최소화하고 비용을 줄일 것인가 하는 뺄셈의 재테크를 해야 한다. 다음은 뺄셈의 재테크를 통해서 가장 효과를 많이 볼 수 있는 방법에 관한 것이다.

자산 디플레이션
경기하락이 장기화되거나 일시적인 금융위기로 금융시장의 위협이 급증하는 경우에는 실물자산의 가치가 급락한다. 이를 자산 디플레이션으로 표현한다. 자산 디플레이션은 역자산 효과라고도 말한다.

얼리 어답터가 되기를 포기하라

우리의 일상 소비생활에서 가장 많은 비용이 식료품비다. 그 다음으로 많이 나가는 돈이 통신비다. 흔히 우리나라를 얼리 어답터의 집단 서식지라고까지 폄하한다.

이는 애, 어른 할 것 없이 최신 휴대폰이 나오면 그동안 써온 휴대폰이 사용하는 데 별 불편함이 없어도, 최신 휴대폰을 가지지 못하면 시대에 뒤처지기라도 하는 것처럼 무리를 해서라도 꼭 구입하는 인구가 많다는 의미다.

그 결과로 요즘에는 100만 원을 호가하는 최신 스마트폰이 초등학생에게까지 머스트 해브must have 아이템이 되었다. 통신기 구입이 문제가 아니다. 그 후 매월 청구되는 단말기 구입비, 통신료를 합하면 4인 가족이 쓰는 식료품비에 육박하는 비용이 그 잘난 통신비로 빠져나가는 것이다.

지하철에서 거의 모든 승객이 나이 불문하고 스마트폰을 꺼내 들고, 집단적으로 앱 서치app search를 하는 모습을 보면 무섭다는 생각마저 든다. 책을 읽거나 신문이라도 읽는 사람은 사라졌다. 집단 최면에 걸린 사람들 같다.

아이폰의 출현을 두고 IT 기술의 혁명이라고까지 표현하지만, 실제 아이폰의 출시가 그것을 만든 애플사의 대주주, 임직원들에게는 막대한 자본이득을 안겨주었는지 몰라도, 그로 인해 높은 통신비를 지불해야 하는 일반 서민의 삶은 더 빈곤해졌다. 스마트폰의 출현으로 고용이 창출된다면 그나마 경제적 의미가 있다 할 것이나, 스마트폰으로 창출되는 고용효과는 매우 미미하다. 그도 그럴 것이 스마트폰은 기존의 휴대폰 생산시설을 그대로 활용하고, 그마저도 노동비가 싼 중국 공장에서 OEM 방식으로 생산된다.

물적 토대가 한 인간의 인격을 평가하는 시대에 남을 의식하는 구매행위는 뿌리치기 어려운 유혹이다. 젊은 여성들이 자신의 월급 몇 달치에 해당하는 명품 백을 사는 이유가 명품의 내구성 때문이겠는가. 다 명품을 가짐으로써 받게 되는 남들의 시선 때문이다. 이를 뭐라고 하기는 어려운 시대인 줄 잘 알고 있다. 그러나 과연 그렇게 해서 무엇을 얻을 것인가.

소비가 인간의 내면까지 말하는 시대에 과소비는 개인의 미래를 죽이는 행위라고 해봤자, 공허한 외침이라는 것쯤은 나도 알고 있다. 그래도 우리가 미래에 그 무엇을 계획하고 있다면, 얼리 어답터 소리를 못 들어도, 명품을 갖고 있지 않아도 희망이라는 꿈을 간직하고 살지 않을까.

OEM
현재 신자유주의 경제에서 필연적으로 발생하는 빈곤의 문제는 극단적인 분업화가 원인이다. 일례로 아이폰, 아이패드의 성공으로 애플의 대주주는 막대한 자본이득을 얻었을지 몰라도 애플의 주력 상품을 생산하는 중국의 폭스콘(foxconn international holdings LTD) 공장에서 일하는 생산직 노동자는 2012년 기준으로 하루 평균 12시간의 장시간 노동을 함에도 월 평균 1,550위안(원화 약 27만 7천원)을 받는다.
이 악조건의 노동환경에서는 당연하게 2011년 폭스콘의 노동자들이 집단으로 자살하는 사태가 발생했다, 이것이 애플만의 문제인가. 대만에 본사를 두고 있는 폭스콘의 중국 공장에서는 세계의 IT 글로벌 기업인 삼성, 에릭슨, LG의 제품을 소위 주문자 위탁 생산방식을 뜻하는 OEM(original eqipment manufauring) 방식으로 생산하고 있다.

매우 심각한 금리 양극화의 문제, 당신은 희생자가 되지 마라

우리는 이제 싫든, 좋든 간에 과거의 고금리 시대와 결별하고 실질금리 제로라고 하는 초저금리 시대에서 살아야 한다. 내가 경험했던 1990년대의 금융시장은 소위 말하는 도덕적 해이가 만연화된

시장이었다. 그러나 적어도 IMF 외환위기가 오기 이전의 금융시장은 관치 금융의 시대로 정부가 시장에 적극적으로 개입한 덕에 금융회사의 파산으로 인해 예금자가 다치는 일은 없었다.

1990년대 중반에는 우량기업이 발행한 회사채의 유통 수익률이 10%를 훨씬 상회했다. 정기예금도 저축은행의 경우 연 15%가 넘어 3년 만기 정기예금의 복리 수익률이 50%가 넘었다. 5년 만기의 경우에는 원금의 2배나 되었다.

그 당시는 땀 흘려 열심히 일하고 저축만 하면, 누구나 부자의 희망을 꿈꿀 수 있는 시대였다. 그 때문인지 몰라도 그 당시는 국민의 70%가 스스로 중산층이라고 말했다. 그런데 현재는 역으로 국민의 70%가 스스로 서민이라고 말하고 있다.

부의 양극화, 상대적 빈곤이 국민의 의식을 변화시킨 결과다. 현재의 기성세대들이 그래도 그때의 경제가 좋았었다고 말하는 이유는 지금처럼 탐욕적인 자본이 금융을 지배하는 소위 신자유주의 경제 시대가 아니었기 때문이다.

내가 개인적으로 매우 안타까워하는 점이 이것이다. 소위 진보 진영이라는 정파가 10년을 집권했는데도 불구하고 그들의 집권 시기에 부의 양극화 수준을 나타내는 지니계수가 최악의 상황이 되었다. 많은 얘기를 하고 싶지만, 결론적으로 그들은 진보도, 좌파도 아닌 자신의 진영을 위해 정치를 도구로 이용했을 뿐이다.

지니계수
계층 간 소득분배가 얼마나 공정하게 이뤄졌는지를 나타내는 지표로 이탈리아의 통계학자 C. 지니가 발견한 소득분포를 통계적으로 입증한 지니의 법칙으로부터 나온 개념

신자유주의를 해도 좋다. 수출로 먹고 사는 나라이고, 경제 선진국이라는 OECD 가입 국가가 세계 경제의 주류적 흐름을 거부할

수는 없다. 그러나 우리처럼 경제성장을 위해 신자유주의를 적극적으로 받아들였지만, 그 안에서 희생되는 기층민의 삶의 수준을 획기적으로 개선한 전 칠레 대통령 미첼 마첼리트처럼 진보적 정책의 결과물을 내놓고 진보니, 좌파니 하는 말을 해야 정당한 것이다.

우리 사회 최상위계층에 속하면서도 스스로 진보니, 좌파니 하는 사람들은 이 모순된 사회 시스템에서 특혜를 받은 상위 1%의 부르주아지들이다. 이들은 학벌 사다리 타기에서 마지막 승리자다. 자식에게도 학벌의 대물림을 하는 사람들이다.

그들이 먹고 살기도 벅차고, 아이들 육아, 교육에 심히 압박받고 사는 서민, 청년의 고통을 알기나 하겠는가. 그러니 아무렇지 않게 선거 후 외유를 가고, 학교로 복직하는 것이다. 한술 더 떠 정말 나쁜 사람은 이념을 팔아서 부를 축적하는 사람들이다. 이러니 진정성이 없는 것이다.

한 인간의 정치적 · 사회적 · 경제적 가치라는 것은 그가 속한 물적 토대에서 나오는 것이다. 그래서 생산의 주체이며, 신자유주의의 가장 희생자이기도 한 기층 일반이 정치적 이니셔티브를 장악하지 않는 한 세상은 변하기 어렵다. 아프니까 청춘이 아니고, 아프면 참여하고 저항해 사회의 모순을 해결하는 것이 청춘이다.

여의도의 양대 보수정당, 누가 집권하든 간에 세상이 변하겠는가. 이는 정치적 이해가 중심이 되는 진영논리의 부산물일 뿐이다.

우리와 똑같이 신자유주의를 받아들였음에도, 기층 일반의 삶의 수준을 획기적으로 개선한 브라질의 전 대통령 룰라 실바와 칠레

신자유주의

신자유주의(Neoliberalism)은 정부의 시장개입을 용인한 소위 케인즈이론의 대항논리로 국가권력의 시장개입을 비판하고 시장의 기능과 민간의 자유로운 경제활동을 중시하는 이론이다. 신자유주의는 1960년대 후반에 출현해서 현재 경제학의 주류를 형성하고 있다.

의 전 대통령 미첼 마첼리트는, 각각 평생을 노동 현장에서 노동자와 함께 살아온 배경이 있었고, 구교가 지배해 미혼모에게는 가혹한 나라 칠레에서 자신이 미혼모로 살아온 배경이 있었기 때문에 그 순수성을 지킬 수 있었던 것이다.

진보니, 좌파니, 보수니 하는 이념의 정치적 배경은 중요한 것이 아니다. 사회의 진보, 인간이 추구하는 궁극적 가치인 함께 잘사는 세상, 그것을 위해서 사회적 약자를 국가가, 우리 공동체가 같이 희생하고, 나누는 것, 그것만이 중요하다. 개인의 행복한 삶을 위해서 정치적 선택이 매우 중요한 시대가 되었기 때문에 하는 얘기다.

보편적 사회복지는 이념의 문제가 아니다. 이념을 떠나서 국가 통합의 기초 토대다. 그래서 보수 우파가 집권하는 독일에서도 니더작센, 프랑크푸르트 두 개 주를 빼고 독일의 대학생은 등록금을 내지 않는다. 더 하고 싶은 얘기가 많지만 이만 줄이고 본문의 내용으로 돌아가겠다.

이제 우리는 예금에 투자해도, 금리는 고사하고 우리가 거래하는 금융회사의 파산을 걱정해야 하고, 간접투자상품인 펀드가 대세를 이루면서 원금 손실을 걱정해야 하는 처지가 됐다.

초저금리 시대에 모든 투자자는 투자의 방향을 잃고 있다. 무엇을 어떻게 할지를 모르고 있다. 그런데 여기에 예금금리와 대출금리의 양극화가 매우 심해지면서 서민들은 이중고를 당하고 있다.

은행에 예금한다고 해도 세후 금리가 3%가 안 된다. 그러나 개인 신용등급이 떨어지는 사람이 소액 신용대출카드 현금서비스, 카드론 포함을 할 경우 제도 금융권 상품의 금리가 20%를 넘는다. 1천만 원을 예금해도 1년에 30만 원을 받기 어렵다. 그러나 1천만 원을 대출받으면 내는 이자는 200만 원을 넘는다.

부자학에서는 만 원을 버는 것보다 만 원을 덜 쓰는 것이 더 경제적이라고 말한다. 쓰는 것은 쉬어도 버는 것은 그만큼 어렵다는 말이다. 그런데 우리는 연 20%가 넘는 현금서비스를 아무 생각 없이 쓰고 있고, 신용관리를 제대로 하지 못해 100만 원의 돈을 빌리면서 1천만 원을 예금해야만 받을 수 있는 이자를 지불하고 있다. 그러면서 초저금리 시대에 이 정도로 높은 이자를 받는 것은 악덕 사채업자나 하는 일이라고 금융회사를 욕할 수 있는 자격이 과연 있겠는가.

지금은 부인할 수 없는 초저금리의 시대다. 다시 강조하지만, 벌기가 어렵다면 우선 불필요하게 나가는 비용을 줄여야만 한다. 그 다음 시장 상황에 맞는 투자 전략을 세우는 것이 올바른 순서다.

책 속의 책 3

나만 잘 먹고 잘 산다고 좋은 세상이 오지 않는다

타이틀만 보고 이 글을 보는 독자들의 상당수는 이게 무슨 뚱딴지 같은 소리냐고 할 것이다. 그럼에도 이 글을 보는 절반의 사람들은 이 타이틀의 객관성 여부를 떠나 지지해 줄 것이다.

내가 자신하는 이유는 우리 사회는 진영논리의 프레임에 갇혀 있어, 즉

'객관'은 멀리하고 흑백논리로 사안을 대하기 때문이다. 진영논리라는 것이 무엇인가. 전쟁터에서 적 · 아를 구분하는 것이다. 눈앞의 적은 무조건 쳐부숴야 하는 존재인데 여기에 객관성과 이성적 논리가 존재할 리 없다.

내 안에는 너무나 많은 내가 존재한다. 나는 사회적 약자에 대해 국가가, 우리 공동체가 마중물의 역할을 다해야 한다고 굳게 믿고 있다. 그러나 나는 동성애자와 다문화에 대해서는 반대한다. 이 두 가지 사안에 대해서 나는 진보와 보수의 입장을 각각 취하고 있다. 그렇다면 이 두 가지 사안을 가지고 판단해서 나는 진보인가 아니면 보수인가. 우리의 좌우는 이 진영논리에 갇혀 사안에 관계없이 무조건 상대를 비난한다.

어떻게 일그러진 자본주의의 사다리 타기의 최종승리자가 진보적인 말을 몇 마디 했다고 좌파로 규정될 수 있는가. 오히려 이들은 진영논리를 자신의 입지를 강화하는 데 이용하고 있다. 이러니 비정규직 노동자들이 얼마나 열악한 상황에 처해 있는지 청년실업의 문제가 또 얼마나 심각한지를 모르고 있다. 현재 대한민국의 매스미디어를 장악하고 기층민의 의식까지 조작하는 계층은 불행하게도 상위 1%의 계층이다.

그들은 계속해서 우리에게 강요하고 있다. "현재가 아무리 힘들고 고통스러워도 참고 노력해서 너도 성공의 사다리에 올라타라." 이는 자본과 기득권의 권리를 영구히 하자는 것밖에는 안 된다. 이런 식으로 해서는 우리 사회는 빈곤의 문제를 해결할 수가 없다.

우리의 시대를 빛의 속도로 변하는 시대라고 말한다. 지수함수적으로 성장하는 컴퓨터 파워가 곧 인간의 지능을 초월할 것이라는 말도 있다. IT 기술의 발전속도로만 보면 우리는 빛의 속도로 움직이는 시대에 살고 있는 것이 맞다.

빛의 속도로 움직이는 IT 혁명시대의 영웅 중 한 명이 스티브 잡스다. 그는 이렇게 말하고 있다. "Stay hangry, stay foolish." 이를 멋있게 의역하면 "갈망하라, 우직하게 전진하라"다. 그런데 내게는 이 말이 "배고프면 바보 같은 놈밖에 안 된다"는 말로밖에 들리지 않는다.

스티브 잡스는 갈망하고 우직하게 전진해서 애플의 임직원 대주주에게 막대한 자본이득을 얻게 해주었는지는 모르지만 정작 애플의 아이폰, 아이패드를 생산하는 중국의 생산업체 폰스콘의 40만 노동자는 12시간 이상의 장시간의 노동을 해도 겨우 26달러의 임금을 받고 있다. 또 이미 자본의 의해 길들여져서 신제품이라면 사족을 못쓰는 소비자는 이것을 구매함으로써 더 가난해졌다. 과연 무엇을 위한 IT 혁명이고 성공인가.

우리나라의 자살률은 8년째 세계 1등을 달리고 있다. 분명히 우리 공동체에 문제가 있다. 그래서 우리나라의 높은 자살률은 속도와 경쟁만큼 최고의 가치로 삼는 신자유주의에 있다고 말하는 것이 과장은 아니다. 우리 공동체의 안 전망을 크게 위협하는 높은 자살률의 문제를 어떻게 해결해야 되는가. 우리의 고민이 길어질 수밖에 없다.

자살률이 높아지면서 정신과 병원만 성황을 이루고 있다. 그러나 이들은 이 문제를 근본적으로 치료할 수 없다. 지구에 존재하는 생물 중에서 자살하는 것은 인간뿐이라고 한다.

인간이 좌절하는 이유는 개인문제 이전에 사회관계에서의 부적응 때문이다. 사회관계의 부적응 문제는 대부분 잘못된 사회구조에 의해서 발생한다. 그럼에도 정신과 의사들은 이 문제를 개인화하여 그를 부적응 대상으로 규정하고, 약물치료의 대상으로만 본다. 이들의 논리라면 잘못된 구조에서 발생되는 사회적 문제에 대해 참여해 개혁하려 하지 말고 이에 순응하라고 강요하는 것이나 다름없다.

잘못된 사회를 개혁의 대상으로 삼는 대신에 개인을 무조건 사회에 적응해야 하는 대상으로 환자를 치유하는 의료행위는 환자를 극단적 상황으로 몰고간다는 면에서 정신과 의사도 의도적이지 않지만 넓은 의미에서 공범자라고 할 수 있다. 정신과 치료를 받지 않은 사람은 거의 없다. 그럼에도 그들이 자살을 선택하는 것은 그 원인이 우리 사회의 병리현상 때문이다.

지금 우리가 사회적 약자를 위한 복지예산을 늘리자고 하는 이유는 그것만이 높은 자살률을 낮출 수 있고 경제적 면에서도 적은 비용으로 사회안전망을 보호한다는 면에서 더 이익이 되기 때문이다. 형편이 어려운 노인들에게 매월 생계비 20만 원을 주고, 대학생들에게 등록금을 반값으로 낮춰주고, 실업자들에게 실업수당만 제대로 지급해도 노인 · 청년의 자살률은 크게 낮출 수가 있다.

가난을 경험하지 않은 사람은 약자의 설움을 머리로는 이해해도 가슴으로 느끼지 못한다. 이러니 빈자의 울부짖음이 우리 사회 기저를 흔들고 있는데도 국민의 대변기관이라고 하는 여의도 국회는 하는 시늉만 내는 것이다.

우리는 모두 부자가 되고 싶어하고 성공하고 싶어한다. 그래야 명품을 온몸에 걸치고 폼잡고 살 수 있기 때문이다. 그러나 그게 전부다. 자신이 살고 있는 사회가 부의 왜곡으로 계층간 갈등이 심해지고 범죄가 증가하는 사회에서 돈이 많아도 행복하다고 말할 수는 없다.

우리는 이제 생각해야 한다. 열심히 공부하고, 열심히 일해도 우리에게는 왜 희망이 안 보이는지를. 이는 개인의 문제가 아니다. 우리의 일그러진 자본주의가 만든 자화상이다.

앞으로는 우리의 재테크도 우리 공동체 구성원 모두가 행복을 공유하는 재테크로 진화해야 한다고 믿고 있다. 이것이 진정 개인의 행복지수를 높이는 가치 있는 행위가 되기 때문이다.

08

거의 모든 고수익 상품은 기업으로부터 나온다

우리가 금융상품에 투자한다는 것은 결국 기업에 투자하는 것과 같다. 결론적으로 말해 기업을 모르고서는 당신의 투자는 성공할 수 없다.

우리의 투자는 소매 금융이라는 매우 좁은 프레임에 갇혀 있다. 그렇기에 금융에 대한 우리의 투자는 항상 주체적이지 못하고 소극적인 투자를 하고 있다. 우리가 금융상품에 투자한다고 가정할 때 우리가 선택할 수 있는 경우의 수를 따져보자여기서 은행권의 고유계정인 정기예금, 정기적금은 제외

첫째, 은행의 신탁계정.

신탁이란 용어는 한자의 뜻대로 개인의 재산을 누군가에게 의탁해 관리한다는 의미다. 신탁이란 말의 뜻을 좁게 해석하면 특정 금융회사의 특정 상품에 개인의 돈을 예치해 그 운용을 맡기고 일정 기간 후 운용 수익률을 돌려받는 것이다.

금융회사가 개인의 자산을 관리하고 운용하면서 이를 무보수로

신탁계정
신탁계정은 고객의 예금을 가지고 금융회사가 부동산, 유가증권으로 운용해 운용 수익률을 고객이 받는 것으로 고객은 운용에 대한 대가로 수수료를 지급해야 한다. 그리고 원금 손실이 발생하는 경우에도 수수료를 내야 한다. 신탁계정은 은행신탁, 투자신탁, 부동산 신탁이 대표적이다.

해줄 리가 없다. 우리가 신탁상품을 통해 우리의 자산을 대신 운용케 하는 경우에는 신탁 보수라고 하는 수수료를 내야 한다. 최근의 통계에 따르면 은행이 관리를 책임지는 개인연금 신탁상품의 수익률이 평균 수익률에도 못 미치고 있고, 일부 은행은 수익률보다 오히려 수수료가 더 많았다는 웃지 못할 일까지 벌어지고 있다.

가계 금전신탁, 개인연금 신탁, 특정 예금신탁 등은 은행의 대표적 신탁상품이다. 이들 상품의 자산운용에 포함되는 자산이 바로 기업이 발행하는 CP, 회사채다.

특정 금전신탁의 경우 예금주가 특정 기업의 주식으로 자산을 운용하도록 강제할 수 있다. 물론 자산운용의 포트폴리오에 편입되는 기초자산에는 양도성 예금증서CD, 국고채 등도 있다. 그 안에서 많은 비중을 차지하는 것이 바로 기업이 발행 주체가 되는 단기 유동성 상품과 회사채다.

둘째, 단기 유동성 상품, 채권주식연계채권 포함.

금융권에서는 소비자가 거래의 주체가 돼서 주식, 채권을 직접 투자하는 곳이 증권시장이다. 우리는 흔히 증권시장이라 하면 주식만을 위탁 중개하는 곳으로 알고 있다.

그러나 증권시장은 주식뿐 아니라 CP 등의 단기 유동성 상품에서부터 회사채, 주식연계채권전환사채(CB), 신중인수권부 사채(BW), 교환사채(EW)과 자산유동화증권ABS까지 직접 투자할 수 있다. 위에 거론된 상품의 발행 주체가 바로 기업이다.

셋째, 세상에 존재하는 거의 모든 펀드상품.

펀드는 현 시대에 간접투자를 대표하는 상품이다. 우리가 펀드에 투자하는 것은 결국 기업이 발행 주체가 되는 주식과 채권에 투자하는 것과 같다. 세상에 나와 있는 펀드의 종류가 수백 가지가 넘는다고 하지만, 주식과 채권을 기초 자산으로 한 것이거나 이를 다양하게 변종한 버전이다. 따라서 펀드에 간접투자하는 것은 기업이 발행하는 상품들에 간접투자하는 것과 같다고 할 수 있다.

기업은 살아 있는 생물로 표현한다. 즉, 기업은 경제 환경의 변화에 따라서 시장에서 도태될 수도 있고, 반대로 더 성장할 수도 있다. 이런 변화는 곧 기업의 실적과 연계되어 시장가치가 달라지는 것을 의미한다.

기업의 시장가치가 달라지면 주가만 변동되는 것이 아니다. 기업의 경영성과를 반영하는 재무상태의 변동은 즉각 증권시장에 반영되어 기업이 발행하는 상품의 가격에도 영향을 미친다. 어느 순간 특정 기업이 발행하는 회사채의 금리가 크게 오르는 경우(채권의 금리가 오르는 것은 채권가격의 하락을 의미한다)에는 발행 기업의 재무상태에 적신호가 켜진 것이므로 투자에 신중을 기해야 한다. 대개 코스피KOSPI 주가가 일정한 박스권에서 유지되는 시점에 특정 기업의 주가만 눈에 띄게 떨어지는 경우에는 이 기업이 발행하는 회사채와 CP의 금리가 오르는 것이 일반적이다(회사채 수익률은 금리와 반비례하므로 회사채의 유통 금리가 오른다는 것은 회사채 수익률이 떨어지는 것을 의미함).

투자의 세계에서는 하이 리스크는 높은 기대 수익률을 보장할 수도 있지만, 그 위험을 과소평가하는 경우에는 원금 손실의 위험이

코스피

코스피지수(korean composite stock price index, 국내 종합주가지수)는 유가증권 시장(증권거래소)에 상장된 종목들의 주식 가격을 종합적으로 표시한 지수다. 따라서 주가가 올랐다, 떨어졌다 하는 것은 개별 종목을 말하는 것이 아니고, 모든 종목의 주가를 감안한 그 평균치로 말하는 것이다. 그 평균치를 대표하는 것이 바로 코스피지수다. 코스피지수의 산출은 주식시장에 코스피지수가 도입된 1980년 1월 4일을 기준일로 하여 시가총액을 100으로 비교시점의 시가총액을 지수화해서 구한다. 코스피지수는 비교시점의 시가총액/기준시점의 시가총액×100(%)로 계산한다.

반드시 뒤따른다는 사실을 알아야 한다. 그 점에서 높은 수익률만을 기대하고 기업의 재무상태에 적신호가 켜졌음을 알지 못하고 투자하는 것은 스스로 불기둥에 뛰어드는 위험한 일이다.

비교적 최근에 발생한 부실 저축은행이 발행한 후순위 채권, 중견 건설사가 발행한 CP가 발행회사의 파산으로 투자자는 원금을 돌려받지 못했다. 이들 상품은 모두 예금자보호제도와 지급보증과는 무관하기 때문에 투자의 결과를 모두 투자자가 안아야 한다. 지나친 욕심은 화를 부른다는 말이 투자의 세계에서는 여전히 효력을 발휘한다고 하겠다.

후순위 채권
후순위 채권(subordinate security)은 유동화 증권이라고도 부르는 자산 담보부 증권(ABS)의 하나로 채권 발행회사가 부도나 파산했을 시 변재순위가 마지막으로 이뤄지는 채권이다.
아직까지도 문제가 해결되지 않고 있는 파산한 저축은행이 발행한 후순위 채권이 총 7천억 원이 넘는다. 이 중에서 청산과정을 거쳐도 상환받을 수 있는 돈은 투자 원금의 25% 정도다. 후순위 채권을 매입한 어르신들은 대부분 후순위 채권이 정기예금과 같은 상품으로 알았다. 그리고 창구 판매직원들도 후순위 채권이 예금자보호가 안 되는 상품이라는 말을 먼저 하지 않고 문제가 없다는 말만 했을 것이다. 참 안타까운 일이다. 그 돈이 어르신들께는 마지막 남은 생명줄이나 다름없는 돈이기 때문이다.

그렇다면 이런 위험으로부터 벗어나기 위해서 우리는 어떻게 해야 할까? 정도는 없다. 다만 앞서 얘기했듯이 "기업은 살아 있는 생물과 같다" 라는 말을 꼭 기억하라. 투자를 하기 전에 해당 기업의 재무상태와 시장에서 나오는 소리에 귀 기울여 되도록 투자시점의 기업 경영현황을 정확히 알고 투자해야 한다.

나는 글 서두에서 기업 금융을 알아야 성공할 수 있다고 말했다. 그 이유는 굳이 설명하지 않아도 알 것이다. 우리가 투자하는 거의 모든 고수익 금융상품은 직접투자든 간접투자든 간에 그 투자대상이 바로 기업이 발행 주체가 되는 채권, 주식연계채권, 자산유동화증권, CP가 되기 때문이다.

결국 우리가 투자하는 상품은 거의 모두 기업이 발행의 주체이다. 그렇기에 우리는 투자에 성공하기 위해 기업을 알지 않으면 안 된다는 말을 하는 것이다. 기업정보의 사각지대에 놓여 있는 개인들에게 실시간으로 기업의 재무현황을 체크하는 것은 쉽지 않은 일이다. 만인이 정보를 생산하고 소비한다는 웹 2.0 시대에도 마찬가지다. 그래서 기업정보를 실시간으로 체크할 수 있는 정보를 하나 제공하고자 한다.

웹 2.0
웹(web) 2.0은 웹 1.0의 진화 모델로 정보의 공급자가 일방적으로 정보를 생산·독점하는 것에서 수요자도 다양한 SNS(social network service) 도구를 이용해 정보를 생산하고 소비하는 쌍방향으로 소통하는 시대를 말한다.

1990년대 정보의 유통이 폐쇄적으로 흘렀던 시대에 법인영업부에서는 부띠크라고 부르는 명동의 사채시장을 통해 정보를 얻어 왔다. 명동에는 매우 큰 규모의 기업어음 할인시장이 있고 어음을 투자자와 연결시키는 곳이 바로 사채사무실이었다.

여기에서는 100% 기업의 진성어음을 신용으로 할인하기 때문에 온 신경을 집중하여 정보를 모으고 기업의 할인율을 정한다. 예를 들어서 유동성위기에 몰린 기업의 융통어음의 물량이 갑자기 명동 사채시장에 몰리면 명동 사채시장에서는 이 기업의 어음은 취급하지 않는다. 기업의 부도가 초읽기에 들어갔다고 보기 때문이다. 대개 이런 경우 해당 기업은 부도가 난다.

명동 사채시장에서는 기업의 재무 관련 정보가 결국 돈과 연계되기 때문에 동물적 감각과 거미줄 같은 학맥, 지연 등의 네트워크를 통해 금융회사보다 기업의 정보를 앞서 획득한다. 최근에 문제됐던 LIG건설, 극동건설 등도 투자하기 전에 명동 사채사무실에 연락해 재무상태를 알아보았다면 투자 원금을 지킬 수 있었다.

여러분도 고금리 CP나 회사채에 투자하기 전에 명동에서 어음할인을 전문적으로 취급하는 사무실에서 기업의 재무상태를 확인하고 투자하는 방법을 활용하기 바란다.

책 속의 책 4

우리가 말하는 금리는 도대체 무엇을 말하는 것인가

우리는 '금리가 높아졌네, 낮아졌네' 하는 말을 매우 광범위하게 사용한다. 그런데 정작 우리는 그 기준이 무엇인지 모르는 경우가 허다하다.

금리의 흐름이 매우 중요한 이유는 금리의 흐름이 우리가 갖고 있는 통장의 수익률에 큰 영향을 미치기 때문이다. 특히 은행의 신탁상품, 보험사의 저축성 상품이 금리 변동에 매우 민감하다.

보험사 상품의 이자 적용 방식은 예정이율이라고 해서 매월 금리의 흐름을 반영해 이를 상품에 적용한다. 그렇다면 이때 적용되는 금리의 기준은 무엇인가 궁금하지 않던가. 우리가 보통 금리라고 하면 시장금리를 뜻한다. 그 시장금리의 기준이 뭘까?

많은 사람들이 한국은행이 발표하는 기준금리를 시장금리로 알고 있다. 그러나 한국은행의 기준금리는 시장의 흐름을 대변하는 금리가 아니라는 점에서 관제 금리에 가깝다.

정리해서 말하면 우리가 보통 금리라고 말하는 것은 시장금리 또는 시장실세금리를 뜻하는 것이고, 이는 국가가 정부 재정을 조달하기 위해 발행하는 국고채[정부 발행 국채, 공채를 통합관리]의 증권시장[유통시장] 내에서의 당일 시세에 의해 결정된다. 따라서 정확하게 국고채 3년물[유통 물량이 가장 많음]의 증권시장에서의 유통 수익률을 기준으로 시장금리가 결정된다는 것이 금리의 정확한 답이다.

따라서 '금리가 올랐네, 떨어졌네' 하는 말은 바로 국고채의 유통 수익률을 기준으로 말하는 것이고, 바로 이 금리의 변동에 따라 거의 모든 금융상품의 금리가 영향을 받는다고 할 수 있다.

또한 단기 실세금리 지표로 활용되는 것이 이른바 콜[call] 금리다. 콜 금리는 금융회사 간 단기자금을 상호 빌리고 빌려줄 때 적용되는 금리로 단기 금리 흐름을 대표한다고 할 수 있다.

현재로서는 상상하기 어려운 일이 되었지만, 소위 관치금융 시대에는 모든 금융회사의 금리를 정부가 다 교통정리했다. 정기예금을 예로 들어 말하자면, 어느 은행을 가나 금리가 똑같았다. 당시에 꺾기라고 부르는 양건예금대출금의 일부를 일정 기간 예 · 적금에 묶어두는 행위이 만성화됐던 이유가 금융회사의 도덕적 해이가 없었다고는 말할 수 없어도 그보다는 구조적 문제가 더 컸다.

즉, 정부가 정한 대출금리 가이드라인과 시장금리의 괴리에서 발생하는 수지 보존을 위해 금융회사 입장에서는 금리가 낮은 예금, 적금에 대출금의 일정액을 묶어둠으로써 공금리와 시장금리 간의 간극을 줄이는 방법으로 사용한 것이다. 그 과정에서 꺾기가 발생했다고 보면 된다.

현재는 이런 관행이 금융 자유화로 먼 나라 얘기가 된 지 오래다. 정부의 시장 개입을 두고 항상 부정의 효과가 더 클 수 있다는 생각이 지배적이다. 그러나 정부의 시장 개입은 시장의 약자들에게는 득이 되는 경우도 있다.

그렇다면 세계 금리의 기준은 무었일까. 세계 금리의 기준은 영국 런던에 영업점을 두고 있는 금융회사 간 돈거래에 적용되는 리보Li Bor, London inter-bank offered rate금리다. 과거 금융 자유화 이전에는 국내 금리와 리보금리 간의 차이가 컸다. 현재는 세계화와 국내 금융시장의 개방으로 인해 국내 금리와 세계 금리가 차이가 나지 않는 금리의 동조화 현상이 대세를 이루고 있다.

콜금리
콜금리(Call rate)는 금융회사(은행, 보험, 증권사) 간 거래되는 단기자금에 적용되는 금리를 말한다. 이를 콜금리로 이름붙인 것은 '부르면 대답한다'는 식으로 극히 단기(30일 이내)회수할 수 있는 대차 거래여서이다. 금융회사간에는 하루의 영업활동이 종료된 후 마감시제가 부족하거나 남게 된다. 이때 금융회사 간 거래되는 자금을 콜론(Call Loan)이라고 하고 이에 부과되는 금리가 콜금리다. 콜금리는 30일 이내의 단기 시장 실제금리의 기준을 대표한다.

09

우파의 금융, 좌파의 금융

이데올로기라는 말이 정치권에 의해 기업의 시장점유율을 높이기 위한 마케팅 프로모션의 도구로 전락하면서 많이 훼손된 것이 사실이다. 그 이유는 우리나라 정당들이 자신들이 내세우는 이념이데올로기을 지지하는 국민들을 대변하지도 못하면서 그들의 정치적 이해관계만 앞세우고 있기 때문이다.

원래 이데올로기는 동 시대를 사는 사람들의 가치체계, 이를테면 국민의 정치적, 사회적, 문화적 가치의 통합이며, 그들의 집단적 요구와 의사표현이 정치적 행위로 나타나는 과정으로 정의할 수 있다.

이데올로기에서 좌, 우의 논리는 명확하게 가를 수 있다. 좌파의 논점이 시대적으로 약자를 위한 것이라면, 우파의 논점은 기득권자의 이익을 대변하는 것이다.

이념 정당의 역사가 오래된 영국만 해도 보수당과 노동당을 구분하는 데 하우스홀더householder와 난하우스홀더nonhouseholder가 기준이 되기도 한다. 즉, 자신 소유의 집이 있는 사람은 보수당을 지지하고, 자신 소유의 집이 없는 사람은 노동당을 지지하는 경향이 크다는 논리다.

경제적 관점에서 우파는 시장을 방임하는 정책을 지지하고, 좌파는 정부가 시장에 적극적으로 개입해 사회적 약자를 보호하는 정책을 지지한다.

그러나 이 점에 있어 우리나라에서는 그 경계가 모호하다. 우파든 좌파든 최근 집권한 정당들은 모두 시장 방임을 지지했다. 따라서 김대중 정부, 노무현 정부를 두고 좌파라고 몰아붙이는 것은 진영 논리가 앞선 정치적 공세에 불과하지 말이 되지 않는다. 어떻게 그들의 정부가 좌파일 수 있는가.

신자유주의 경제를 적극적으로 받아들여 정책에 도입해 현재 벌어지는 부의 양극화가 이처럼 현저하게 된 원인이 바로 그들의 정책이다. 그런 측면에서 우리 정치권에서 좌파, 우파 운운하는 것은 데마고그에 불과하고, 우리나라의 양대 정당은 모두 기득권을 대변하는 부르주아지 정당임이 분명하다. 이런 척박하기만 한 정치 현실 탓인지 좌파의 줄에 서야 할 사람이 우파의 줄에 서는 현상을 볼 수 있다.

우리가 군부 파시즘이라고 비난했던 박정희, 전두환 정권이 정치와 인권은 최악이었지만, 경제 운용은 좌파에 가까왔다는 것은 역사의 비극이며 아이러니다. 군부정권은 국가가 모든 기간산업, 금융산업을 움켜지고 교통정리까지 다 하던 시절이었다. 물론 그 피해도

부르주아지
부르주아지(bougeoisie)는 본래 도시 사람들이란 뜻으로 자유시민을 의미한다. 근대 자본주의 혁명과정에서 그 주체세력이 바로 부르주아지였다. 그러나 이들이 곧이어 닥친 산업사회의 부를 독점해 역으로 사회주의 혁명의 도화선이 되었다는 측면에서 역사의 아이러니다. 이 과정에서 부르주아지는 노동자의 잉여가치를 독식하는 경멸의 이름이 되었다.

파시즘
파시즘(fasism)은 묶음, 단결, 결속을 뜻하는 이탈리아어 fascio에서 유래됐다. 1921년 무솔리니가 파스시트 당을 결성한 이후 이 단어는 독재적 전체주의를 대변하는 말이 되었다.

적지 않았음을 모르는 것은 아니다.

금융권에서는 한때 대마불사라는 말이 유행했다. 이 말은 덩치가 큰 은행은 금융위기가 와도 사라지지 않고, 소규모 금융회사만 시장에서 도태된다는 말이다. 그러나 이 말의 신화가 깨진 것이 서브프라임 금융위기가 발생한 이후다.

대마불사
대마불사는 한자가 뜻하는 그대로 거대한 말은 살아날 방법이 있기 때문에 영원히 죽지 않는다는 바둑 용어로 사용하던 단어였다. 이 말을 금융권에서 차용해 거대 금융회사는 방만한 경영으로 파산한다고 해도 국민의 세금인 공적자금으로 부활한다는 의미로 사용하게 되었다. 실제 금융위기 당시 위기의 주범이었던 미국의 메가 뱅크들은 미국민의 공적자금으로 살아났음에도 다시 부활해 과거의 행태를 반복하고 있다.

그 당시 세계 50대 투자은행 대부분이 파산했다. 대마불사의 신화가 사라진 것이다. 반면 캐나다 은행들은 대부분 피해를 입지 않았다. 왜 그랬을까? 이 나라들은 은행 간 M&A, 겸업화를 강력히 규제하고 금융자본이 거대화되는 것을 정부가 통제했기 때문이다.

캐나다는 영연방 국가이면서도 사회 민주주의를 추구하면서 좌파의 가치를 지지하는 국가다. 자본의 탐욕을 방임하는 미국식 자본주의와는 근본적으로 다르다.

아무튼 정부의 시장 개입을 정당화하는 것을 좌파의 금융이라고 하면, 정부의 개입을 최소화하는 것은 우파의 금융이라고 할 수 있다. 그렇다면 우리나라는 어디에 위치하고 있을까? 우리나라는 외환위기 이후 미국식 자본주의가 급속하게 유입되면서 금융자본이 무한 성장하는 것을 방임했다는 점에서 우파의 금융에 가깝다. 그 결과 외환위기 이후 소수의 은행이 금융시장을 독점하게 됐다.

IMF외환위기 이후 은행 임원의 평균연봉이 14배나 오르는 기현상까지 벌어졌다.

과거 관치금융 시대에 우리는 은행을 금융기관이라고 불렀다. 이는 관치금융 냄새가 나는 이름이지만, 그래도 당시의 은행들은 사회의 공공재로서 일정한 역할을 했다. 지금처럼 오직 수익이 나는 일이라면 그 무엇이라도 마다하지 않는 탐욕적인 회사는 아니었다.

우리는 최근의 금융위기를 다시 기억해야 할 이유가 있다. 당시 월가의 메가 뱅크들은 자신들의 탐욕으로 시장이 붕괴되고, 그로 인해 발생한 부실로 소액주주, 일반 납세자에게 피해를 입혔지만, 미국 정부의 공적자금으로 부활해 여전히 탐욕적인 행보를 거듭하고 있다.

메가 뱅크
메가 뱅크(mega bank)는 초대형 은행을 말한다.

메가 뱅크들은 그와 같은 피해를 시장에 주었어도 인센티브만 받고 유유히 사라졌다가 아무 일 없다는 듯이 다시 그 자리로 복귀했다. 인간의 노력과 헌신에 합당한 보상이 뒤따라야 한다는 경제 논리가 이들에게도 적용돼야 하는지 의구심이 든다. 그래서 경제학은 부르주아지를 위해 만들어진 학문이라고까지 비하되는 것 아니겠는가.

2013년 이후 금융시장에는 정부의 시장 개입 폭이 넓어지고, 금융산업 전반에 걸쳐 반독점 규제법이 강화될 것으로 예상된다. 정말 지금처럼 금융회사의 탐욕과 도덕적 해이를 방치하다가는 금융시장이 붕괴될 수도 있다.

국내의 금융자본 역시 제조업마냥 자본의 확대재생산 구조를 만들기 위해 소위 수익성 경영에 올인했다. 그 결과로 국내의 메가 금융자본들은 사세가 엄청나게 커졌다. 그럼에도 그들은 성장의 과실을 시장과 나누지 않았고, 비정규직만 양산해 고용시장을 악화시켜 왔다. 이 정도면 돌팔매질을 해도 그들의 편에 설 사람은 없다.

다 그들이 자초한 일이다.

보험사를 봐라. 본사의 임직원들은 커텐 뒤에 숨어 있고 SM이라는 차상위 비정규직이 그 하부구조인 설계사들을 자기 돈 들여서 고용하고 설계사들은 자신들의 영업수당 일부를 SM에게 바쳐야 한다. 이것이 그 악질적인 오버라이딩over ridding성 과제다. 설계사는 연고에 기초한 영업을 하다 실적을 못 채우면 중도탈락한다. 그래도 본사는 아무 피해가 없다. 또 다른 신규 설계사가 그 자리를 채우면 된다. 설계사들은 본사의 이익을 위해 버려지는 일회용 총알받이에 불과하다. 보험사는 이렇게 하면서도 '선진금융'을 외친다. 그들에게 이렇게 말해 주고 싶다. "그 입 그만 다물라."

우파의 금융을 지지하든 좌파의 금융을 지지하든 간에 이는 중요치 않다. 현재의 금융회사는 우리의 공적이 돼버린 지 오래다. 현재 우리나라의 금융시장에서는 정부가 시장에 적극 개입해 소수의 금융회사의 독과점을 통제하고 소비자의 권리가 보장되는 제도마련이 시급하다.

굳이 미국 월가의 메가 뱅크를 거론하지 않아도 국내은행의 도덕적 해이에는 단죄가 필요하다. 국내은행들은 경영실적이 나빠 은행의 빈 곳간을 채우기 위해 국민의 혈세인 공적자금이 쓰여도 연봉은 꼬박꼬박 받고 성과급까지 챙긴다. 외환위기 이후 10년간 은행에 쏟아부은 공적자금이 약 170조 원이 넘는다. 저축은행의 부실로 투입된 돈도 수조 원 이상이다.

은행은 방카슈랑스란 그럴싸한 이름은 달았지만 내용은 형편없는 펀드, 저축성 보험으로 우리 지갑만 털어가는 일에 골몰한다. 우리는 이제 그런 은행을 살리기 위해 공적자금을 투입하는 이유에 대해 물어야 한다. 우리나라의 금융회사는 대주주, 정규직 임직원을 위해 존재하는 것이지 우리 사회에 아무런 공익적 행위를 하지 않는다.

미 경제전문지 『이코노미스트』는 고수익만을 추구하는 자금의 금융시장을 가르켜 그림자 금융shadow banking system이라고 표현하고 있다. 그림자 금융은 고수익을 위해 은행의 고유계정기능을 넘어서 구조화채권 매매를 통해 유동성을 극대화하는 금융시스템을 말한다. 구조화채권 매매는 구조화채권 투자회사SIV, strength investment vehicle를 통해 단기채권 발행으로 조달된 자금으로 서브프라임 모기지론과 연계된 자산유동화증권MBS, 부채담보부채권CDO에 투자한다. 구조화채권 투자회사SIV는 은행과는 별도의 회사다.

이 회사가 운용하는 자산운용 내용은 모母회사인 은행의 재무제표에 미치는 영향이 거의 없다. 은행 입장에서도 자회사인 SIV의 손실을 파악하기 어렵다. 따라서 위험은 항상 내재화돼 있는 구조다. 이를 그림자 금융이라고 하는 것이다.

그림자 금융은 본질적으로 비은행권 금융에 해당된다. 은행은 자신의 고유계정기능으로 하기 어려운 일을 그림자 금융을 통해 한다. 그림자 금융을 통해 인수합병M&A, 선물 · 옵션 등의 파생상품, 헤지펀드, 사모펀드PEF 등에 투자한다. 이런 투자가 감독기관의 통제를 벗어나 무차별적으로 이뤄짐으로써 결과적으로 금융위기가 발생한 것이다. 은행들은 그림자 금융을 통해 국제결제은행의 소위 자기자본비율은행의 자본건전성을 감시의 규제에서 벗어나 누구도 인지 못 하는 통제의 사각지대에서 위험한 거래에 열중하다가 금융위기의 직격탄을 맞게 된다.

이제 우리는 이런 위험을 완전히 차단시켜 금융시장의 안전성을 이루기 위해서는 은행이 증권, 보험, 자산운용회사를 소유하고 헤지펀드, 사모펀드, 파생상품에까지 무한대의 투자를 못하도록 통제해야 한다. 우파, 좌파의 금융을 말하기 전에 언제 터질지 모르는 그림자 은행의 탐욕을 통제해 우리의 소중한 자산을 지켜야 하는 시점이다.

10

지금 국민연금이 우리 미래를 재물로 삼고 있다

여의도 섬에 서식하는 정치인과 정부관료, 공무원은 한통속이다. 그들과 우리는 같은 세상에 살아도 그들이 보는 세상과 우리가 보는 세상은 너무 다르다. 그들은 서민을 위한 정치, 국민에 봉사하는 행정을 한다고 입버릇처럼 말하고 있다. 그러나 그들은 자신들의 이익을 위한 일이라면 국민은 아랑곳하지 않는다.

국민연금이 재원이 고갈된다고 하는 마당에도 국회의원은 하루만 의원에 적을 올리면 65세부터 죽을 때까지 120만 원의 연금을 받고 있다. 연간 세비로 1억 5천만 원이나 받는 사람들이 적립금은 한 푼도 내지 않는다. 국민연금 가입자는 20년을 꼬박꼬박 내도 월 100만 원 받기도 어렵다.

우리나라의 국가부채는 774조 원이다. 이 중에서 공무원, 군인에게 줘야 할 연금충당부채가 342조 원으로 44%를 차지하고 있다. 그럼에도 정부는 2012년에만 공무원연금 지급액 부족분 11조 4천억 원을 정부재정으로 지급했다.

국민연금공단에서는 국민연금의 고갈을 방지하기 위해 국민연금 수령시기를 당초 계획보다 늦춰 2034년 68세부터 연금을 타도록 해야 한다고 한다. 지금까지 국민연금은 '덜 받고 더 내는' 쪽으로 개정돼 왔다. 그러나 이마저도 공무원, 군인, 사학 연금 수령자는 예외다. 이들은 지금도 퇴직 전 보수의 63%를 연금으로 받고 있다. 이에 비해 국민연금 가입자의 소득대체율은 이보다 훨씬 낮은 50%에 못 미친다.

국민연금 가입자의 수혜율을 낮추고 수령시기를 늦추기 전에 특수직역 연금공무원, 군인, 사학 연금의 수혜율을 낮추고 특수직역 연금 부족을 세금으로 보전해 주는 것을 중지해야 한다. 이렇게 하는 것이 정의롭다. 현재 355만 명의 지역가입자 중 상당수가 임의가입자들이다. 임의가입자의 대부분을 차지하는 주부들은 남편의 국민연금에 한푼이라도 더 받기 위해서 매달 10만 원을 붓고 있다. 그래봤자 이들이 더 받는 연금은 노후에 가서 매월 10만 원 정도의 수준이다.

억대의 세비를 받으면서 단 한푼의 적립금도 내지 않고 단 하루만 의원직을 유지해도 120만 원의 연금을 보장받는 국회의원은 과연 어느 나라의 국회의원인가. 국민의 행정적 편의를 서비스하는 공무원이 국민 위에서 이익을 독점하는 것이 민주공화국에서 과연 있을 수 있는 일인가.

현재의 대한민국 국민연금은 공적연금이 아니다. 국가가 국민을 대상으로 하는 사설 펀드와 다를 것이 없다. 정부는 국민으로부터 연금보험료를 강제로 걷으면서 지금 "연금을 지급받을 수 있는지

없는지는 그때 가봐야 한다" 고 말하고 있다. 원금을 보장하지 않는 펀드와 뭐가 다른가.

국민연금 가입자는 이민을 떠나거나 사망하기 전까지는 이 굴레에서 벗어나기 어렵다. 국가가 지급을 보장하는 특수직역 연금과의 형평성에서도 어긋난다. 그러나 이를 개혁하자는 정치인은 아무도 없다. 정치인과 공무원은 자신의 이익이 걸린 일에는 절대 양보하지 않는 사람들이다.

국민연금에 적립되어 있는 돈이 380조 원2012년 8월 기준이다. 국민연금은 국민이 낸 적립금으로 세계 4위의 큰손이 되었다. 이에 걸맞게 위험자산으로 분류되는 국내주식에 62조 4천억 원, 해외주식에 25조 4천억 원을 투자하고 있다. 그 규모도 확대되고 있고 소위 신흥시장으로 투자위험이 높은 중국 투자비중도 늘고 있다. 투자결과를 누구도 예측할 수 없다는 점에서 자산운용사가 운용하는 펀드와 다르지 않다. 국가가 원금보장도 하지 않는다. 특수직역 연금 수령자들이 혜택과 책임을 공유하지 않으면 국민을 설득하기 힘든 지경에 이르렀다.

◉ 세계 4위의 연기금펀드 국민연금의 포트폴리오

투자내용	금액(조 원)	비율(%)
국내주식	62.4	17.0
해외주식	25.4	6.9
국내채권	232.8	63.3
해외채권	17.2	4.7
대체투자	28.9	7.9
금융부문 총계	366.7	99.8
기타	0.7	0.2
총합계액	367.4	100

* 기준일 2012년 6월 30일

◉ 국민연금 해외투자 현황

투자상품	해외주식	해외채권	대체투자	합계
투자금액(조 원)	25.4	17.2	13.6	56.2

* 해외투자는 실물자산의 운용과 관계없이 환율의 변동으로 환차손의 위험이 있음.

우리가 국민연금의 개혁에 관심을 가져야 하는 분명한 이유가 있다. 우리 국민의 대다수응답자의 70% 이상, 복수응답 허용가 노후 준비 상품으로 택하고 있는 연금상품연금저축신탁, 연금저축보험, 연금저축펀드의 낮은 수익률로는 노후에 기대기 어렵기 때문이다. 특히 연금상품 가입자의 80%가 수익률이 가장 낮은 보험사생명보험, 손해보험에 가입하고 있다.

금융회사별 연금상품 가입자 현황

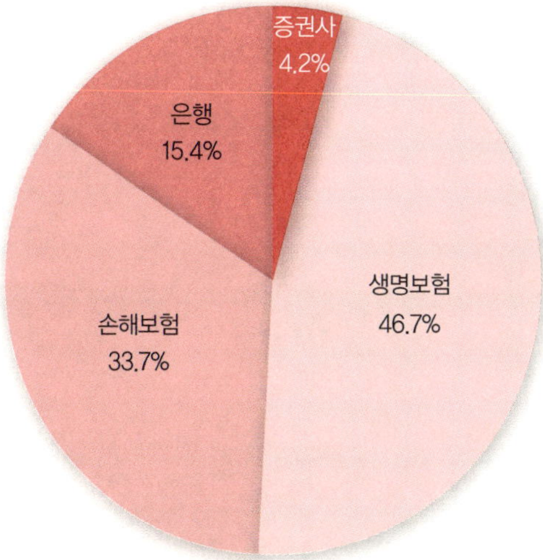

현재 보험사 연금상품들이 마이너스 수익률을 기록하고 있다. 향후 금리가 더 낮아진다고 했을 때 보험사의 예정이율은 현재보다 더 떨어지면 더 떨어지지 오르지 않는다. 비과세가 된다고 해도 설계사 수당 등의 사업비로 빠져 나가는 등을 감안하면 현재가치로 평가해 손실은 더 커진다.

민간연금은 국가가 보장해야 하는 노후복지를 무책임하게 약탈적 금융회사에 떠맡기는 것이나 다름없다. 국민연금은 전국민이 노후에 최소한의 경제생활을 보장받게 개혁돼야 한다.

이런 불공정한 국민연금을 개혁할 생각은 안 하고 민간연금의 수익률 걱정이나 하고 있는 처지가 안쓰럽다. 국민연금이 국민의 편에서 제대로 개혁되고, 연금상품을 판매하는 금융회사의 자산운용을 투명하게 감시하고 통제하는 법이 만들어진다면 우리의 노후가 경제적인 문제로 인해 극단적인 처지까지 몰리는 일은 없을 것이다.

11

성공하는 사람은 모두 금융에 강하다

금융에 강한 사람이 성공한다는 절대적 비교우위론은 과장일 수 있다. 그러나 금융에 강한 사람은 성공을 이루기 위한 다양한 수단또는 도구 중 강력한 무기를 갖게 되는 것만은 부인하기 어렵다. 지금처럼 금융이 거의 모든 산업을 지배하는 시대에는 금융에 강한 사람이 성공한다는 말이 사실에 가깝다.

우리가 사는 곳에서 흔히 보는 사례 하나를 예로 들어 보자. A와 B는 도로 하나를 사이에 두고 같은 업종의 점포를 운영하고 있다. A와 B는 점포 위치가 같고 위치상 찾는 고객이 많아 함께 시장을 독점하고 있다. 두 점포는 매출도 비슷하다. 그런데 그 잘나가던 B점포는 얼마 지나지 않아서 문을 닫았다. 왜 그랬을까? A점포는 여전히 승승장구하고 있는데 말이다.

B점포에 과연 무슨 일이 발생한 것일까? B점포와 A점포가 지역 상권을 양분하고 있는데도 B점포는 문을 닫았다. 대략 이런 이유에서였을 것으로 추정해 볼 수가 있다.

B점포는 A점포에 비해 과도한 고정비 지출이 문제다. 재무 컨설턴트 사이에서는 동네 점포의 경우 사업의 최대 적은 고정비 지출에 있다고 한다. 이 말은 연 매출이 같고 상품판매에 대한 영업이익이 같다고 해도, 경쟁업체와 비교해서 금융비용이 과다하거나 인건비 지출이 상대적으로 높을 경우 사업의 안정성이 깨진다는 논리다.

B점포의 매출은 연 2억 원으로 A점포와 같다. 상품판매에 대한 영업이익도 연 25% 수준으로 같다. 그러나 B점포는 사업자금 조달에 대한 금융비용이 매달 영업이익의 30%에 달하고, 노무관리의 비과학성으로 인해 직원에 대한 인건비가 영업이익 대비 20% 이상이 높다.

이 자료를 토대로 하면 B점포는 상품판매에 대한 영업이익은 A점포와 같지만 추가적으로 지출되는 비용이 A점포와 비교해 영업이익에서 차지하는 비중이 높다. 점포가 지불하는 고정비는 금융비용, 인건비 이외에도 시설에 대한 감가상각비용, 시설 유지 · 보수비용, 수도세, 전기세 등 많다.

사람들은 '장사가 잘되던 B점포가 왜 갑자기 문을 닫았을까?' 하고 의문을 갖지만 결과적으로 B점포가 망한 데는 다 그럴 만한 이유가 있었던 것이다.

사업자금을 조달하는 과정에서 저금리의 정부, 지자체, 신용보증기관의 저금리 임대차 점포 지원 자금을 활용해 월세 부담을 최대한 낮추고, 가족의 노동력을 활용해 인건비 부담을 크게 낮추었다면, B점포는 사라지지 않았을 것이다.

나는 개인적으로 중소 사업자가 경기변동의 위험으로부터 사업을 보호하는 길은 아이템이 아니라 고정비 절감에 있다고 믿고 있다.

군 제대 후 나의 첫 직장은 서울 강남에 소재한 저축은행의 법인영업부였다. 나는 그곳에서 본점으로 근무지를 옮길 때까지 4년을 근무했다. 그 4년 동안 내가 관리하던 수십 곳의 법인 사업체는 불행하게도 파산했다. 그런데 내가 예금유치를 위해 자주 찾던 논현동 소재의 피자집, 치킨집, 슈퍼 등 개인이 하는 점포는 내가 논현동에 근무하던 4년간 거의 대부분이 그 자리에서 계속 사업을 했다.

나는 그 이유가 궁금했다. 결과는 매우 단순한 곳에 있었다. 그들의 사업은 아이템이 달랐어도 대부분 가족이 함께 하는 패밀리 비즈니스였다는 공통점이 있었다.

그러니 인건비에 대한 부담이 적었다. 매출이 하락해도 상시 지출되는 고정비가 적으면 경기 사이클이 호황기로 전환되는 기간 동안 버틸 수 있다. 반면 법인 사업체는 덩치가 커서 불황기에 신용 하락으로 금융비용은 증가하고, 매출은 감소한다. 또한 영업이익이 떨어져도 쉽게 조직을 축소하기 어렵다.

반복해서 얘기하지만, 부자가 되는 가장 쉬운 길은 얼마가 됐든 꾸준히 버는 돈이 있고, 이 돈으로 저축해서 상시적으로 이전소득을 발생시키는 것이다. 그렇게 하면 시간이 문제이지 누구나 부자의 길에 들어설 수 있다. 부자가 되는 비법은 세상에 없다. 다만 이 방법이 가장 가능성이 크다.

사업을 준비 중이거나 현재 사업 중인 사람은 아이템에 신경 쓰기 이전에 올드한 아이템이라도 조달자금에 대한 금융비용을 최대한 낮추고, 사업에 지출되는 고정비를 어떻게 하면 낮출 수 있는가를 고민하는 것이 먼저라는 사실을 잊지 말기 바란다.

벤처 몰락에서 사업을 배워라

20세기 말에 불었던 벤처 붐을 기억할 것이다. 그때 창업전선에 뛰어들었던 수많은 기업들 중에서 현재까지 생존한 기업은 소수다. 또 그중에서 성공한 기업은 몇 되지 않는다. 성공한 대표적 기업이 포털portal 사이트 네이버다. 현재 네이버는 연 매출 10배가 넘는 거대 제조기업과 비교해 기업의 가치를 평가하는 시가총액에서 수십 배나 높다.

벤처 붐 초기에 회자됐던 소위 수확 체증의 법칙을 네이버가 증명한 것이다. 수확 체증의 법칙은 경제학이 말하는 수확 체감의 법칙과는 반대로 벤처 사업은 투자가 어느 정도 끝나면 투자 비용은 고정되는 데 반해서 이익은 무한대로 체증된다는 논리다. 이 논리에 따르면 네이버가 같은 매출을 가진 전통적 기업보다 시가총액에서 수십 배나 차이를 내는 것은 어찌 보면 당연한 일이다.

그렇다면 네이버는 수많은 포털 기업이 사라져 갔음에도 어떻게 이런 성공을 거둘 수 있었을까? 네이버가 성공할 수 있었던 이유는 다른 포털이 비전만 믿고 투자자를 만나는 동안에, 확실한 캐쉬카우cash cow 사업에 집중한 것에 있다. 만약 네이버가 성공의 일등

공신인 한게임과 합병하지 않았다면 네이버는 그저 그런 포털 업체로 명맥만을 이어갔을 것이다.

벤처 초기에 사람들은 매우 정교하고, 첨단의 기술력만이 성공을 담보한다고 믿었다. 그런데 아이러니하게도 소위 아케이드 게임이라고 하는 동네 오락실의 아날로그 게임이 힘을 발휘했다. 이 게임을 온라인에서 재생한 넷마블, 한게임이 성공의 과실을 따갔다.

다른 벤처기업들이 투자자를 유치하기 위해 사업계획서만 만지작거리는 동안 네이버는 확실한 수익모델을 갖고 있었다. 그 후 네이버는 다른 인터넷 기업과 합병을 통해 시너지를 극대화하면서 오늘날의 벤처 신화가 탄생하게 된 것이다. 네이버의 초기 투자자들은 기업가치의 상승으로 아날로그 시대에는 상상도 못할 막대한 자본이득을 얻었다.

벤처산업의 머니게임은 소수의 몫으로 돌아갔지만, 그 신화가 사라진 것은 아니다. 벤처사업의 메카니즘을 이해하고, 이를 당신의 비즈니즈에 접목시킬 수 있는 능력이 있다면 그 신화는 당신에 의해서 얼마든지 재연될 수 있다. 그 행운의 주인공이 당신이 되기를 진심으로 기원한다.

아케이드 게임
아케이드(arcade)는 상가를 뜻한다. 따라서 아케이드 게임은 동네 오락실에서 주로 하는 게임을 말한다. 아케이드 게임의 대표적 게임이 슈팅(겔로그), 건(gun) 슈팅(총으로 하는 게임), 퍼즐(테트리스), 액션(철권) 등이다. 여기에 사행성 게임인 고스톱, 포카 등의 게임이 온라인에서 가장 많이 하는 게임이다.

12

약탈적인 펀드가 당신의 지갑을 노리고 있다

신용등급이 낮은 채무자sub-prime에게 대출해 주고, 그 저당권을 증권화해 자금을 조달하는 MBS주택저당권 유동화증권가 부동산 버블 붕괴로 가치가 급폭락해 발생한 사건. 그 사건이 우리가 불과 얼마 전에 겪었던 '서브프라임 모기지론 사태' 가 불러온 금융위기다. 서브프라임 모기지론 사태로 미국의 메가 뱅크들이 속속 파산 하면서 미국 정부는 이들을 살리기 위해 막대한 공적자금을 쏟아부었다.

서브프라임 모기지론
서브프라임 모기지론(sub-prime mortgage loan)은 주택저당권 대출에서 가장 신용도가 떨어지는 채무자를 대상으로 하는 대출상품이다. 미국에서 모기지론이라고 부르는 주택저당채권 대출은 채무자의 신용도에 따라 프라임(우량), 알트-A(보통), 서브프라임(비우량)의 3등급으로 나눠진다. 이 중 서브프라임 모기지론은 가장 신용도가 낮아 채무 상환이 불확실한 저소득층을 대상으로 한 비우량 채무자를 대상으로 하는 주택담보대출이다.

월가의 메가 뱅크들은 금융위기 이전에 자신들의 높은 연봉은 노력에 대한 합당한 보상이라고 떠들어댔다. 그러나 그들이 말하는 노력과 헌신은 자신들만을 위한 것이었고, 더 나아가 일반 국민들의 삶을 윤택하게 하고 도움을 주기보다는, 미국 국민 더 나아가서는 세계의 선량한 납세자, 지구촌의 모든 시민들에게까지 재앙을 안겨주는 것이었다.

세계는 그 지독했던 금융위기를 겪었음에도 아무런 교훈도 얻지 못하고 있다. 인간은 과거를 망각하는 존재라 아니 할 수 없다. 세계 금융의 중심지 월가는 이미 금융위기 이전의 탐욕적인 모습으로 다시 돌아갔다. 월 스트리트에서 말하는 '개혁' 이나 '혁신' 은 언론, 학계, 정부에 막대한 로비 자금을 헌납하고 얻은 금융규제 완화와 회계 기술을 이용해 자신들의 이익구조를 합법적으로 만드는 것 이상이 아니다.

금융위기의 주범인 월가의 메가 뱅크들은 미국 국민의 혈세에 의존해 살아났음에도 금융위기 전의 탐욕적 행보를 멈추지 않고 있다. 이들의 행보에 강력한 반독점 규제법으로 맞서지 않는 한, 금융위기는 반복해서 찾아올 것이고, 그 주기는 오히려 짧아질 것이다.

임금의 차이에서 오는 소득의 불평등은 자본주의의 가장 큰 적이다. 이 소득구조가 개선되지 않는다면 중산층조차 빈민계층으로 편입되는 인구가 급증해 사회 안정망이 크게 흔들린다.

최근에 나오는 자료들을 보면 국민의 소득분포를 나타내는 지니계수가 우리나라에 도입된 지 최악의 상태다. 지니계수를 보면 이미 중산층은 급격하게 붕괴되었고, 신빈민 계층에 편입되는 인구는 급증했다. 국가 전체 경제규모에 비해서 부의 양극화가 이렇게 심한 나라는 세계에 없다.

이 자료들을 통해, 대기업을 지원하면 대기업이 흘려주는 떡고물을 먹고 모든 국민이 잘살게 된다는 이명박 정부 초기의 낙수 효과가 얼마나 가당찮은 허구였는지를 잘 알 수 있다. 오로지 자본에 빌붙어 인생을 살아온 사람이 자랑스러운 나의 조국 대한민국의 최고 통수권자였다는 사실이 정말 부끄럽다.

스스로 서울 달동네 출신이라고 했던 전 서울시장 오세훈은 또 어떠한가. 만약 오세훈이 어린이 무상급식에 반대하지 않았다면 아직까지 보편적 복지는 그냥 수사로만 존재하는 것이었으리라. 역사가 이렇게 아이러니하다. 보수 반동 한 명이 역사의 수레바퀴를 돌려놨으니 오세훈은 어느 진보주의자도 못했던 일을 한 영웅이다.

신고전주의 경제이론에서는 개인의 경제적 보상은 개인의 사회공헌도를 반영하는 것이라고 한다. 이 말은 돈을 잘 버는 것은 사회적 선을 행하는 총량에 비례한다는 얘기가 된다. 이 말이 맞다면 사회적 약자의 생활수준을 개선시키는 데 가장 많은 시간을 쓰는 사회운동가들이 가장 많은 돈을 벌어야만 한다. 대기업이 우리 사회의 부를 독점하고 있으나 대기업과 그 임직원들이 얼마나 사회에 공헌하는지 측정하기 매우 어렵다.

경제학 이론이 모두 틀린 것은 아니다. 나름대로는 이론의 합리성과 진정성이 있었기 때문에 수백 년 동안 통용되고 살아남은 것 아니겠는가. 그러나 경제학은 산업사회 초기에 시작됐고, 경제학 이론은 책상물림들이 스스로 가설을 만들고 이를 수학과 통계로 증명해서 발전시켰을 뿐이라는 사실을 부인하기 어렵다.

실제로 금융위기가 반복되고 있음에도 경제학자라는 이들은 아무런 해결책도 못 내놓고 있다. 지금의 경제는 이해관계인들이 복잡하게 맞물려 있다.

펀드 자본주의가 양극화의 주범이다

현재의 자본주의를 펀드 자본주의라고 해도 무방할 만큼 미국에서는 금융산업이 전체 기업이 생산하는 이익의 40%를 차지하고 있다. 이로 인해 가장 큰 피해를 입는 계층이 금융 이외의 산업에 종사하는 근로자들이다. 사회가 생산하는 부가가치가 소수의 금융회사 종사자들이 독점하는 구조이기 때문이다.

우리나라 청년들이 선호하는 회사의 상위권에 랭크되어 있는 회사들이 대부분 금융회사다. 국가 성장의 동력인 제조기업에서 일해야 할 인재들이 임금이 높다는 이유만으로 금융회사에 몰려드는 것이다.

금융회사는 화려한 스펙을 가진 인력이 필요치 않다. 사칙연산을 할 줄 알며, 정직 · 신의 · 성실로 고객을 대하고, 전표 작성에 능하면 된다. 학력 인플레이션이 지금처럼 버블화되지 않았던 시대에는 상업고등학교 나온 사람들이 잘해 오던 일이다. 고급 인력이 금융시장에 들어와 한 일이라고는 파생상품 만들어 투자의 위험만 증폭시키고 학연, 지연으로 네트워크 만들어 자신들을 위한 금융비리만 늘린 것이다.

미국에서 이식된 성과주의의 영향으로 금융산업과 제조기업 간의 임금 차이가 크게 벌어졌다. 금융산업에서도 비정규직 노동자는 생계를 위협받는 수준의 임금을 받는 사람이 크게 늘었다.

우리는 이렇게 세계 경제를 일그러진 자본주의로 만든 주범을 가리켜 펀드 자본주의라고 부른다. 현재 세계 유동성 100조 달러 중에서 실물교역으로 움직이는 돈은 2%에 불과하다. 그 나머지는 펀드자본에 의해서 유통된다. 펀드 자본주의의 기원은 얼마 되지 않았다. 미국에서 펀드가 만들어진 것이 100년이 가까워 오지만, 최근처럼 펀드가 세계 경제를 쥐락펴락 하게 된 것은 1990년대 초반부터다.

지금 세계 경제에서 최대 채권자이면서 동시에 최대 채무자가 펀드다. 펀드는 투자자의 돈을 가지고 고위험 상품에 투자해 위험을 증폭시키고, 그로부터 발생되는 이익의 최대 수혜자이기도 하다.

펀드의 최대 수혜자는 펀드회사의 대주주들이다. 2009년은 금융위기로 국내 펀드 시장의 무덤으로 기억될 정도로 펀드 수익률이 형편없었던 해다. 그러나 2009년의 실적을 반영해 2010년 펀드 회사가 대주주에게 준 배당은 사상 최고액을 기록했다. 이 당시 미래에셋은 시장 평균을 크게 밑도는 펀드 수익률을 냈지만, 미래에셋의 대주주는 회사 설립 후 사상 최대액의 배당을 챙겨갔다. 이 정도면 칼만 안 들었지 도둑놈이다.

이 책을 읽는 독자 중에는 금융에 대해서 무지한 사람부터 자신이 아는 것이 세상의 모든 것이라고 생각하는, 지적으로 완숙한 독자도 있을 것이다. 어느 경우가 됐든 금융상품 투자는 우리의 경제생활에서 매우 중요한 부분이다.

금융에 대해서 잘 아는 사람, 금융회사에 속해서 일을 하는 사람, 금융에 대해 잘 모르는 초보자 모두에게 이 책이 주는 메시지는,

금융상품 투자에서 투자 기술만큼 중요한 것이 지금의 금융시장의 불공정한 행태를 개선하는 데 다함께 참여하고 행동해서 그 구조를 바꿔야 한다는 것이다.

보수 우파의 사상을 대표하는 칼 포퍼조차 현대 민주주의에 대해서 이런 말을 했다. "가장 완전한 민주국가는 일반 시민의 정치적, 경제적 요구가 국가 정책에 최우선적으로 반영되는 국가다." 이 말이 무엇을 뜻한다고 생각하는가? 국가의 주인은 국민이며, 국가는 국민이 원하는 것들을 실천하는 주체가 돼야 한다는 것이다. 그렇게만 하면 된다.

약탈적인 펀드가 국민의 지갑을 합법적으로 털어가지 못하게 정부가 나서서 이들을 규제하고 통제하는 것도 진정한 민주국가의 정부가 나서서 해야 할 일이다. 그런데 우리 정부는 이 탐욕적인 금융회사들의 후견인 노릇이나 하고 있다.

무너지지 않는 보급로를 확보하라

우리는 지금의 경제 환경을 두고 '경제 전쟁' 이라고 부를 정도로 살벌하게 표현하고 있다. 적의 공습이 언제 어디서 올 줄 모르는 공포의 상황, 승리하지 못하면 즉각 사망하는 살벌한 상황. 그래서 작금의 경제를 '전쟁' 으로 표현해도 별 의의를 제기하지 않는다.

전쟁에서 살아남는 기술도 벤치마킹이 될 수 있는 대상인지 모르겠으나, 펀드라는 물량적으로 어마어마한 거대 적과 싸워야 하는 우리의 입장에서는 베트남 전쟁사를 참고할 필요가 있다. 베트남은 프랑스, 미국 같은 거대 적과 대항해서 보잘것없고 초라한 무기로 300년에 걸친 제국주의의 아시아 침략전쟁에서 최초로 승리했다.

세계 전쟁사에 길이 남을 디엔비엔푸 전투에서 베트남은 세계 최강 프랑스 외인부대와 55일간의 전투를 치뤘다. 프랑스군은 약 3천 명이 죽었고, 8,134명이 중경상을 입었으며, 포로로 잡힌 병사가 8천 명에 이를 정도로 베트남과의 전쟁에서 치욕적인 패배를 당했다. 베트남 군대는 어떻게 보잘것없는 무기로 세계 최강의 프랑스 군대와 싸워 승리할 수 있었던 것일까?

당시의 베트남은 보잘것없는 시드머니로 거대 자본과 싸워야 하는 우리의 처지와 다르지 않았다. 베트남은 치밀하고도 침착한 전쟁 준비, 이기고자 하는 신념, 전세가 유리할 때까지 기다리는 인내심을 바탕으로 집중 공격하는 전술을 써서 거대 적과 싸워 승리했다.

그러나 전쟁을 승리로 이끈 베트남의 최종 무기는 끊이지 않는 보급로의 확보에 있었다. 하노이에서 디엔비앤푸까지 그 멀고도 험난한 수천 리 정글을 뚫고서, 남녀노소 불문하고 앞 사람의 희미한 불빛에 의지한 채 쌀을 담은 장대를 어깨에 메고 최전선에까지 끊임없이 보급했다.

반면 공중 보급기에 군수 물자운송을 의지한 프랑스군은 대공포의 공습으로 보급로가 차단됨으로써, 그 훌륭한 무기를 제대로 한 번 써보지도 못하고 전쟁에 패배하게 됐다.

단순히 소득만 많다고 부자가 되는 것은 아니다. 소득이 아무리

적은 사람도 지치지 않고 지속성 있게 저축할 수만 있다면, 시간이 문제이지 누구나 부자가 될 수 있다. 베트남이 거대 적과 싸워 승리한 요인은 결국 전술, 전략 이전에 최전선의 병사에게 끊이지 않고 보급품을 전달할 수 있는 보급로의 확보에 있었다. 우리의 재정 설계와 연관시켜 배울 점이 있지 않은가. 우리의 투자라고 해서 이와 크게 다르지 않다.

펀드 자본주의 하에서 위기는 일시적인 것이 아니라 수시로 찾아오고 주기도 점점 짧아진다는 면에서 상수라고 할 수 있다. 이를 극복하는 방법은 쉬운 일은 아님을 알지만, 비록 적은 금액의 돈이라도 끊이지 않는 소득을 만들고, 일부분일지라도 잉여소득을 남겨 저축을 하는 것을 포기하지 않아야 한다. 그래야 작금의 매우 혼돈스럽고 위기가 반복되는 시장상황일지라도 미래에 희망의 싹을 키울 수 있다.

세상의 모든 일은 마음먹기에 달렸다고 하지 않던가. 이 말이 지금처럼 어려운 시대를 사는 사람에게 단지 공허한 수사로 마음에 와 닿지 않는다는 사실을 모르지 않는다.

그러나 우리는 어떤 순간에도 미래의 희망을 포기하면 안 되기에, 정글에서 승리의 희망만 가지고 고통을 인내한 베트남의 병사처럼 우리 역시 고통을 미래의 희망으로 바꾸는 사람이 되기를 소망한다. 부자가 되는 첫 걸음은 어떤 상황에서도 끊이지 않은 소득을 만들고, 저축을 포기하지 않은 것이라는 점을 잊지 말기를…….

시중금리+α의 수익률을 목표로 하는 절대수익형펀드

Tips

수익률에 대한 목표치는 낮추고 안정성은 높게 설계된 펀드가 소위 '절대수익형펀드'다.

절대수익형펀드는 안전자산인 채권을 중심으로 투자하고 여기에 수익률을 높이기 위해 공모주나 하이일드채권Highyield, 한계기업의 채권에 투자한다. 이 펀드는 증시의 불안정으로 인해 투자를 망설이는 안정추구형 투자자를 목표고객으로 한다. 대부분의 펀드가 판매 초기에는 그럴싸하게 포장돼서 고객을 유인하는 것처럼 절대수익형펀드 역시 결과는 신통치 않다.

운용순자산이 10억 원 이상의 절대수익형펀드 69개 중에서 겨우 25개만이 시장평균코스피지수 기준 수익률2012년 말 기준을 넘겼다. 이 중에서 5% 넘는 수익을 올린 펀드는 3개뿐이다. 펀드회사는 이 결과를 두고 "2012년에는 해지펀드 바람이 불면서 실험정신을 가지고 펀드를 운용하면서 결과가 신통치 않았다"고 한다. 아니 고객의 소중한 돈으로 투자하면서 실험정신을 갖고 투자하다니, 이게 말이 되지 않는다. 절대수익형펀드에 투자하지 않았다면 시장금리+α의 수익률을 올릴 수 있는, 그것도 거의 100% 가능한 상품은 얼마든지 있었다.

절대수익형펀드의 1년간 평균 수익률은 2.9%다. 같은 기간 국내 주식형펀드 평균 수익률6.2%의 절반에도 못 미치는 성적표다. 여기에 수수료까지 더하면 그 기회 손실은 더 커진다. 그러니 그 누가 펀드에 자신의 소중한 돈을 맡기겠는가.

13

주식을 살 것인가, 팔 것인가를 고민하는 사람들을 위해서

금리는 물가 상승률 대비 마이너스 금리가 되는 실질금리 제로 시대다. 문제는 과거처럼 금리흐름이 일정한 박스권에서 오르고 내리지 않고 계속 하락하고 있다는 점이다.

그래서 이제 우리나라도 일본처럼 실질금리 제로 시대를 넘어서 표면금리 제로의 시대로 가는 것 아닌가에 대한 우려감이 커지고 있다. 불행히도 이 우려감이 가상이 아니고 현실화되고 있다.

금융투자로 가처분소득이 증가할 수 없는 현실에서 주식투자로 눈이 가는 것은 어쩔 수 없다. 그런데 주식투자는 금융투자와 비교해 그 위험도가 비교되지 않을 정도로 높다. 그 점이 이 초저금리 시대에조차 주식투자를 망설이게 한다.

더구나 주식투자 경험이 있는 대다수의 사람에게 주식은 좋은 기억보다는 나쁜 기억이 더 많다. 실제 주식투자로 돈 번 사람은 전체 주식투자자의 20%를 넘지 않는다. 내가 남보다 특별한 능력이 없는데, 과연 주식투자 성공의 그 좁은 문을 통과할 수 있을까? 걱정되지 않을 수 없다.

그러나 주식투자는 많이 아는 사람보다 상식과 원칙을 따르는 사람이 성공 가능성이 훨씬 높다는 점에서 위로가 되기는 한다. 실제 통계적으로도 세상의 모든 지식을 스폰지처럼 흡수하는 20~30대보다 50대 이상이 더 높은 투자 스코어를 낸다는 사실이 이를 증명한다.

결론적으로 주식투자에 다 걸기를 하는 것은 여전히 피해야 되지만, 현금자산의 20~30% 내에서 투자하는 것은 현재의 금융시장 흐름에서는 필요하다. 단 어떻게 투자할 것인가에 대한 대비를 사전에 확고하게 정리한 후에 주식투자에 나설 것을 당부한다.

내 개인 경험으로 주식투자에 대한 나름의 투자원칙을 말한다면 다섯 가지로 정리할 수 있다.

남들이 욕심 낼 때를 두려워하고, 남들이 두려워할 때 욕심 내라

저신용의 모기지론이 야기한 정크채권이 원인이 되어 발생한 소위 서브프라임 모기지 사태가 발생한 이듬해인 2009년 1월 초 주부를 대상으로 재테크 강의를 했다. 그 강의에 참석한 사람들이 묻는 질문의 대부분은 '갖고 있는 주식을 계속 보유해야 하는가 아니면 큰 손실이 발생했음에도 손절매하는 것이 그나마 손실을 줄이는 것인가' 였다.

나는 그 강의에서 단호히 말했다. 보유하고 있는 종목이 소위 말하는 업종 대표주라면 팔지 말고 6개월만 기다리라고. 결과는 그 후 주가가 급등해 전 고점을 회복하는 것으로 끝나 행복하게 마무리가 됐다. 그때 내가 그처럼 확신했던 이유는 현재의 세계 자본시장이 투기펀드 탓에 실물경제의 펀더멘털과 관계없이 금융위기가 수시로 반복되는 특징이 있기 때문이다. 그 후 이것이 반면교사가 되어 어쩌면 서브프라임 모기지 사태보다 더 파장이 큰 유로존 국가들의 재정위기에도 불구하고 주가의 낙폭이 비교적 적었다. 그래서 금융위기로 시장이 동요하고 두려워할 때가 오히려 투자의 기회라고 말하는 것에 논리적으로 문제가 없다.

사실 금융위기로 전반적으로 모든 기업의 주가가 떨어지는 것은 어쩔 수 없다. 그러나 그 위기가 삼성전자 같은 최상위 업종대표 기업에게는 강력한 경쟁자를 도태시켜 시장점유율을 키우는 기회가 된다는 점을 생각해야 한다. 삼성전자가 두 번의 큰 금융위기 속에서 기업 가치와 주가를 한 단계 업그레이드한 것을 생각해 보면 된다.

주식투자에 전문가란 없다

사행성 오락사업의 시장 파이가 급성장하면서 당첨 확률을 컨설팅하는 사업의 수요도 급증했다. 그러나 로또처럼 경우의 수가 복잡한 복권을 제 아무리 첨단의 통계지식과 최신 컴퓨터로 무장해도 이겨낼 수는 없다. 그리고 주식투자는 생각하기에 따라서는 더 복잡

할 수가 있다. 주식투자는 시장 참여자 간의 심리적 요인이 많은 부분을 차지한다는 점에서 이성과 논리로 극복하기 어려운 간극이 엄연히 존재하기에 그렇다.

사람들이 미아리 점집을 찾는 이유가 무엇 때문이라고 생각하는가? 그들이 내 운명을 족집게처럼 맞추어서가 아니다. 우리의 인생사가 너무도 불안하고, 예측이 안 되기 때문에 그들을 통해 위로라도 받기를 원하기 때문이지 그들이 우리의 미래를 예언하는 예지력이 있다고 믿어서가 아니다.

요즘 주식투자자는 주식은 보지 않고 그림만 그린다고들 한다. 그도 그럴 것이 후행지표에 불과한 각종 차트 분석에 열을 올리고 있는 것이 최근 주식시장에서 흔히 보는 광경이다. 특히 전문가로 자처하는 이들일수록 더 차트 분석에 열성을 쏟는다. 왜 이럴까? 그들도 주가 예측에는 한계가 있다는 것을 스스로 잘 알고 있기 때문에 자신의 견해를 합리화하기 위해 각종 분석 도구를 이용하는 것이다. 그래야 주가가 떨어지면 변명이라도 하지 않겠는가.

점쟁이들도 나름 점괘를 뽑아내는 다양한 도구를 갖고 있다. 그것과 전문가들이 차트를 가지고 주식을 분석하는 것과 무엇이 다른가.

사실 주식투자는 역설적이게도 상식만 지키면 쉬운 것이다. 그 상식이 무너질 때 위험이 증폭하는 것이 주식투자다. 정크 종목이 어느 날 정치 테마주로 급부상해 주가가 급등하고 싸이 아버지가 대주주라는 이유만으로 주가가 제한 폭까지 오르는 것이 주식투자의 상식 차원에서 과연 옳은 일인가. 우리가 이런 종목에 손대는 것은 스스로 주식을 투자의 수단이 아닌 사행성 도박으로 전락시키는 것은 아닌가 하고 반성해야 한다.

싸이의 해외매출 급증으로 YG 주가가 급등한 것은 상식의 영역이다. 물론 그 한계치를 어떻게 계산해야 하는지는 각자가 판단할 몫이다. 그러나 안철수가 잠재적 대권 후보라는 이유로, 이제는 소프트웨어를 패키지로 해서 공기업 수주나 따러 다니는 그저 그런 IT 기업에 불과한 안랩의 주가가 단기간에 급등했던 일은 아직 우리의 주식투자가 매우 후진적이라는 것을 보여준다.

이러고서도 주식투자로 성공하기를 꿈꾸는 자가 있다면 "빨리 꿈 깨" 라고 말해주고 싶다.

B to C 기업의 포트폴리오 비중을 높여라

B to C는 'business to customer' 의 약어로 시장 내에서 개인을 대상으로 수익을 창출하는 기업을 말한다. B to C 기업의 대표적 업종이 식음료, 화장품이다. 최근 이 시장은 국내에서 대표기업 몇몇 회사가 시장을 독점적으로 지배한다. 소비자의 차원에서는 바람직한 일은 아니다.

그러나 투자자의 입장에서는 이들 기업만큼 안정적인 업종이 없다. 왜냐하면 이들이 독점적으로 지배하는 시장에서는 가격결정권을 시장이 아닌 기업이 독점하므로 이익구조가 영속화될 수 있다.

실제 최근 10년간 코스피의 등락과 무관하게 이들 종목군의 기업은 지속적으로 주가가 상승해 왔다. 그리고 일정 기간이 지나면 전前고점을 돌파해 신고가를 형성하는 것이 이들 종목의 특징이다. 또 이들 업종은 경기불황에 주가가 강한 특징이 있다. 최근의 경제 흐름과 맞다.

독점적 B to C 기업은 시장의 권력자다. 누구의 눈치도 안 보고 가격을 올릴 수 있고 가격인상은 기업실적의 개선으로 이어진다. 실적이 기업의 주가를 결정한다. 부정할 수 없다. B to C 기업들이 자사 상품의 가격인상이 이뤄질 때마다 주가가 오르는 일은 매우 일상적인 일이다.

CJ제일제당의 경우 밀가루 제품의 최고가격을 평균 8～9% 올리면 매출액은 연간 400억 원이 증가한다. 밀가루 시장에서 CJ제일제당과 함께 시장에서 독점적 경쟁관계를 형성하고 있는 동아원, 대한제분의 주가도 밀가루 가격인상으로 주가가 꾸준히 올랐다.

소주의 출고가격을 8.19% 올린 하이트 진로, 소주가격을 8.5% 인상한 무학소주 역시 소주가격을 올린 후 영업이익이 결산연도에 크게 증가했다. 이들 종목 이외에도 식음료 시장을 독점적으로 지배하는 오뚜기, 삼양식품, 농심, 빙그레, 보해양조, 대상 등의 회사들은 자사판매 상품의 가격인상이 영업이익과 주가상승으로 이어지는 대표적 종목들이다. 관심있게 이 종목들을 봐주기 바란다.

소위 기업을 대상으로 하는 B to B 기업들은 원청회사의 경영 현황에 따라 납품단가가 언제든 조종될 수 있어 재무 안정성이 불안정하다. 일례로 현대자동차의 납품기업은 현대자동차의 글로벌 시장에서의 경쟁력 제고를 위해 언제든 희생당하는 신세로 전락될 수 있다. 그래서 기업을 영업대상으로 하는 B to B 기업보다는 개인을 영업대상으로 하는 B to C 기업이 초보자가 접근하기에 용이한 종목이다.

식음료 등의 내수품목을 주로 판매하는 B to C 기업의 판매현황은 굳이 복잡한 기업회계정보를 보지 않아도 동네 수퍼마켓에서 어느 회사가 만든 제품이 잘 팔리는지 바로 알 수 있다. 좋은 종목이 별것인가. 소비자가 많이 선택하는 상품을 만들어 파는 회사가 바로 좋은 회사, 좋은 종목이다.

그러나 B to B 기업의 영업현황은 즉각적으로 알기 어렵다. 현대자동차가 잘나간다고 해서 현대자동차의 납품기업이 잘나간다는 얘기는 논리적이지 않다. 삼성전자 외주기업도 마찬가지다. 만약 삼성전자가 원가 문제로 중국 업체로 외주 기업을 바꾸는 경우, 삼성전자가 아무리 잘나가도 외주기업은 위기에 처할 수 있다. 그리고 원청회사가 파산하는 경우 B to B 기업은 도미노 부도의 희생자가 될 가능성이 얼마든지 존재한다.

시간을 지배하라

개인적으로 주식으로 성공하는 법 한 가지만 꼽으라면 "시간을 지배하라" 고 말해 주고 싶다. 현재의 주식투자는 과거보다 시장의 변수와 변동성은 커졌으나 종목 고르기는 매우 쉬워졌다. 이를 풀어서 말하면 되는 종목과 안 되는 종목의 경계가 매우 명확해 종목 고르는 일이 과거에 비해 쉬워졌다.

어느 업종이 됐든 간에, 업종 대표주의 시장 지배력이 강화되었기 때문이다. 이에 해당되는 종목, 소위 블루칩이라고 부르는 종목으로 포트폴리오를 구성하면 실패할 가능성이 현저히 낮아졌다. 예를 들면 내수종목의 경우 태평양화학, 오뚜기, 농심, 롯데칠성, 빙그레, 농심 같은 종목군이 이에 해당된다.

삼성전자, 현대중공업, 현대자동차는 이미 글로벌 시장에서 탑 위치에 있는 기업으로 불황이 오면 일시적으로 주가가 떨어져도, 이 시기를 거치면서 시장 지배력은 더 강화되고, 일정 시간이 지나면 고점을 새로 갱신하는 것이 일반적이다. 그러나 앞서 말했듯이 이들 기업도 정도의 차이는 있으나 금융위기 또는 불황이 오면 주가 하락을 피할 수 없다.

이 경우 자신의 현금유동성을 가지고 투자한 사람과 신용으로 단기차익을 노리고 투자한 사람은 그 결과가 극명하게 갈라진다. 일정 시간이 지나면 주가가 반드시 반등할 것을 알면서도 신용으로 투자한 경우 어쩔 수 없이 손절매를 할 수밖에 없다. 소위 대박을 노린 답시고 작전주로 분류되는 종목에 투자한 사람은 심한 경우 투자 원금을 다 까먹는, 소위 깡통을 찰 수도 있다.

투자와 투기의 경계를 어떻게 가름할 것인가에 대해 정의를 내리는 것이 쉽지는 않다. 그러나 단기간의 차익을 노리고 레버리지를 최대한 활용해 풀[full] 배팅하는 것은 투기가 분명하다.

주식투자의 적정 수익에 대해 각자의 기준이 다 다르겠으나, 개인적으로 연간으로 계산해 세후 수익률이 10% 이상 되면 적정한 선이라고 생각한다. 그래도 은행 정기예금의 3배다.

만약 이 정도의 수익률을 목표로 하는 사람이라면 정크 주에 손을 대고 과도하게 빚내서 투자할 이유가 없다. 앞서 말했듯이 업종 대표주를 자기 돈을 가지고 장기간 투자하는 사람은 시간을 자신이 지배하기 때문에 수익률의 정도가 문제가 되지, 얼마든지 시장금리의 몇 배 수익은 가능하다.

업계 동향을 놓치지 말아야 한다

애널리스트, 펀드매니저의 대부분은 기업의 단기 경영성과가 나쁘면 부정적 보고서가 난무하기 마련이고, 시장 참여자 모두가 이 종목에 대해 부정적으로 생각하고 소극적으로 대응하게 된다.

업종 대표주라도 해당 업계가 불황이면 실적 악화로 주가가 떨어지는 것이 당연하다. 그래서 매일 차트 분석에 목매는 헛수고는 그만두고 업계현황에 대해 매일 체크하라고 말하는 것이다.

주식투자를 하는 사람이라면 세계 경제 동향, 거시지표 변동에 민감해야 한다. 현재는 만인에 의해 정보가 생산되고 소비되는 웹 2.0의 시대다. 자신이 원하면 정보를 검색할 수 있는 자료가 널려 있고 텍스트도 많다. 그중에서 경제신문은 텍스트 중에서 가장 유용하게 써먹을 수가 있다. 그래서 당신이 주식에 투자하려 하다면 또 이미 주식에 투자하고 있다면 하루 1시간 정도는 시간을 할애해 경제신문 전체 면을 꼼꼼히 읽고 중요 내용을 기록하는 습관을 가져야 한다. 이 정도의 노력도 안 하기 때문에 주식시장의 점쟁이에 불과한 자칭 전문가를 자처하는 자들의 세치 혀에 현혹되어 시간과 아까운 돈을 날린다.

핵심사업에 집중하는 기업에 투자하라

오리온, 태평양화학의 주식은 우량주를 넘어서 귀족주로 대우받는다. 온라인 기업을 제외하고 한 주당 1백만 원이 넘는 종목은 삼성전자 빼고는 거의 없다. 그런데 신기술기업도 아니고 시장진입 장벽이 높은, 그리고 막대한 자본이 투입되지도 않는 업종에서 한 주의 가격이 1백만 원이 넘는다는 것은 거의 불가사의한 일이다. 어떻게 오리온과 태평양화학의 주식은 누구나 가질 수 없는 귀족주, 명품주가 되었을까. 결론은 핵심사업에 집중했다는 공통점이다.

대개 오너들은 한 분야에서 성공하면 계열회사 수를 늘리는 것에만 골몰한다. 이 방법이 리스크를 줄이고 수익을 강화하는 포트폴리오 전략이라고 그럴듯한 논리를 갖다 붙인다. 그러나 이 기업들은 반대로 했다. 갖고 있던 계열사도 처분했다. 그런데 주가는 10배 이상 올랐다.

오리온이 주요 계열사인 바이더웨이편의점, 메가박스영화관, 케이블 TV업체 온미디어, 외식업체 와이즈온을 팔아치우자 시장에서는 오리온이 자금경색으로 미래의 성장동력인 사업부분을 팔아치우는 것이라고 우려했다. 그 우려는 주가하락으로 나타났다. 2006년 말 30만 원 가까웠던 오리온의 주가는 2008년 말 12만 원까지 떨어졌다.

그럼에도 오리온은 시장의 반응에 동요치 않고 뚝심 있게 핵심 사업에 집중했다. 현재 오리온 주가2013년 2월 12일 종가는 994,000원으로 1주당 주가가 100만 원에 가깝다. 12만 원 하던 주가가 4년 만에 994,000원이 됐다. 1,200만 원이 9,940만 원이 된 것이다. 개당 2백 원도 안 하는 오리온의 주력제품 쵸코파이가 이 모든 변화의 중심이었다.

내 기억 속에서 태평양그룹은 재무역량이 형편없는 그룹이다. 1990년대 태평양그룹은 건설, 저축은행, 증권, 유통업 등 그룹역량은 형편없어도 재벌 흉내를 내는 회사에 지나지 않았다. 모기업 태평양은 물론이고 계열사의 대부분의 주가가 1만 원에도 못 미쳤다. 그룹의 재무역량을 강화하고 이익을 늘리겠다고 만든 계열사가 부실경영으로 모기업의 주가에 악영향을 미치는 형국이었다.

태평양그룹은 세대교체 이후 계열사를 정리하고 모기업 태평양 주력상품인 화장품에 집중함으로써 2000년대 초반까지 2～3만 원도 안 되던 주가는 1,012,000원2013년 2월 15일 종가이 되었다태평양화학은 1993년 (주)태평양으로 상호가 변경됐고, 2007년 1월 지주회사로 전환됐으며, 2011년 3월에는 현재의 아모레퍼시픽그룹으로 상호가 변경됐다.

매출액이 수십 조가 넘는 거대 장치산업의 기업들도 불가능한 한 주당 100만 원의 주가를 화장품을 만드는 기업이 달성한 것이다. 대단하지 않은가.

우리가 주식투자에 희망을 거는 것은 현재는 저평가돼 있지만 미래에는 성장주가 돼서 우리에게 부의 꿈을 안겨주는 종목을 만나기를 기대하기 때문이다. 아무리 주식투자가 심리게임이고 주가등락에 희열을 느끼는 맛에 투자한다고 해도 결과가 뻔한 정치테마주나 특정 세력이 작전으로 주가를 띄우는 것이 분명한 종목에 올라타는 것은 주식투자가 극단적으로 표현해 돈 놓고 돈 먹는 게임이라고 해도 정말 해서는 안 될 일이다.

우리가 주식투자에 실패하는 이유가 분명히 있는 것처럼 주식으로 성공하는 사람들에게도 성공하는 이유가 반드시 있다. 이것을 배우고 따라야 한다.

14

한 손에는 채권을, 또 한 손에는 소형 임대부동산을. 현재 이것밖에는 답이 없다

투자상품의 경계를 어떻게 구분하면 좋을까? 쉽게 구분짓는 방법이 소위 투자의 3요소인 안정성, 환금성, 수익성을 기준으로 하는 것이다.

안전성, 환금성은 같고 수익성은 이보다 높다면 굳이 금융상품과 다른 투자상품을 구분짓는 것은 실질금리 제로 시대에 투자하는 우리에게 의미가 없다. 등소평의 말대로 흰 고양이든 검은 고양이든 쥐를 잘 잡으면 좋은 고양이다.

최근 국내 저축률이 일본보다도 낮을 정도로 단기간에 저축률이 떨어졌다. 이 문제를 두고 실질소득이 감소함에 따라 발생되는 것이라는 시각이 많다. 과거에 비해 급격히 낮아진 금리가 저축률을 떨어트린 상당한 원인으로 작용했다.

금융 자유화 이전의 한국 금융시장은 만정적인 자금 과부족 상태였기 때문에 기업이 적정한 담보를 가지고도 대출받는 것조차 어려웠다. 그러니 꺾기가 불법인지 알지만 기업은 자금을 조달할 수

양건성 예금
양건성 예금은 속칭 꺾기라고 한다. 꺾기는 대출을 받을 때 대출금의 일부분을 저금리로 예금할 것을 은행이 강제하는 것을 말한다. 보험사가 대출을 미끼로 저축성 보험 가입을 강제하는 것도 꺾기에 해당된다.

있다면 금융회사의 온갖 불법적 요구에 응하지 않을 수 없었다.

그러나 반대로 예금자는 이를 이용해 은행과 금리를 흥정 할 수 있었다. 이른바 네고Nego 금리가 잘 통하던 시대였다. 예금자의 네고 금리 요구는 금융회사 입장에서 역꺾기를 당하는 것이나 마찬가지다. 특히 역꺾기는 소위 제2금융회사라고 부르는 종금사, 저축은행에서 더 잘 통했다.

그러나 금융 자유화가 거의 완전하게 실시되고 한국 자본시장이 자금 과부족 시장에서 자금 과공급 시장으로 전환되면서부터 예금자는 시장금리 이상의 수익률을 받기가 어려워졌다. 그래서 우리는 이 상태를 가르켜 실질금리 제로 시대라고 말하는 것이다.

기존의 금융상품과는 다르게 투자 원금이 보장되지 않는 투자상품, 펀드, 변액보험이 저금리의 대안으로 떠올랐던 것도 한국 금융시장이 금융 자유화로 자금 과공급의 시대로 전환되면서 시장 실세금리가 급격하게 하락하기 시작한 이후부터다.

저금리가 지속되면서 그동안 새로운 유형의 펀드상품이 시장에 잇따라 출시됐다. 보험회사조차 이 대열에 편승해 말도 안 되는 펀드형 보험이라는 변액보험으로 시장 파이를 엄청 키웠다.

그러나 이들 상품의 평균 수익률이 시장 수익률을 밑돌고 급기야 원금 손실이 현실화되면서, 펀드상품이 저금리의 대안이 안 된다는 것을 투자자가 인식하게 되었다. 근본적 문제는 지금 저금리의 투자대안이 마땅히 없다는 것이다. 적어도 우리가 일반적으로 소비하는 금융상품 중에서는 그렇다.

그래서 우리는 금융상품을 포함해 투자 전반에 걸쳐서 코페르니쿠스적 사고의 전환을 요구받고 있는 것이다. 사고의 전환으로 저금리의 덫에서 벗어나라.

금융상품이라는 단어가 중요한 것이 아니다. 금융상품의 정체성이 무엇인가를 따져보고, 그 정체성에 합당한 투자 가치를 갖는 투자상품이라면, 굳이 그것이 부동산이다 또는 주식이다 해서 구분지을 이유가 전혀 없다.

우리가 생각하는 은행 금융상품의 장점은 금리가 낮지만 안정성과 환금성이 좋다는 점이다. 그렇다면 안정성과 환금성은 금융상품과 거의 같고, 수익성은 월등히 높다면 그것이 부동산이라서 투자를 안 할 이유는 없다.

성찰 없이 그저 페이퍼만 많이 읽었다는 자신감으로 젊은 날에 나는 고위험 투자를 마다하지 않았다. 내 네트워크에 있는 동료 대부분이 나와 같았다. 사실 아는 것만으로는 최강이라고 자부했다. 그러나 나와 내 동료들의 투자 수익률은 생각보다 신통치 않았다. 그로 인해 인생의 위기가 찾아오기까지 했다. 그러나 나에게 가르침을 받으면서도 보수적 관점을 버리지 않았던 투자자들은 자신들의 투자원칙을 고수해 시장의 승리자로 남았다. 그 후 시간이 흘러 나이가 들면서, 시장을 보는 내 눈도 변했다. 시장도 그런 방향으로 흘러갔다. 현재 시장에 대한 나의 생각, 그에 따르는 투자 역시 안정성에 무게를 두는 전략이다. 이는 전략적 수정이기도 하지만, 실질적으로 더 나은 투자 스코어를 기록하는 정석 투자법이기도 하다.

당신도 혹시 젊은 날의 나처럼 당신이 아는 것이 세상의 모든 것이라고 생각하고 있는 것은 아닌지. 나는 지금 보수적 관점에서 상품의 우위를 따지고 있다. 현재 내 눈에 들어오는 안정성이 확보된 투자상품은 소형 수익성 부동산이다.

소형 수익성 부동산은 금융상품이다

투자상품의 경제성은 절대적으로 안정성에 문제가 없다면 수익률로 말해야 한다. 그렇게 말하는 것이 정직한 것이다. 이것이 진실임에도 우리는 그 진실에 다가가지 못하고 엉뚱하게 통장 수집 중독자가 된 것처럼 행동하고 있다. 경제성이 없는 통장 만들기에 열을 올리고, 그 행위에 만족하는 것은 잘못하는 것이다.

왜 이렇게 어리석은 일을 반복하고 있는가? 금융회사의 광고가 온 · 오프라인 구분 없이 시장 정보를 독점하는 상황이 계속되는 것에 이유가 있을 것이다.

금융회사는 자신들의 밥줄인 금융상품을 팔기 위해서 절대 객관성 있는 정보를 제공하지 않는다. 금융회사 직원뿐 아니라 자본에 종속되어 먹고 살아야 하는 우리는 모두 정도는 다르겠지만 먹고 사는 이유로 자신의 양심과 영혼을 판다.

일상에서 경제적 이익을 위해 주변 사람을 대상으로 무리하게 영업하다가 결과가 나빠져 인간관계가 망쳐지는 광경을 우리는 숱하게 봐왔다. 이를 무조건 비판하기도 어렵다. 모순과 이성이 교차

하는 인간이 살아가는 세상살이의 숙명이기 때문이다. 스스로 소비의 주체가 되어 이성적으로 판단하고 자신에게 유리한 소비를 해야 한다.

지금 금융회사와 금융회사의 영업 직원들이 그토록 팔고 싶어 하는 금융상품일수록 자신들에게 최대의 이익을 안겨주는 상품이다. 반대로 투자자는 잉여소득을 빼앗기는 것이다.

그들이 말하는 금융상품으로 노후를 준비했다가는 당신의 노후는 당신이 생각한 것 이상으로 가난해질 수 있다. 그리고 당신이 노후 준비의 수단을 금융상품으로 한계짓고 그 프레임에 스스로 갇힌다면, 당신의 재무 설계는 재앙이 될 것을 의심치 않는다.

현재 안정성, 환금성, 수익성을 기준으로 그 유력한 대안이 되고 있는 것이 바로 수익성 부동산이다. 우리의 편견 중 하나가 부동산, 그중에서도 수익성 부동산은 최소한 억 단위의 돈이 있어야 한다는 것이다. 또 지금처럼 대자본이 골목 상권까지 지배하는 상태에서 그것도 부동산 불황기에, 수익성 부동산에 투자하는 것은 경제성이 없다고 판단하는 것이다. 맞는 말이다.

그러나 수천만 원으로 투자할 수가 있고, 평균 수익률이 7～10% 이상이 보장되며, 환금성, 안전성을 갖춘 수익성 부동산 상품이라면 그것까지 경제성이 없다고 외면하지는 못 할 것이다.

아래의 내용을 주목해 보기 바란다. 아래의 내용은 수도권 지역에서 비교적 소액으로 투자 가능한 수익성 부동산 중에서 주거용 소형 오피스텔의 투자 수익성 분석 사례다.

사례 1) 서울 오류동 소재 ○○ 오피스텔 수익성 분석

매물 현황

— 공급면적 : 47m² 14평형

— 전용률 : 70% 전용면적 26.95

— 매매가 : 6,500만 원

— 임대조건 : 보증금 500만 원, 월세 45만 원

— 준공연도 : 2003년

— 층고 : 8층

— 용도 : 주거용, 사무용

— 내부구조 : 단층식

서울시 오류동에 소재한 ○○ 오피스텔은 1개 동 총 119세대가 분양됐으며 도시가스 개별 난방에 단층구조의 오피스텔이다. 지하철 1호선과 7호선이 도보로 5분 내에 있어서 직장인 수요가 많은 역세권에 위치하고 있다.

〈수익성 분석〉

○○ 오피스텔은 서울에 소재하고 있다. 그럼에도 비교적 소액으로 투자 가능하며 직장인 임대수요가 풍부한 역세권으로 공실일수가 적다는 장점을 가지고 있다. ○○ 오피스텔 14평형의 경우 임대 수익률이 연 8%에 이른다.

공급면적, 전용률

공급면적은 분양면적을 말한다. 분양면적은 전용면적과 주거 공용면적을 합한 것으로 공영면적이라고도 한다.

전용면적은 공동주택(아파트, 오피스텔)에서 소유자가 독점하여 사용하는 면적이다. 주거공용면적은 전용공영면적에 지상공영면적(계단, 엘리베이터, 복도)를 합한 면적이다.

전용률은 분양면적에서 복도, 계단, 관리사무소, 단지 내 경로당 등의 공용시설 면적을 제외한 면적의 비율이다. 만약 분양면적이 30평이고 전용면적이 15평이면 전용률은 50%가 된다. 따라서 아파트는 물론이고 오피스텔 투자의 경우에는 분양면적보다 소유주가 실제 거주하는 전용면적을 기준으로 매매가격의 타당성을 비교해야 한다.

사례 2) 경기도 시흥시 정왕동 소재 ○○○ 오피스텔

매물 현황

— 공급면적 : 42.98m² 13평형

— 전용률 : 62.7% 전용면적 28.26m²

— 매매가 : 4,300만 원

— 임대조건 : 보증금 500만 원, 월세 34만 원

— 준공연도 : 2003년

— 층고 : 6층

— 용도 : 주거 · 사무 공용

— 내부구조 : 단층식

시흥시 정왕동 소재 ○○○ 오피스텔은 100m 이내에 대형마트, 종합병원, 우체국, 은행의 생활편의 시설이 잘 갖춰져 있으며, 총 777가구이고, 주차 공간이 1가구 1대가 가능하다.

〈수익성 분석〉

임대조건에서 보듯이 ○○○ 오피스텔의 임대 수익률은 보증금을 빼고 계산하면 연 9% 수준이다. 정왕동은 시흥시의 상업 중심지이고, 주변이 공단 밀집지역이다. 따라서 임대 수요층도 풍부하다.

* 위의 자료는 2012년에 분석한 것으로 현재는 변동 가능성이 있음.

위에 소개된 시흥시 정왕동의 ○○○ 오피스텔은 투자금의 절반을 금리 6%로 대출받아 투자한다면 3천만 원의 소액으로 투자가 가능하다. 우리는 수익성 부동산에 거액으로만 투자한다는 고정관념이 있다. 그러나 위의 사례는 비교적 소액으로도 수익성 부동산 투자가 가능함을 보여주고 있다.

오피스텔 투자는 매매가가 낮을수록 투자 안전성과 환금성이 양호하며 수익성도 높다. 실제로 경기도 서남권을 대표하는 도시인 시흥의 정왕동, 안산의 고잔동 오피스텔 단지는 서울 · 경기도 내에서 가장 저가 매물이 많은 지역이면서, 오피스텔의 평균 임대 수익률이 가장 높은 곳이다.

주거형 소형 오피스텔의 경제성이 높아진 이유는 우리나라가

OECD 국가 중에서 가장 빠르게 독신 가구가 증가하는 데 원인이 있다. 그리고 재개발, 재건축으로 인한 멸실 주택의 증가로 발생한 전세난도 한몫 거들었다. 도심 재개발로 멸실 주택이 늘어나고, 주택수요가 줄어들면서 신혼부부의 주거공간으로 오피스텔의 수요가 늘어난 것도 오피스텔의 경제성을 상승시키는 데 일조했다.

금융상품의 투자대안으로 소형 오피스텔에 투자하라고 말하는 것이 아니다. 투자의 3요소를 충족시킨다면 그것이 무엇이 됐든지 간에 투자의 경계를 두지 마라는 뜻이다.

한때 수익성 부동산의 황제라고 불렸던 상가를 제외해도, 임대수익성 부동산은 가격별, 지역별, 주택 형태별로 그 투자대상이 무궁무진하다. 역세권이 아니더라도, 그 매물이 오피스텔이 아니더라도 우리가 알고 있는 상식과는 다르게 저가의 소형 아파트, 다세대주택 매물이 많다. 그것도 임대 회전률이 높은. 무엇을 상상하든 당신이 생각하고 있는 것 이상이다.

책 속의 책 5

독신 가구의 증가와 오피스텔 공급 간의 경제적 함수

전용면적 50㎡ 이하 규모의 소형주택으로 화장실을 제외하고 별도의 구획 없이 한 공간에 주방과 침실이 한곳에 있는 주택을 스튜디오 주택이라고 한다. 스튜디오studio는 영국에서는 침대로 전환되는 한두 개의 의자를 갖춘 호텔이나 방을 말한다.

이를 전용해서 우리나라에서는 독신자를 위한 소형주택을 가르켜 스튜디오 주택이라고 한다. 독신 가구를 위한 대표적인 소형주택으로는 다가구, 다세대, 오피스텔, 고시원, 다중주택 등이 있다. 이 중에서 비교적 소액으로 투자할 수 있는 주택이 세대별 등기가 가능한 다세대주택과 소형 오피스텔이다. 세대별 등기가 안 돼 건물을 통째로 매입해야 하는 다가구원룸주택은 보통 다가구주택을 대상으로 한다주택, 집단주거시설인 고시원은 최소 수억 원 이상의 투자금을 필요로 해 소액을 가진 투자자는 투자하기 어렵다.

최근에 독신자를 대상으로 하는 스튜디오 주택의 공급이 증가하는 이유는 수요가 있는 곳에 공급이 있다는 말처럼 전체 인구에서 차지하는 독신자 비율이 크게 증가하고 있기 때문이다. 비교적 최신자료인 통계청의 '2010년 인구주택 총조사' 결과에 따르면 2010년 현재 우리나라의 인구는 4,821만 9,000명으로 2005년도 인구주택총조사를 기초자료로 해서 예측했던 인구4,887만 5,000명보다 65만 6,000명이 줄어들었다.

반면 1인 가구 비율은 23.3%로 2005년과 비교해 3.3% 증가했다. 이는 전체 인구는 예측한 것보다 오히려 줄었지만 독신 가구 비율은 오히려 급증한 것을 알 수 있다. 다음의 그림에서 보듯이 2010년 이후 인구증가는 정체되고 있는 것과 비교해 독신 가구의 비중은 오히려 급증하는 것을 알 수 있다. 독신 가구가 증가하는 것은 경제적인 문제, 만혼과 비혼자의 증가, 가족공동체의 해체 등의 이유다.

독신 가구가 급증한다는 것은 우리 사회의 안전망이 위협받는 것으로 바람직한 일이 아니다. 부동산시장이 장기간 침체의 길을 걷고 있음에도 독신 가구를 대상으로 하는 소형 아파트, 소형 오피스텔, 저평수의 다세대주택의 가격은 오히려 상승한 것은 그림이 말해 주듯 독신 가구의 급증에 있다. 독신 가구를 위한 스튜디오 주택 중에서 유독 오피스텔의 공급이 증가하는 것은 오피스텔이 신축허가를 받기에 상대

조사 연도별 1인 가구의 비율

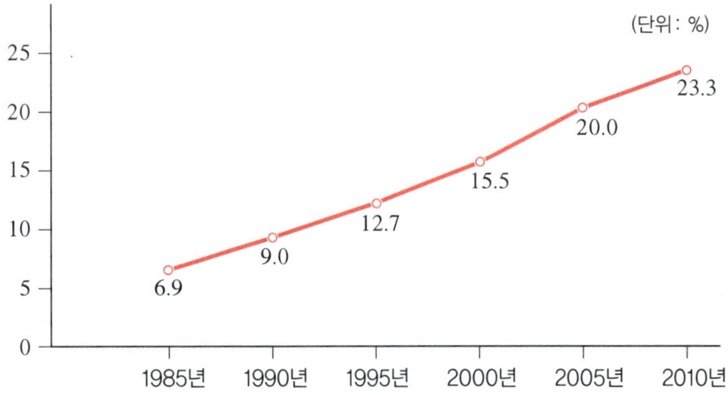

자료 : 통계청

적으로 쉽고 투자자 입장에서도 매월 일정 임대료를 받아 생활자금으로 활용할 수 있다는 점이 크기 때문이다. 오피스텔은 2003~2005년 3년 동안 20만 실이 공급됐다. 그럼에도 오피스텔 공급량은 2009년 8,102실, 2010년 7,619실, 2011년 13,356실, 2012년 13,065실 2012년 11월 31일 국토해양부 자료로 꾸준히 늘고 있다. 2013년에는 30,742실이 공급될 예정이다.

여기에 도시형 생활주택의 인 · 허가 물량 2009년 1,688실, 2010년 20,529실, 2011년 83,859실, 2012년 108,788실은 가히 폭발적으로 늘고 있다. 신축되는 오피스텔과 도시형 생활주택을 합하면 독신 가구 증가보다 이들 주택의 공급이 훨씬 많다. 어떤 재화가 됐든 시장에서 수요와 공급 간의 미스매칭이 발생하면 가격이 떨어지는 것이 일반적이다. 이 때문에 독신 가구를 위한 스튜디오 주택의 공급이 시장수요에 비해서 과한 것 아니냐는 우려의 목소리가 크다. 최근에 독신 가구를 위한 오피스텔, 도시형 생활주택의 공급량이 급증하는 이유는 독신 가구의 증가에도 이유가 있지만, 건설회사들이 건설경기의 침체로 인한 돌파구로 이쪽 사업부분에 집중하는 것과 초저금리로 인해서 생활자금 마련에 빨간 불이 켜진 퇴직자들의 이해가 맞아 떨어진 것에도 상당부분 이유가 있다. 어쨌든 단기간의 지나친 공급은 긍정보다는 부정적 요인이 더 많다. 따라서 투자자들은 예전보다 더 신중을 기해 투자해야 한다. 그러나 이조차도 1억 원 이하의 소액 투자자에게는 대출을 받지 않고서는 언감생심焉敢生心의 일이다. 왜냐하면 신축 오피스텔은 강남 역세권 등의 핵심권역이 아니더라도 매매가가 3.3㎡약 1평당 1,000만 원이 넘고 역세권에 주로 지어지는 도시형 생활주택의 매매가는 이보다 더 높다. 그러나 아쉬워하지 마라. 자, 우선 아래의 표를 봐주기 바란다.

◉ 수도권 오피스텔 수익률 상 · 하위 10개 지역

상위 10개 지역		하위 10개 지역	
지역	수익률(%)	지역	수익률(%)
김포시	8.2	용산구	4.7
금천구	7.9	송파구	5.1
오산시	7.7	강남구	5.2
시흥시	7.6	양천구	5.3
안산시	7.5	성남시	5.3
의왕시	7.3	광진구	5.4
구리시	7.0	영등포구	5.4
은평구	6.8	종로구	5.6
성북구	6.7	마포구	5.6
강북구	6.6	서초구	5.6

* 2012년 6월 기준 연환산 수익률
자료 : KB금융지주

위 표에서 보듯이 오피스텔은 핵심권역에서 멀어질수록 또 소형 오피스텔일수록시흥시 정왕동, 안산시 고잔동은 수도권에서 저가의 소형 오피스텔이 몰려 있는 대단지 지역이다 수익률이 높다는 것을 알 수 있다. 현재로 시흥시 정왕동, 안산시 고잔동, 수원시 인계동, 부천시 중동 신도시의 오피스텔 단지는 매매가의 50% 이내로 대출받아 투자한다고 가정했을 때 자기 돈 3,000만 원만 가지면 투자할 수 있는 매물이 매우 많다. 저가의 소형 오피스텔은 상대적으로 임대료가 낮아 소득이 적은 독신 가구의 수요가 많아 오피스텔의 경제성을 따지는 주요 기준 중 하나인 임대회전율이 높은 것도 투자의 장점이다. 이 내용이 맞는 것이라면 1억 원 투자로 1년에 300만 원도 못 받는 정기예금에서 발을 빼고 위에 소개된 지역 중에서 경제성 높은 매물을 찾아서 발에 땀나도록 직접 현장을 답사하라. 이것이 초저금리 시대에 그나마 당신의 생활자금 마련에 확실한 도움을 줄 것이다.

15

당신의 행복지수를 높이는 가치있는 재테크를 하라

당신이 재테크에 열중하는 이유가 무엇 때문인가. 단순히 돈을 많이 벌기 위함인가. 나는 우리가 재테크에 열중하는 이유가 행복하게 살기 위함이라고 생각한다. 행복하게 살기 위한 재테크에서 돈은 필요조건이지 필요충분 조건은 아니다. 이 때문에 우리는 행복해지기 위해서 보편적 복지에 관심을 가져야 한다. 보편적 복지 이상으로 우리의 행복지수를 높이는 것은 없기 때문이다.

신자유주의와 보편적 복지는 양 갈래의 길이 아니다. 보편적 복지는 계층 간 소득을 줄여 사회안전망 확보에 기여한다. 절대로 보편적 복지 때문에 경제 성장이 안 되는 것이 아니다. 우리나라는 현 추세로 가다보면 2045년도에는 일본을 넘어서서 세계에서 가장 고령 인구가 많은 초고령화 사회로 진입한다. 이대로 가다가는 미래에 세원의 주체가 돼야 하는 우리 아이들은, 우리 세대보다 더 많이 일하고도 더 가난하게 살게 된다.

현재 세계화에 유연하게 대응하면서도 거의 완벽한 수준의 보편적 사회복지가 실시되는 나라가 스웨덴, 핀란드, 덴마크, 프랑스, 독일 등의 유럽 국가들이다. 잘사는 나라만 있는 것은 아니다. 소위 1인당 국민소득이 우리나라의 3분의 1에 불과한 중남미의 코스타리카는 '요람에서 무덤까지' 라는 근대국가의 이상을 완벽하게 실천하고 있다.

이들 나라는 보편적 복지가 이념적인 것이 아니라 국가 통합을 위해 반드시 지켜져야 하는 가치라는 점을 공유하고 있다. 이렇기 때문에 프랑스, 독일에 우파 정권이 집권했음에도 이들 나라의 복지 정책은 조금도 후퇴하지 않았다.

핀란드는 국가의 재정이 가장 열악할 때 오히려 급격한 사회복지 정책을 국가의 중심 어젠다로 정하고, 복지예산을 크게 늘렸다. 제2차 세계대전 당시 독일의 편에서 참전한 핀란드는 전쟁 후 막대한 전쟁 보상금을 승전국에 지불해 정부 재정이 최악의 상태였다. 그 와중에도 핀란드의 지도자들은 국가 통합과 사회적 약자 보호를 위해 진보적 사회복지 정책을 밀고 나갔다. 그 결과 오늘날의 핀란드는 어떤 국가가 되었나. 세계에서 국민의 행복지수가 가장 높은 나라 중 하나가 되었다.

보편적 복지가 행복지수를 높인다

우리나라는 사회복지 최빈국이다. 보편적 사회복지에는 많은 국가재정이 투입된다. 걱정되지 않을 수 없다. 한 번도 가본 적이 없는 길은 누구에게나 두렵다. 그러나 시작도 하기 전에 복지 포퓰리즘 운운하면서 반동적 행태를 보이는 일은 역사에 죄짓는 일이라는 것을 반드시 인식해야 한다.

정부 재원의 주체인 국민에게 그 재원으로 국민을 가장 행복하게 하는 재원이 바로 보편적 복지다. 지금 우리 사회에서 신생아의 울음소리만 한 축복이 어디 있는가. 그런데 육아와 아이의 교육, 집 마련의 고통 때문에, 청년들이 결혼을 기피한다면 이것이야말로 우리나라의 경제 동력을 떨어트리는 일이다.

만약 이 땅에서 태어나는 아이들은 국가가 키운다는 생각으로 육아 복지를 보편적 복지로 전환한다면, 당연히 출산율은 늘게 되어 있다. 최근 5세 이하 영유아의 무상보육은 매우 잘한 정책이다. 앞으로는 그 대상을 더 확대해 복지 선진국 수준까지 끌어올려야 한다.

현재 높은 출산율을 자랑하는 프랑스 역시 20년 전만 해도 대표적 저출산 국가였다. 그러나 위기위식을 느낀 프랑스 정부가 육아 복지예산을 획기적으로 늘리면서부터, 이 문제는 해결됐다. 지금 프랑스의 출산율은 OECD 국가 중에서 최고 수준이다.

이렇게 따져보면 미래의 성장 동력이 되는 아이들의 출산 문제만큼 경제적 효용성이 있는 투자는 없다.

보편적 사회복지는 국가의 경제규모가 절대적 기준이 아니라는 점을 알아야 한다. 경제성장은 개인의 부를 늘릴 수 없으며, 부의 양극화만 확대시켜 사회 안전망을 위협한다. 따라서 개인이 아무리 재테크를 잘한다고 해도, 사회복지 후진국에서 개인의 행복은 한계가 있다. 우리 공동체의 빈곤층이 늘어가는데 어떻게 나만 행복할 수 있단 말인가.

우리는 살다보면 누구나 실패할 수 있다. 그때 당신을 위로하고, 마중물의 역할을 하는 것이 사회복지다. 지혜롭게 정부재정을 관리하고, 소득이 많은 곳에 정당하게 세금을 물리면, 보편적 복지에 들어가는 재원 문제는 해결될 수 있다.

개인이 아무리 재테크 역량이 뛰어나도, 이것이 개인의 행복을 보장하지는 않는다. 보편적 복지 정책을 전면적으로 실시하는 것 이상으로 개인의 행복지수를 높이는 수단은 없다.

앞에서도 말했지만 1인당 국민소득이 우리나라의 3분의 1에 불과한 코스타리카의 평균수명은 1인당 GDP가 4만 달러를 넘는 미국인 평균수명보다 높고, 국민의 행복지수는 세계 최고다.

핀란드 역시 국가가 가장 어려웠던 시기에 오히려 복지예산을 혁명적으로 늘리고, 여성 참정권을 보장하는 등의 진보적인 정책을 통해 국가 통합을 이루고, 경제성장의 토대를 만들었다는 점을 우리는 배워야 한다.

앞으로 대한민국이 행복한 국가가 되기 위해서는 GDP 성장론에 현혹되지 말고, 개인 일신만을 위한 탐욕을 자제하고, 경제 성장을 함에도 왜 국민의 삶은 더 열악해졌는지에 대해 묻고 따져보아야 한다. 이것이 금융상품에 투자해 개인이 가처분소득을 늘리는 일보다 우리의 행복지수를 100배, 1,000배 더 높이는 일이다.

현재 대한민국을 위협하는 육아, 노인, 청년실업의 문제는 우리 사회구성원이 공동체 의식을 갖고 풀어야 된다.

학벌로 줄 세우는 교육을 반대한다

나이가 한 살, 두 살 늘어가면서 친구들은 만나면 하는 얘기가 주로 애들 문제다. 내 고등학교 친구는 뜬금없이 아이에게 미안하다는 말을 한다.

왜 그러냐고 물으니 자기 아이가 외고 입시에서 3문제 차이로 떨어졌는데 이는 스펙에서 밀렸기 때문이란다. 자기가 아이를 해외 연수시켰다면 떨어지지 않았을 것이기 때문에 아이에게 미안하다는 것이 말의 요지다. 그 친구는 경제적으로 넉넉지 않은 처지에도 매월 200만 원 이상을 아이의 사교육비로 썼다. 내 처지와 비교하면 나는 아이에게 죄책감마저 든다. 사교육을 거의 시키지 않았기 때문이다.

우리는 아이들의 사교육에 대해서 피해의식을 갖고 있으면서도 그 구조를 해체하는 것에는 관심을 두지 않고, 내 아이만은 생활비를 줄여서라도 사교육을 시키려고 안달이다. 도무지 이해되지 않는 행위다.

경제적으로도 효용성이 없다. 아이들을 학벌로 줄 세워 성공할 확률은 1%가 안 된다. 우리 자신에게 고백해 보자. 우리 역시 그 1%와 무관한 사람들이고, 그 1%에 못 들어갔다고 해서 우리 인생이 행복하지 않았던 것은 아니다.

유대인은 세계에서 가장 배타적인 종교를 가졌지만 그들의 교육방법은 배울 점이 있다.

유대인은 아이가 13살이 되면 치르는 성인식을 결혼식보다 더 성대하게 치른다. 아이의 성인식에는 지역의 유대인 커뮤니티에서 들어오는 찬조금이 최소한 수만 달러가 넘는다. 유대인 부모는 이 돈으로 주식, 채권에 투자해 아이가 법적 성년 나이가 되면 아이에게 돌려준다.

아이에게 돈이 돌아갈 때쯤이면 보통 이 돈은 복리로 체증되어 10만 달러가 넘는 큰돈이 돼 있다. 아이가 뭔가를 시작할 수 있을 정도로 의미 있는 돈이다.

아이는 이 돈으로 스티븐 스틸버그처럼 자신의 재능을 살려 영화감독을 꿈꿀 수도 있고, 유대인이 지배하는 뉴욕의 보석상가에서 일찍 사업에 뛰어들기도 한다. 결국 성인식 때 지역 유대인으로부터 받은 찬조금은 아이가 자신의 미래를 선택할 수 있는 시드머니 역할을 한 것이다.

칼리 지브란은 그의 시 '예언자' 에서 부모는 아이를 통제하는 존재가 아니라, 아이의 미래를 위해 선택을 도와주는 존재라고 말하고 있다.

김윤석이라는 배우가 있다. 그는 〈황해〉, 〈타짜〉, 〈추적자〉 등의 영화에서 거친 배역을 리얼하게 소화해 지금은 명품 배우 소리를 듣지만, 엘리트 코스와는 거리가 먼 대학로 연극무대에서 연기를 배운 사람이다. 그가 만약 소위 범생으로 책상에서 공부만 하다가

연기를 했다면 그렇게까지 배역과 혼연일체가 되는 명품 연기를 하지 못했을 것이다. 그는 자신의 재능을 믿고 일찍이 연극무대에 뛰어들어 산전수전 다 겪으면서 명품 배우가 된 것이다.

우리 시대의 대중문화의 영웅들은 다 그런 과정을 거쳐 성공했다. 유재석, 김병만 같은 이들이 남들과 같은 기준으로 같은 곳을 보고, 자신의 재능과 무관한 일에 시간을 허비했다면, 지금처럼 성공하지는 못했을 것이다.

우리의 대부분은 30살이 다되도록 한 가지 기준으로만 세상을 재단한다. 바로 학력이다. 학력으로 성공한다고 해도 그 수혜자는 10%가 되지 않는다. 그렇다면 나머지 90%는 루저가 되는 것인가. 절대 그렇지 않다. 바로 그 90%가 국가의 생산적 활동을 책임지고 부자가 되는 세상이다.

자신을 믿고 상위 1%가 만들어 놓은 기준에 따르지 마라. 세상은 우리가 생각하는 것 이상으로 넓고 정말이지 할 수 있는 일이 많다.

이 점에 비추어 볼 때 지금 부모들은 아이들의 미래에 재만 뿌리는 존재들이다. 부모들의 탐욕으로 인해 부동산 가격이 치솟게 되면서, 우리 청년들은 집을 구하지 못해 결혼을 미루고 있고, 국내 기업들은 생산시설을 해외로 이전하고 있다. 이는 청년 실업의 원인이 되고 있다.

부모의 탐욕이 고통의 부메랑이 되어 미래의 성장 동력인 이 땅의 청년들에게 고통만 가중시키고 있다. 그들을 위해 우리가 할 일이 무엇인지를 심각하게 생각해야 한다. 우리가 생각을 바꿔, 불공정한 구조를 개선하는 일에 참여하고 행동한다면, 이 불공정한 사회 시스템은 충분히 개혁될 수 있다.

우리가 잘살기 위해, 그 수단으로 재테크에 열성을 쏟는 것 이상으로, 우리 공동체의 정의를 세우는 일이, 우리를 더 행복하게 한다는 것을 잊지 말기 바란다.

16

사회 초년생을 위한 재정관리, 이렇게만 하라

요즘 청년들이 소위 꼰대로 부르는 우리 세대들과 비교해 어학, 해외 연수 등에서 압도적으로 우월한 스펙을 갖고 있다는 것을 부인할 사람은 아무도 없다.

이른바 민주화 세대인 우리는 민주화 운동에 참여하지 않고, 공부만 하는 것을 역사에 죄짓는 것으로 알았다. 그러니 정작 중요한 시기에 공부를 하지 못한 채 사회에 나왔다. 그러나 역설적이게도 당시는 고도 성장기로 취업은 매우 쉬웠다. 그리고 아웃소싱이 경영의 수단으로 활발하게 이뤄지기 전이라 비정규직이라는 말조차 없던 시기다.

지금은 같은 현장에서 같은 숙련도를 가진 노동자가 동일한 노동을 하면서도 정규직이냐 비정규직이냐에 따라서 급여가 2배 이상 차이가 난다. 이러니 직장에 들어간다고 해도 청년들의 상당수가 노동을 통해 발생한 소득으로 저축을 할 수 없는 상태가 된다. 사회복지가 일천한 사회에서는 근로 소득으로 저축하지 못하는 사람에게 미래의 희망이 있을 수는 없다.

그래서 지금의 청년들에게 너는 왜 가난하냐고 그 책임을 그에게 묻는 것은 정의롭지 못하다. 현재의 가난은 어른들이 만들어 놓은 잘못된 경제 시스템에서 발생한 문제다. 그들에게는 아무 잘못이 없다. 그럼에도 개인의 미래는 포기할 수 없는 것이기에, 청년들의 재정 관리를 위해 몇 가지 얘기를 해보겠다.

얼마가 됐든 저축하는 습관을 가져라

초저금리 시대가 되면서 저축은 더 이상 경제적 효용을 상실했다. 이 때문에 적립식 펀드를 저축상품의 대안으로 알고 투자하는 사람이 증가했다. 그러나 적립식 펀드는 투자의 형식이 다를 뿐이지 주식편입 비중이 높은 주식 성장형 펀드다.

저축은 일정 기간이 지나서 의미 있는 종잣돈을 만드는 과정이지 투자상품이 아니다. 그러나 적립식 펀드는 그 자체가 고위험을 수반하고 있는 투자형 상품이다.

당신의 급여가 얼마가 되는지 나는 모른다. 그러나 당신이 처음부터 저축금액을 정하고 나머지 돈으로 생활비를 쓰겠다고 마음먹는다면 미혼의 사회초년생의 경우 급여의 절반 이상 저축이 가능하다고 생각한다.

급여가 적으면 덜 쓰면 된다. 사실 우리가 쓰는 생활비에서 주거비를 제외하면 통신비, 자동차 유지비가 가장 많이 들지 않는가.

통신기를 신기종으로 매번 바꿔야 직성이 풀리는 얼리 어답터가 아니라고 해서, 또 자동차가 없는 뚜벅이라고 해서 생활에 불편한 것이 뭐가 있는가. 다 생각하기 나름이다. 나는 대중교통을 이용한다. 자동차를 안 타고 다니면서 불편한 점보다 좋은 점이 훨씬 많다는 것을 알았기 때문이다.

요즘 젊은이들은 명품이라면 사죽을 못 쓴다. 왜 안 그러겠는가? 인간의 가치가 돈으로 평가되는 시대에 젊은이들만 그런가. 젊은 여성들은 명품을 사는 것이 일반 제품 사는 것보다 내구성이 뛰어나 10배 이상의 가치를 한다고 한다.

과연 그럴까? 봉제업자들의 말을 들어보면 봉제기술은 바느질 솜씨가 6개월만 지나면 다 똑같다고 한다. 문제는 원단인데 원단도 중국산 원단과 우리나라에서 만든 원단과 이제 거의 같은 수준이란다. 그렇다면 A급 짝퉁과 진품과의 차이가 없다는 결론에 이르게 된다. 실제 일반인은 명품과 A급 짝퉁을 구분하지도 못한다.

그럼에도 명품을 선호하는 이유는 명품을 가짐으로써 받게 되는 남의 평가 때문이다. 남에게 보여주기 위해서 내구성이 일반 제품과 별 다를 것이 없는, 그것도 A급 짝퉁과 구분도 못하면서 핸드백 하나를 갖기 위해서 자신의 월급 몇 달치에 해당되는 돈을 쓴다는 것이 나로서는 이해되지 않는다.

물론 이런 젊은이가 소수라는 사실은 잘 알고 있다. 결론적으로 나는 이렇게 말하고 싶다. 청년이여, 명품을 사기 전에 명품 인간이 되면 안 되는 것인가. 그리고 나보다 못한 사회적 약자를 돕는 데서 인생의 가치를 찾는 일은 또 어떻겠는가.

신용카드는 버리고 체크카드를 써라

옛날 속담에 공짜라면 양잿물도 마신다는 말이 있다. 신용카드로 물건을 사고 현금서비스를 받는 것이 공짜는 아니지만, 사람에게는 견물생심이라고 눈에 보이면 나중을 생각지 않고 쓰고 보는 것이 인지상정이다. 특히 소비욕구가 강한 사회 초년생에게 신용카드는 과소비를 부르는 주범임이 확실하다.

신용카드를 사용하는 일은 국가도 나서서 장려하고 있다. 그 폐해를 떠나 신용카드 사용은 우리 일상생활에 없어서는 안 되는 '머스트 해브' 가 되었다. 그래서 과소비를 막기 위해서 신용카드를 쓰지 마라는 말은 현대인의 소비패턴에 비춰서 매우 과격한 발언이다.

그렇다면 신용카드의 대체재는 없을까? 대체재가 있다면 그것의 사용을 권장하는 것이 합리적이다. 현재 신용카드의 대체재에 해당하는 것이 체크카드다.

체크카드는 신용카드처럼 선구매 후결제가 되는 시스템이나 현금서비스 기능은 없다. 또한 자기 예금 잔액의 범위 내에서만 이용할 수 있다. 이 때문에 체크카드는 과소비를 방지하는 유효한 수단으로 평가받는다.

최근에 체크카드 사용이 확산되면서 신용카드와 마찬가지로 물건 구매 및 서비스 이용에 따른 할인 서비스 기능이 있고 소득공제도

가능하다. 무엇보다 체크카드는 연회비도 없다.

그깟 얼마 안 되는 전도금융pre payment과 선구매 결제에 유혹되어 자칫 신용불량의 덫에 갇혀 사회생활 시작부터 재정관리에 엇박자가 나기보다는, 처음부터 신용카드는 버리고 체크카드 사용하는 습관을 들이면 여기서 얻어지는 기회비용은 돈으로 환산할 수 없는 가치가 있다.

사회생활을 먼저 한 선배로서 신용카드는 사회생활의 독이라고 말해 주고 싶다.

자신의 신용관리에 철저하라

인간관계에서 신용을 지켜 상대에게 믿음을 주는 일은 개인적으로 훌륭한 자산이다. 특히 신용이 중요한 것이 금융거래다. 현재는 거의 모든 금융회사의 개인 신용조회가 통합 관리되고 있어 불과 몇십만 원의 연체도 신용에 치명적이다.

신용불량이 많은 돈을 못 갚아 발생하는 것도 있지만, 십만 원 이상의 돈을 30일만 연체해도 개인의 신용에는 적신호가 걸린다. 이렇게 되면 신용대출 한도가 줄고, 가산금리가 더해져서 대출금리도 높아진다.

최근 우리 사회가 계층 간의 심각한 부의 양극화가 문제화되고 있지만, 대출시장의 양극화도 무시 못 한다. 신용관리를 잘하고 연체 사실이 없는 사람은 저금리로 신용대출을 받는 데 있어 전혀 문제가 없다. 그러나 그 반대의 경우에 해당되는 사람은 겨우 수백만 원을 대출받기 위해 연 30%가 넘는 금리를 부담해야 한다.

사금융에서나 일어나는 일이 아니다. 소위 제도 금융권이라고 하는 저축은행의 소액 신용대출 금리가 그렇다. 지금 정기예금의 세후 수익률이 3%다. 그런데 대출금리가 30%라는 것은 1억 원을 예금했을 때 받는 세후이자 300만 원보다 불과 1천만 원을 대출받기 위해 내야 하는 이자가 더 많다는 얘기가 된다. 이 얼마나 불공정한 일인가.

앞으로 당신은 대출받을 일이 많다. 그때마다 부모님에게 손을 벌리겠는가. 신혼집을 전세로 구하는 데도 족히 1억 원은 든다고 한다. 사회생활 5년간 월급을 거의 저축해도 모으기 어려운 돈이다.

대출받을 일이 신혼집 구하는 일뿐이겠는가. 그 이외에도 살다 보면 수시로 대출받을 일이 많다. 그때마다 남에게 손 벌리고, 소액을 대출받을 때마다 고금리를 지불할 것인가. 신용관리가 모든 문제를 해결할 수 있다는 것은 물론 아니다. 그러나 개인의 재정 관리에 있어 신용관리의 중요성은 매우 중요하다는 것을 꼭 기억해 두기 바란다.

17

정기예금을 버려야 하는 이유에 대해서

저축은행은 사회의 공공재 역할을 하는 공기업이 아니다. 대주주의 사익을 위해 존재하는 사기업이다. 그런데도 국민의 세금으로 운용되는 예금보험공사의 예금관리기금으로 저축은행이 판매한 예금을 보호하기 위해서 공적자금을 투입하여 영업을 정상화시키는것이 과연 옳은 일인지 따져봐야 한다. 저축은행은 우리 사회에 아무런 공익적 행위를 하지 않는다. 현재의 저축은행은 신용등급이 낮은 사람들을 대상으로 한 고금리 신용대출로 자신들의 호구지책을 해결하는 회사에 불과하다.

저축은행은 1970년대 초반 정부의 사채 양성화 조치로 인해서 처음 제도화됐다. 처음에는 무진회사로 불렸고 1990년대 들어와 상호신용금고로 타이틀을 바꿔 달았다. 상호저축은행으로 간판을 바꿔 단 지는 불과 몇 년이 안 된다.

저축은행은 회사 타이틀에 '은행' 자가 붙어 있어 은행과 같은 회사로 보는 경향이 있다. 계정과목으로만 보면 그 말은 틀리지 않

예금보험공사, 예금보호기금

예금보험공사는 준정부기관으로 예금보호를 목적으로 1996년 6월 1일 설립됐다.

예금보험공사는 1995년 예금자보호법이 제정됨에 따라서 1996년 6월 1일 설립되어 1997년 1월 1일부터 예금보호 업무를 시작했고 1998년 4월 1일 각 금융권의 예금보호기금을 통합해 통합 예금보험공사가 되었다.

예금보험공사는 예금업무를 취급하는 금융회사로부터 일정 금액의 보험료를 받아 예금보호기금을 조성한 후 금융회사가 부실화 되었을 때 이 돈으로 예금자의 손실을 보호한다.

는다.

저축은행은 은행의 부분집합이라고 할 정도로 은행의 고유계정 상품의 일부만을 취급한다. 저축은행과 은행 간의 차이는 업무영역보다는 그 규모에서 엄청난 차이가 있다. 현재 영업 중인 모든 저축은행의 총 자산을 합해 봐야 금융지주회사의 5분의 1도 안 된다.

저축은행이 없어져도 저축은행을 대체할 수 있는 금융회사는 얼마든지 있다. 저축은행이 없어진다 해도 금융시장에 미치는 영향력은 거의 없다. 그럼에도 이런 금융회사가 21세기에도 사라지지 않고, 사회적 파장을 일으키는 것은 여전히 우리 금융시장이 후진성에서 벗어나고 있지 못하고 있다는 방증이다.

나는 저축은행 출신이다. 저축은행 법인영업부에서 사회생활을 시작했다. 그런 내가 저축은행의 폐해를 말하는 것은 역설적으로 저축은행에 대해서 누구보다 잘 알기 때문이다. 최근에 불거지고 있는 저축은행 대주주들의 부정은 세상에 드러나지 않았을 뿐이지, 오래 전부터 쌓여온 것이 일시에 터진 것이다.

우리가 저축은행과 거래하는 것이 썩 유쾌한 일이 아님에도 저축은행에 가서 계좌를 만드는 이유는 동일 상품이라도 저축은행이 은행보다 금리가 높고, 어쨌든 원리금 5,000만 원까지는 예금보험공사에서 예금자보호를 해주기 때문이다. 저축은행 여러 곳과 거래하면 원리금 보장을 수억 원 이상 보장받는 것도 가능하다. 이러니 저축은행이 비리의 온상처럼 비춰져도 예금이 끊이지 않는다.

예전 고금리 시대에는 산업은행이 발행하는 산금채산업금융채권를 가리켜 부자들의 사금고라고 했다. 산업은행은 정부 투자은행으로, 발행하는 산금채는 안정성이 보장되고, 금리도 높았다. 그러나 시중 금리가 크게 떨어지면서 산업은행의 산금채 대신에 저축은행의 복리 정기예금을 부자들의 사금고라고 부르고 있다. 그만큼 저축은행의 예금금리가 경쟁력이 있다는 것을 말해 준다.

지금은 금리 0.1%에도 거래 금융회사를 바꾸는 시대다. 현금 유동성이 많은 사람에게는 최소 은행 정기예금보다 1% 이상 금리를 더 주는 저축은행에 가서 예금하는 것이 경제적 효과가 크다.

저축은행은 지점이 많지 않다. 그리고 부촌이라고 하는 서울 강남, 분당 신도시에 가장 많이 몰려 있다. 이 구도로 볼 때 저축은행은 부자를 위한 금융회사로 규정지을 수 있다. 그러니까 '저축은행은 부자로부터 예금을 받아 서민에게 고리로 대출해 먹고 사는 회사다' 라고 정의 내릴 수 있다.

최근에 개인 대주주가 운영하던 16곳의 저축은행이 영업정지를 받으면서, 영업 정지된 저축은행을 대거 금융지주 회사가 인수하게 됐다. 따라서 금융지주회사의 계열사들이 인수한 저축은행들은 재무 안정성이 크게 향상됐다.

금융지주회사들에게 피인수된 저축은행들은 채무자로부터 받지 못한 부실채권을 모두 털어내고 순수 예금 등 우량자산만 인수했다. 그리고 대주주가 개인에서 신뢰도 높은 금융지주회사의 계열사로 바뀌었다는 점도 시장의 신뢰를 높이고 있다.

저축은행은 여전히 저금리 시대에서 그나마 상대적으로 높은

산금채
산금채는 산업금융채권을 줄여서 부르는 말이다. 산금채는 정부투자기관인 산업은행이 한국산업은행법에 의거 국가 주요산업의 재원마련을 조달하기 위해 발행하는 채권으로 특수채권의 일종이다. 산금채는 증권사가 일부를 인수하고 일부는 산업은행이 일반인에게 직접판매하기 때문에 일반인도 직접 창구에서 매입이 가능하고 통장으로 관리받을 수 있어 거래가 편리하다.

예금상품을 파는 금융회사로 각인되어 있다. 그러나 금융지주 계열사들이 저축은행을 인수하게 되면서 시장의 신뢰는 높아졌으나, 예금금리는 평균적으로 낮아졌다.

예금상품 말고도 저축은행이 갖고 있는 장점과 단점에 대해 전반적으로 알아볼 충분한 이유가 있다. 단조롭기 짝이 없는 취급업무로 지금까지 살아남은 것에는 나름의 경쟁력이 있다고 볼 수 있기 때문이다.

저축은행은 예금뿐 아니라 중소 상공인의 자금조달 업무에 있어 은행을 앞서는 업무 매뉴얼이 있다. 이를 알아두면 금융에 대해 공부하고자 하는 학생과 사업자에게는 큰 도움이 될 수 있다.

저축은행은 은행의 부분집합이다

앞서 말했듯이 저축은행은 은행 취급 상품의 일부분만을 판매한다. 취급할 수 있는 업무도 매우 단순하다. 모든 금융 업무를 다 취급하는 은행과 비교해서 은행의 부분집합이라고 할 수 있다.

저축은행 상품은 모두 확정금리 상품들로 구성되어 있다. 그리고 저축은행의 재무 안정성과 관계없이, 저축은행이 파산해도 원리금 5,000만 원까지는 정부기관인 예금보호공사의 예금자보호를 받을 수 있다. 이 때문에 저축은행에 예금이 몰렸었다. 그러나 최근 개인 대주주 계열의 저축은행이 연이어 파산하고, 그 자리를 금융지주 계열사가 차지하면서 전반적으로 저축은행의 예금금리가 낮아지는

한눈에 읽는 저축은행과 은행의 취급 상품 정리

은행 취급 상품

방카슈랑스, 펀드 위탁판매, 수익증권, 신탁상품, 금융채권, CD, 연금 신탁

저축은행 주요 취급 상품

정기예금, 신용부금(은행의 정기적금 상품과 동일), 표지어음, 후순위 채권, 보통예금, 가계우대정기적금, 자유적립식 예금

* 위 그림에서 알 수 있듯이 저축은행의 취급 상품 모두는 은행에서도 판매하고 있음으로 저축은행을 은행의 부분집합이라고 하는 것이다.

추세다.

지금까지 확정금리를 주는 금융상품의 경우 저축은행의 상품이 경쟁력이 있었다. 그러나 현재는 6개월 미만의 단기상품은 종금사의 발행어음이, 적금상품은 증권사의 적립식 RP가 더 경쟁력이 있다. 따라서 이제 확정금리 상품의 경우에도 종금사, 증권사의 금융상품으로 쇼핑해야 하는 시대가 왔다.

금융지주 계열 저축은행과 개인 대주주 계열 저축은행의 비교

영업 정지된 저축은행을 금융지주 계열사들이 인수하게 되면서 저축은행 업계는 이제 개인이 대주주 계열 저축은행과 금융지주 계열 저축은행으로 구도가 만들어졌다. 이들 저축은행 중에서 어느 저축은행이 고객에게 유리한 서비스를 제공하는지를 살펴보자.

현재 저축은행 업계는 금융지주 계열과 개인 대주주 계열로 이분화되어 있다. 금융지주 계열 저축은행은 개인 대주주 계열과 비교해 대외 공신력에서 앞서 있다. 그러나 저축은행의 장점인 금리는 낮아졌다. 이는 저축은행이 고객에게 유리한가의 문제는 재무 안정성, 예금금리, 대출금리와 개인의 선호도에 따라 개인이 선택해야 하는 문제다.

예금금리에 있어서는 여전히 개인 대주주 계열이 금융지주 계열보다 비교우위에 있다. 저축은행중앙회의 자료에 따르면 개인 대주주 계열 저축은행의 정기예금 금리1년 만기, 2012년 6월 복리 기준의 평균금리가 4.58%다. 반면 금융지주 계열 저축은행의 금리는 4.1~4.2%다. 현재는 더 낮아졌다. 이 자료를 보면 금융지주 계열 저축은행의 예금금리가 낮은 것을 알 수 있다.

저축은행의 재무 건정성을 측정하는 지표가 BIS국제결제은행 자기자본 비율이다. 따라서 저축은행과 거래 시에는 해당 저축은행의 보통 BIS 비율이라고 부르는 BIS 자기자본 비율을 체크하고 투자해야 한다.

분식회계
분식회계는 기업이 기업의 자산을 부풀려 실제 자산의 평가, 매출과 이익을 과대하게 계산해 재무제표상의 수치를 고의로 왜곡시켜 기록해 잘못된 회계보고서만 믿고 투자한 사람에게 손실을 입히는 결과를 초래하는 불법 행위이다.

BIS 비율은 저축은행이 보유한 위험자산에 대한 자기자본 비율을 알려주는 지표로 대개 BIS 비율이 5% 이상일 경우 재무상태가 건전하며, 10% 이상이면 재무 상태가 매우 양호한 것으로 판단한다. 그러나 최근 저축은행 사태에서 보듯이 분식회계로 BIS 비율을 속이는 회사가 많아 이 BIS 비율을 100%로 신뢰하기는 어렵다.

저축은행이 영업 정지되면 아무래도 예금지급이 늦어지는 불편을 감수해야 한다. 그러나 이자와 원금 합계액 5,000만 원까지는 예금자보호가 되기 때문에 한곳의 저축은행에 4,500만 원이자를 감안해서 원금은 4,500만 원으로 제한해 가입해야 한다 이상 예금을 하지 않는다면, 거래 저축은행이 파산해도 원리금을 받는 것에는 지장이 없다. 예금자보호제도가 폐지되지 않는 한.

◉ 주요 금융지주 계열 저축은행 현황

금융지주회사	저축은행명(전신 저축은행)	영업지역
우리금융지주	우리금융 저축은행(삼화)	서울
신한금융지주	신한저축은행(토마토)	경기
KB금융지주	KB저축은행(제일)	서울, 부산
하나금융지주	하나저축은행(제일 2, 에이스)	서울
BS금융지주	BS저축은행(프라임, 파랑새)	서울, 인천

* 위에 언급된 금융지주 계열 저축은행은 모두 정상적인 영업을 하고 있다.

금융지주 계열과 개인 대주주 계열 저축은행의 장·단점

금융지주 계열의 장·단점

a. 금융지주 계열은 재무 안정성이 비교적 높아 영업정지가 될 가능성이 적다.

b. 대출금리가 상대적으로 낮고 다른 계열 금융회사의 정보를 공유할 수 있다.

c. 비교적 예금금리가 낮고 대출 시 심사과정이 까다롭다.

개인 대주주 계열의 장 · 단점

a. 예금금리가 평균적으로 높다.

b. 대출금리가 평균적으로 높은 반면 대출이 쉽다.

c. 전통적인 저축은행의 경쟁상품인 유가증권 담보 내 대출 상품운용에 있어 금융지주 계열이 따라오지 못하는 업무 노하우가 있어 법인 영업에 장점이 있다.

저축은행 주요 상품의 설명

정기예금

은행의 정기예금과 동일하며 상호금융회사의 정기예탁금도 이름이 다를 뿐, 동일 상품이다. 최근에는 종금사 판매 발행어음에 1년 이상 투자하면 정기예금 단리식처럼 매월 이자를 지급받을 수 있다는 점에서 정기예금과 동일한 상품으로 볼 수 있다.

신용부금, 자유적립식 예금

신용부금은 은행의 정기적금 상품과 동일하다. 확정금리 지급 상품으로 금리 고점에 투자하면 유리하다. 적금상품은 금리 계산이 단리로 계산되기 때문에 기간이 장기일수록 불리하다. 이를 보완한 상품이 자유적립식 상품이다.

자유적립식 상품에 적금 들듯이, 소액의 돈으로 매월 일정 금액으로 투자함으로써 예금의 복리효과는 물론이고, 소액으로 목돈 만드는 적금상품의 장점을 동시에 누릴 수 있다.

자유적립식 예금의 최고 장점은 이자가 복리로 계산되어 기간이 장기일수록 이자가 체증한다는 점이다.

저축은행의 신용부금과 비슷한 상품이 증권사에서도 판매된다. 한 가지 다른 점은 신용부금이 예금자보호가 되는 상품인 것과 다르게 예금자보호와 무관하다. 증권사의 적금형 상품이 적립식 RP다.

표지어음

표지어음은 은행, 종금사에서도 판매한다. 표지어음은 은행이 기업으로부터 할인한 어음잔고를 기초자산으로 해서 금융회사가 이를 표지화시켜 판매하는 상품으로 통장으로 관리받을 수 있다. 표지어음은 예금자보호 대상인 상품이다.

어음담보 대출

저축은행의 예금, 적금 상품은 위에 언급된 상품 이외에는 특별한 것이 없다. 그러나 저축은행의 대출상품은 은행거래로는 하기 어려운 경쟁력 있는 상품이 있다. 그것이 바로 어음담보 내 대출이다.

최근 들어서 주식, 채권 등의 유가증권 담보 대출을 취급하는 회사가 많아져 그 특별함이 사라졌지만, 몇 년 전만 해도 저축은행이 판매를 주도했다.

유가증권 담보 내 대출 상품은 기업이 발행하는 어음상거래의 수반 없이 기업이 자금을 조달하기 위해 발행하는 어음을 융통어음이라고 하며 CP도 엄밀하게 말한다면 융통어음이다. 융통어음과 반대로 기업이 상거래를 통해 결제용으로 받은 어음을 진성어음 또는 물대어음이라고 한다을 가지고 다양한 대출상품을 운용한다.

저축은행의 예금 담보 내 융통어음 할인 등의 금융 지식을 알고 있으면, 중소 사업자들의 자금업무에 매우 유용한 정보가 될 것이다.

a. 예금 담보 내 융통어음 할인

저축은행에서 많이 이뤄지는 대출이 예금 담보 내 대출이다. 그러니까 자신의 예금을 담보로 해서 융통어음을 할인해서 자금을 쓸 수 있다. 이렇게 하면 대출기간을 자유롭게 변경할 수도 있고 대출금의 중도 상환을 하는 데도 편리하다.

예금 담보 내 융통어음의 할인 금리는 보통 예금금리에 1% 추가 금리를 내면 된다.

융통어음
융통어음(accommodation bill)은 상거래를 수반하지 않고 순수하게 자금을 조달할 목적으로 기업이 발행하는 어음이다. 이런 측면에서 단기 금융상품 중에서 CP(자유금리 기업어음)도 순수하게 회사신용으로 자금을 조달하여 발행된다는 면에서 융통어음이라고 할 수 있다. 이에 반해서 기업이 상거래의 결제용으로 발해하는 어음을 진성어음(또는 물품 판매대금어음. 이를 줄여서 보통 물대어음이라고 함)이라고 한다.

b. 예금 담보 내 진성어음 할인

중소 사업자는 항상 어음할인에 애를 먹는다. 상거래의 결제 대금을 어음으로 받으면 어음 만기일이 돼야 자금을 받는 것과 마찬가지다. 따라서 운전자금을 조달하기 위해서는 어음의 만기일 이전에 할인해서 자금을 조달해야 하는데 이 과정이 쉽지가 않다.

예를 들어 받은 어음의 기업 신용도가 떨어지거나 재할인 적격 어음이 아닐 경우, 보통 제2금융권에서 어음할인 팩토링으로 할인해 자금을 조달해야 한다. 이 과정에서 신용이 떨어지는 기업이 발행한 어음을 신용으로 할인하는 것이 쉽지 않다. 이럴 경우 법인의 대주주 예금을 담보로 하거나, 제3자 자금조성 예금을 보증절차를 거쳐 할인하는 경우에 어음 한도를 늘릴 수 있으며, 할인 금리를 낮출 수 있다.

유통업이나 광고업, 건설 전문업체는 어음을 받아도 은행에서 재할인하기 어렵고, 신용도가 떨어지는 어음을 가지고서는 어음할인 팩토링으로도 어음할인을 하기 어렵다.

이때 개인 사업자는 물론이고, 법인은 대표나 회사 대주주의 여유자금 등의 제3자 예금 담보가 있으면 예금 이자를 받고 예금 잔고 + α에 준해 어음할인 한도를 늘여 금융 비용을 절감하는 효과를 얻을 수 있다.

은행, 보험사 상품의 SWOT 분석

Tips

S(strenth)

원금보장에 대한 확실성

W(weakness)

물가 대비 실질금리의 하락으로 실질 수익률이 낮아지는 추세

O(opportunity)

정기예금의 금리가 계속 낮아지고 있다. 이를 오히려 기회로 삼고 수익성과 안정성이 검증된 소형 수익성 부동산, 고수익 채권으로 목돈을 굴리는 것이 경제성이 있다.

T(threat)

실물경기의 하락에도 불구하고 상대적으로 풍부한 시중 유동성 흐름과 정부의 복지예산 확충으로 국공채 발행 물량 증가 등의 요인으로 금리가 전반적으로 하락하고 있다. 따라서 다른 투자대안을 찾아야 한다.

좌측 그림은 SWOT 분석으로 은행, 보험사 저축상품의 장점과 단점을 알아본 것이다. 결과적으로 은행, 보험사 저축성 상품은 경제성이 없다. 당신이 앞으로 어떻게 투자하든 그것은 전적으로 당신의 몫이다. 다만 이 SWOT 분석 자료를 토대로 무엇이 옳고 그른 것인지는 판단한 후에 결정하기를 바란다.

책 속의 책 6

상호금융회사가 저축은행보다 좋다

한때 금융시장에서는 대마불사라는 말이 회자되었다. 이 말은 규모에서 우위를 갖는 금융회사가 위기에 강하고, 대마불사가 뜻하는 말대로 절대 파산하지 않는다는 말이다.

그러나 이 말이 이제 전혀 설득력이 없는 것이 서브프라임 금융위기 당시 가장 피해가 컸던 금융회사가 메가 뱅크로 불리던 세계 50대 은행들이었다. 반

면 금융회사 간 M&A를 강력 규제했던 캐나다의 은행들은 미국 은행에 비해 규모는 작지만 금융위기로부터 안전했다.

덩치가 큰 금융회사일수록 자산운용의 포트폴리오에서 파생상품이 덕지덕지 붙은 위험자산 비중이 더 높기 때문에 금융위기에 취약하다는 사실이 입증된 것이다. 이 말을 왜 하는가 하면 상호금융회사 또는 마을금고라고도 부르는 새마을금고, 신용협동조합[신협], 단위농협[수협] 등의 금융회사들이 규모는 작으나 결코 안정성에 있어서 은행, 저축은행에 비해 낮다고 할 수가 없기 때문이다.

특히 도미노식으로 파산하고 있는 저축은행과 비교하면 안정성이 우위에 있다. 그동안 저축은행의 장점이 은행에 비해 금리가 높다는 것이었다. 그러나 이것도 옛날 얘기다. 파산한 저축은행을 금융지주 회사가 대거 인수하면서, 저축은행의 수신금리가 평균적으로 낮아져 은행과 별 차이가 나지 않는다.

반면 상호금융회사는 예·적금 합계액의 3천만 원에 대해 실질적 비과세 혜택이 주어져 표면금리가 같다고 했을 때 은행 예금보다 16.5%의 금리 상승 효과가 있어 금리 경쟁력이 있다.

상호금융회사는 각 지점이 별도의 독립 법인으로 경영성과가 다 다르기 때문에 일괄적으로 안정성을 평가할 수는 없다. 따라서 상대적으로 재무 안정성이 높은 마을금고와 거래해야 한다.

사업을 하는 사람은 마을금고 거래 입출금통장을 꼭 가질 것을 권유한다. 왜냐하면 사업을 하다 보면 채권관계로 인해 거래통장이 압류되는 일이 다반사다. 마을금고 통장을 이용하면 이를 회피할 수 있다.

그 이유는 은행의 경우 본점을 통하면 모든 지점의 거래현황이 파악돼, 일시에 모든 지점의 거래통장 압류가 가능하다. 그러나 마을금고는 모든 지점이 독립 법인으로 돼 있어서 채권자가 일일이 찾아서 압류조치를 해야 하는데 수천 개나 되는 마을금고 지점의 거래현황을 일일이 찾아가서 압류하는 일이 현실적으로 가능하지 않다. 그래서 사업하는 사람은 주거래은행의 통장 압류에 대비해서라도 마을금고 통장을 갖고 있어야 한다.

DTI, LTV
DTI(debt to income)는 총 부채상환비율을 말한다. DTI는 채무자의 연간 소득을 기준으로 채무자가 상환 가능한 대출한도를 정하는 기준이다.
DTI는 주택담보대출의 연간 원리금 상환금액과 기타 부채에 대한 연간 상환이자를 합하여 소득으로 나눈 비율이다. DTI 수치가 낮을수록 상환능력이 높다.
DTI를 적용한 은행의 주택담보대출 비율은 강남구의 경우 50%, 인천, 경기는 60%를 적용한다.
LTV(loan to valve ratio)는 주택담보대출 비율을 말한다. 즉, 은행이 주택담보의 담보 가치 대비 최대 대출가능액 한도를 정하는 비율이다. 주택담보대출 비율이 60%일 경우 매매가격이 3억 원인 아파트의 대출 가능액은 1억 8천만 원이 된다. 여기서 주택임대차보호법에 의거 방 1개당 소액 임대차 최저 보증금을 공제한 나머지 금액이 대출금이 된다.

또한 마을금고의 대출은 DTI, LTV의 규제를 받지 않기 때문에 대출 가능액 한도가 은행에 비해 높을 수 있다. 대출을 많이 받을 수 있는 것이 일반인의 경우 반드시 좋은 일이 아니다. 그러나 사업하는 사람은 일시적 유동성 위기가 발생할 때 요긴하게 써먹을 수 있는 장점이 있다.

마을금고 규모가 작다고 무시하지 마라. 작아도 고객의 입장에서는 장점이 많다.

18

비과세 상품으로 저금리의 덫을 벗어난다

최근의 흐름은 비과세 상품들이 축소되는 방향으로 가고 있다. 세금우대 상품의 가입한도는 2009년 이후로 이미 1,000만 원으로 축소됐다.

세금우대를 받으면 일반세율 15.4%보다 낮은 9.5%가 이자에 대한 세금으로 부과되기 때문에 세금감면 효과가 있다. 그러나 세금이 완전히 없는 비과세 상품에 비해서 그 경제성은 덜하다.

문제는 앞서 말했듯이 비과세 상품이 계속 축소되고 있다는 점이다. 만약 금융상품으로 저축할 계획이 있는 사람은 비과세 혜택이 더 줄기 전에 투자하는 것이 경제적이다.

다음은 우리가 알아두면 좋은 비과세 상품에 대한 설명이다.

장기 주택마련저축

한때 비과세 금융상품을 대표했던 장기 주택마련저축은 2013

년부터 비과세 혜택이 폐지된다. 소득공제도 신규 가입자는 해당되지 않으며, 기존 가입자도 2012년 이후에는 혜택을 받을 수 없다. 장기 주택마련저축은 만 18세 이하 25.7평 이하 1주택 보유자만 가입할 수 있다. 투자기간은 7년 이상이 돼야 비과세 혜택을 받을 수 있다. 소득공제는 연 8,000만 원 이하 소득자에 한해서 소득공제 납입액의 40% 이내로 연 300만 원까지 가능하다.

상호금융회사의 비과세 저축

상호금융회사는 일반적으로 마을금고라고 부르는 단위농협, 단위수협, 신협신용협동조합, 새마을금고를 말하는 금융회사다. 최근에 많은 저축은행이 영업정지를 당하면서 마을금고가 반사이익을 챙기면서 마을금고에 시중의 예금이 몰리고 있다.

마을금고의 예·적금은 3,000만 원까지 농특세 1.4%만 내면 세금이 안 붙기 때문에 실질적으로 비과세 혜택이 주어진다. 또 출자금 1,000만 원까지의 배당소득이 비과세된다. 결과적으로 1인당 4,000만 원까지 비과세 혜택이 주어지는 셈이다.

상호금융회사 여러 곳과 거래한다고 해서 비과세 혜택이 무한정 주어지는 것은 아니다. 단위농협, 단위수협, 신협, 새마을금고 간에 신규 예탁금정기예금은 중복가입이 금지되고, 부부 합산으로 저축금액 총액이 종전 1억 2천만 원에서 6,000만 원으로 축소됐다생계형 저축 포함.

만약 여러분이 1천만 원으로 은행과 마을금고에 각각 1년 만기로 같은 금리로 예금했다는 것을 가정하면, 만기에 받는 이자는 마을금고가 은행 이자의 16.5%의 이자를 더 받게 된다. 이는 마을금고의 예금이 실질적으로 세금이 면제되는 비과세 효과가 있기 때문에 발생하는 것이다.

생계형 저축

생계형 저축은 모든 금융회사와의 거래금액 3,000만 원 이내에서만 가능하다. 즉, 은행의 생계형 저축상품에 2,000만 원을 저축했다면 다른 은행에서 생계형 저축으로 비과세 혜택을 받을 수 있는 한도는 1,000만 원까지다.

생계형 저축상품은 전 금융회사에서 취급하며 60세 이상의 고령자, 장애인, 국가 유공자, 기초생활 수급자만 가입이 가능하다. 생계형 저축 한도는 3,000만 원이며 금융회사별로 취급 가능 상품이 다르기 때문에 투자하기 전에 이를 반드시 확인해야 한다.

녹색예금

녹색예금녹색채권, 녹색펀드 포함은 2012년 12월 31일까지만 가입이 가능하다. 따라서 현재는 할 수 없다. 녹색예금 채권은 이자소득세가 비과세되며, 녹색예금은 가입한도가 2,000만 원이며 녹색채권은

3,000만 원이다. 녹색펀드는 배당소득세가 1인당 3,000만 원까지 비과세되며, 소득공제 한도는 투자금액의 10% 한도 내에서 400만 원 이내까지 가능하다. 투자기간은 3년에서 5년이다.

기타 비과세 상품

10년 이상의 저축성 보험은 모든 상품이 비과세된다. 그리고 농어가 목돈마련 저축은 단위 농·수협에서 판매되고, 2ha 이하의 농지 보유자, 20t 이하의 선박 보유 어민에 한해서 가입 가능하며, 분기별로 36만 원까지 비과세 혜택을 받을 수 있다. 투자기간은 3년에서 5년이다.

보험사의 비과세 상품에 속으면 바보다

보험사 저축상품은 비과세 혜택이 주어져도 경제성에서 별 의미가 없다. 생각하기 나름이지만 저축성 보험은 소비자 입장에서는 펀드보다 더 나쁜 상품이다.

현재 보험사들은 하루 종일 TV의 홈쇼핑 채널, 케이블 방송, 공중파 가릴 것 없이 광고를 해대고 있다. 그들은 항상 예정이율이 어떻고, 소득공제가 어떻고, 복리가 어떻고 떠들어대지만, 이는 그들이 늘 하는 얘기로 그들만의, 그들만을 위한 논리일 뿐이다.

만약 당신이 보험사의 저축성 보험을 순수하게 저축상품으로 알고 가입했다면, 저축성 보험의 현 시점에서의 해지 환급률을 알려 달라고 해봐라.

저축상품으로 알고 들었으나 사정이 생겨 1개월 후 해약하면 해지 환급금이 전혀 없다. 그렇다고 해약금을 높이겠다고 해서 가입 기간을 더 끌어봤자 보험금 대비 환급금의 손해액은 더 늘어난다.

저축성 보험은 가입 후 이자는 고사하고, 원금을 돌려받는 것에도 몇 년이 걸릴지 알 수 없다. 금리가 복리로 5.2%라고 말하지만, 이것이 우리가 상식으로 알고 있는 이자 계산법이 아니다.

우리가 저축할 수 있는 금융회사는 너무 많다. 따라서 금리의 비교는 모든 금융회사가 제시하는 금리와 그 금리를 기준으로 최종 받게 되는 이자를 가지고 상품의 경제성을 말해야 하는 것이 정당하다.

스스로 저축성 상품이라고 말하면서, 은행권 상품보다 해지 환급금이 터무니없이 낮은 이유가 사업비로 빠져 나가는 금액이 크기 때문이라고 말하는 것은 그들의 이익만을 위한 논리다. 이는 결국 소비자의 기회비용을 빼앗는 것은 물론이고, 소비자의 잉여소득을 합법적으로 약탈하는 행위다.

보험사의 저축성 보험은 충분히 대체할 수 있다. 건강보험료를 더 내는 한이 있더라도 건강보험의 의료보장 범위를 넓히고 보험사의 저축성 상품을 규제하면 된다. 금융자본의 약탈적 행위를 통제하는 것이 진보이며 사회정의다.

다시 생각해 보기 바란다. 저축상품인지 알고 가입했는데도 해지 환급금이 왜 이리 낮냐고 묻는 고객에게 사업비로 빠져 나가서 그렇다고 말하는 것이 과연 도덕적으로 타당한 이유가 될 수 있는가.

보험사는 저축성 보험을 제대로 팔려면 자기들만의 논리에 불과한, 말도 안 되는 이유로 소비자를 기만하는 짓은 그만두고 일반 저축상품과 똑같이 중도 해지 환급금에 대한 고지를 사전에 명확히 하고 팔아도 팔아야 한다.

저축성 상품으로 알고 가입했는데도, 1년이 안 됐다고 해지 환급금이 전혀 없거나, 불입 보험료의 절반도 안 된다는 것이 말이 되는가. 저축성 상품이라고 타이틀을 내세운 상품이. 그리고 금리계산은 시장의 기준에 따라야 한다. 소비자는 대체재가 충분히 있다. 금리가 복리로 5.2%라고만 말하지 말고, 일반 저축상품처럼 최종 받는 이자로 말하는 것이 정당한 것 아닌가. 변동금리 상품이라도 매일 달라지는 환급금을 고객이 물으면 알려주어야 한다.

분명히 판매할 때는 저축성 상품이라고 말하지 않는가. 왜 이런 상품이 존재해야 하는지 모르겠다. 이는 철저하게 보험사의 대주주 임직원, 비정규 영업직원의 밥벌이를 위해 시장의 주체인 소비자를 희생시키는 것이다. 이제 정부는 보험사가 무분별하게 저축성 보험을 파는 것을 규제해야 한다. 정부는 시장의 감시자다. 그 의무를 소홀히 해서는 안 된다.

우리가 비용 대비해서 높은 건강보험을 보장받기 위해서는 생명보험 회사의 보험 가입을 늘릴 것이 아니고, 건강보험에 더 많은 돈을 내는 것이 경제적이다. 민영보험의 천국 미국이 지금 어떤 처지에 있는가. 국민의 5분의 1이 의료의 사각지대에 살고 있다.

무슨 보험에 저축성이 있고, 투자형이 있는가. 그래 좋다. 상품 이름에 저축성, 투자형의 타이틀을 걸고 판매했으면, 적어도 시장 평균 정도의 수익률은 내야 되지 않는가. 그렇게라도 못하면 일반 금융상품처럼 수익률, 사업비 내역을 다 공개하고, 투자기간별 해지 환급금을 반드시 수치로 공개해야 한다. 이렇게 하면 어느 바보가 자신의 소중한 돈을 저축한답시고 보험사에 돈을 맡기겠는가.

오늘날 우리가 사는 세상은 매우 불공정한 사회 시스템으로 인해 빈곤의 악순환이 계속되고 있다. 이 중에서도 사회적 약자인 비정규직 영업 인력을 앞세워 비도덕적으로 이익만 챙기는 보험사의 탐욕은, 상생의 경제를 말하고 있는 자본주의 4.0 시대에 시장의 정의를 세우기 위해서 막아야 한다. 그들의 탐욕에 재갈을 물려야만 한다.

Tips

18년 만에 부활하는 비과세 신재형저축

한때 국내 가계저축률은 20%였다. 그러던 것이 2,000년대 들어서면서부터 급락하기 시작해 우리나라의 현재 저축률은 2.8%로 OECD 국가 중에서 최하위권이다. 경제성장과 반비례해 저축률이 떨어지는 이유는 개인의 가처분소득 감소가 원인이다. 나라는 부자가 됐는데 정작 국민은 더 가난해졌다는 것이 이를 증명하고 있다.

정부가 재형저축을 부활하게 된 것도 이 때문이다. 재형저축은 1995년 정부가 세수확보를 위해 폐지했던 비과세 상품이다. 따라서 재형저축이 부활하면 비과세 상품이 추가된다. 재형저축의 가입대상은 연봉 5,000만 원 이하 근로자전체 근로소득자의 80%와 종합소득 3,500만 원 이하의 개인사업자다. 재형저축은 분기별로 300만 원으로 월 100만 원까지 불입할 수 있다. 재형저축은 이자와 배당소득에 대해 1.4%만 과세하기 때문에이자 · 배당소득 과세 15.4% 실질적인 비과세 혜택이 주어진다. 소득요건은 가입시점에만 충족되면 가능하고 이후 소득이 증가해도 문제 없다. 재형저축은 7년 이상 유지해야 비과세 혜택이 주어진다. 재형저축은 은행, 증권사, 보험사 모두 판매하며 2013

년 3월 출시된다. 비과세 혜택이 주어지면 같은 금리의 금융상품과세 대상상품과 비교해 실질적으로 16.5% 이상의 금리인상 효과가 있다. 일반 근로자, 자영업자는 '머스트 해브' 금융상품 목록에 집어넣고 적극 활용할 필요가 있다.

책 속의 책 7 왜, 맞벌이 부부는 내 집 장만을 빨리 하라고 말하는 것일까

부동산 불황의 골이 깊어지고 있다. 집값 하락이 언제 멈출지 모르는 상황에서, 내 집 장만을 빨리 하라니. 저 사람 맛이 간 거 아니야 하고 생각하는 사람이 분명이 있을 것이다. 충분히 이해한다.

부동산 버블 끝 무렵에 개발된 수도권의 대규모 택지개발 단지들이 입주 후 마이너스 프리미엄으로까지 가격이 떨어져 입주민들이 마음고생을 하고 있는 사실을 왜 나라고 모르겠는가.

천당 아래 분당이라고까지 불렸던 1기 신도시의 분당과 일산, 용인시처럼 중대형 아파트 가격이 고점 대비 평균 20~40% 이상 떨어진 지역이 대부분인 현실에서 내 집 장만을 빨리 하라니 반발이 당연히 있을 수밖에 없다.

그럼에도 맞벌이 가정의 경우 내 집 마련을 빨리 하라는 이유는, 지금의 주택 시장에서 형성되는 가격이 저점이기 때문에 투자의 적기라서 말하는 것이 아니다. 맞벌이 가정의 재무 설계에 있어서는 내 집 마련 같은 높은 수준의 재무 목표가 있어야 더 허리띠를 졸라매 소비 지출을 엄격히 하는 효과가 크기 때문에 말하는 것이다.

맞벌이 가정의 외형적인 소득은 분명히 외벌이 가정보다 많다. 그러나 빛 좋은 개살구라고 하는 이유가 외벌이 가정에 비해 버는 돈에 비해 지출이 많고, 재테크에도 소홀한 것이 현실이다. 맞벌이 부부는 외식도 잦고, 자녀 육아에 드는 비용도 많다. 그러니 돈은 더 벌어도 속빈 강정이라는 소리가 나오는 것이다.

이 때문에 내 집 마련 같은 높은 수준의 재무 목표를 세우게 되면 지출 억제를 강제하는 효과가 크고, 사람의 특성이 목표가 주어지면 동기부여가 커지기 때문에 부동산 시장의 흐름과 무관하게 내 집 마련을 재무 목표로 삼으라고 말하는 것이다.

또한 투자의 측면에서도 실수요자라면 지금 내 집 마련에 나서는 것이 반드시 부정적이지는 않다. 시장 수요가 살아 있는 105㎡ 이하의 소형 아파트를 중심으로 상대적으로 저평가되어 있는, 예를 들면 광교 신도시 같은 곳에 내 집을 마련하는 일은 경제성이 있다.

지금까지는 투자를 통한 가처분소득이 근로소득을 항상 앞질러 왔기 때문에 재테크 측면에서 맞벌이가 외벌이보다 유리하지 않았다. 맞벌이 가정의 부부가 함께 나가 일하는 동안 외벌이 가정의 전업 주부들은 아이 학교 보내고 그들만의 사적 공간에서 느긋하게 브런치를 즐기면서 재테크 정보를 공유하고, 높은 투자수익을 얻어 왔던 것이 사실이다. 그래서 재테크에 능한 전업주부들 사이에서는 아이들 교육과 재테크 두 마리 토끼를 다 놓치며 일만 하는 맞벌이 가정의 주부를 안쓰럽게 생각하고 있다.

일이라는 것이 돈 이전에 자아성취라는 의미도 크다. 그래도 일은 두 배로 하면서도 돈은 더 못 번다면 억울할 만한 일이 아닌가. 그래서 맞벌이 가정의 재테크는 외벌이 가정과 달라야 하고, 오히려 더 재테크에 열심히 해야 한다고 말하는 것이다.

우리 맞벌이 가정을 위협하는 최대의 적은 아이러니하게도 남편들이다. 여권신장이 됐다고 하지만 한국의 남자들은 여전히 마초들이다. 같이 힘들게 일하면서도 가사 노동은 전적으로 여자의 몫이 되는 것이 현실이다. 이러니 결혼은 여자의 무덤이라고 하는 것 아니겠는가.

부부는 뜻을 함께하는 인생의 동지다. 그런 부부가 어느 일방에게만 고통을 전가하는 일은 너무 불공평하다고 생각지 않는가. 대한민국 남자는 아직도 반성할 일이 많다.

19

예금자보호 상품 vs 예금자보호 안 되는 상품

예금자보호제도는 예금자보호법에 기초하며 예금보험공사에 의해 예금자보호가 되는 상품이 그 대상이다. 예금자보호제도는 예금보험공사에 의해 예금자보호가 되는 금융회사가 부도, 파산, 해산으로 정상적인 영업을 하지 못해 인허가가 취소되는 경우 법원으로부터 파산선고를 받아 고객의 예금과 적금을 되돌려 주지 못하는 사태가 발생하면 이에 대비해 금융회사를 대신해서 예금보험공사가 예·적금 합계액에 대해 1인당 원리금을 5,000만 원까지 보장하는 것을 말한다.

예금자보호제도
예금자보호제도란 금융회사의 파산으로 금융회사가 예금자의 예금인출 요구에 응할 수 없는 경우 예금보험기관이 금융회사를 대신해 예금을 지급하는 제도다. 현재 예금보험공사에서 보호하는 예금은 원리금 합계해서 1인당 5,000만 원까지다. 예금자보호제도의 혜택을 받는 금융회사는 이에 대한 대가로 일정액의 보험료를 정기적으로 예금보험공사에 납부할 의무를 가진다.

예금자보호법에 의하면 1인당 예금자보호 한도가 원리금 합계액의 5,000만 원으로 하고 있지만, 실제로 그 한도는 하나의 금융회사만 말하는 것이고, 거래 금융회사를 여러 곳으로 나눠서 하면 수억 원 이상도 예금자보호를 받을 수 있다.

이를 테면 저축은행 3곳과 거래하면 한 저축은행당 5,000만 원까지는 원리금이 예금자보호 되기 때문에 결과적으로는 총 1억 5천만 원까지 예 · 적금의 원리금에 대해 예금자보호를 받게 된다.

예금자보호법은 1995년에 처음 도입됐다. 최근 예금자보호법에 대한 시장의 관심이 커진 이유는 연이은 대형 저축은행의 영업정지 사태의 영향 때문이다.

2012년 총선을 앞두고 정치권이 유권자를 의식해 1인당 예 · 적금액 5,000만 원을 넘는 금액까지 예금보호해 주는 안이 국회의 법을 통해 가능해지게 되면서아직은 입법화되지 않은 상태로 의회에 상정만 돼 있음 비난의 소리가 높다. 이는 비난받아 마땅하다.

투자자가 조금만 신경 써서 예금을 했더라면, 지금의 제도로도 영업정지 저축은행의 원리금을 받는 것에 문제가 없다. 사기업에 불과하고 사회의 공익에 전혀 기여하지 않는 금융회사의 예금을 국민의 세금으로 지급한다는 것이 말이 되지 않는다.

금융회사의 파산으로 국민의 세금을 투입하기 전에 저축은행을 포함한 모든 금융회사의 감시를 철저하게 하는 정부의 역할을 먼저 해야 한다.

앞으로는 정부기관이 주체가 돼서 하는 예금자보호제도는 축소되거나 폐지될 가능성이 크다. 예금자보호제도의 밑천이 되고 있는 예금관리 기금도 현재 거의 고갈된 상태다. 이제는 투자자 스스로 투자에 대한 책임을 져야 하는 시대가 올 날이 머지 않았다.

아래의 내용은 현재 영업 중인 모든 금융회사의 상품 중 예금자보호가 되는 상품과 안 되는 상품을 정리한 것이다.

◉ 예금자보호 상품 vs 예금자보호 안 되는 상품

금융회사	예금자보호 상품	예금자보호 안 되는 상품
은행	보통예금, 별단예금, 당좌예금, 정기예금, 정기적금, 기업 자유예금, 원금보존형 신탁, 표지어음	외화예금, CD, RP, 은행 발행 채권, 실적배당신탁, 개발신탁, 수익증권, 펀드
증권사	증권저축, 위탁자 예수금, 저축자예수금, 수익자예수금, 자기신용대주 부담금, 신용거래계좌설정 보증금, 신용공여담보금	RP형 CMA, CP, 청약자 예수금, 제세금 예수금, 증권사 발행채권, 수익증권, 뮤추얼펀드
보험사	개인의 보험계약, 법인의 보험계약 중에서 보증보험계약, 퇴직보험계약, 재보험계약	퇴직금을 제외한 법인의 보험계약
저축은행	보통예금, 표지어음, 정기예금, 신용부금, 자유적립식 예금	
종금사	표지어음, 발행어음, 발행어음, CMA	수익증권 CP, 종금사 발행 채권

위의 내용에 포함되는 예금자보호 상품은 정부 투자기관인 예금보호공사의 예금관리기금에서 예금자보호가 되는 금융상품이다.

상호금융회사로 불리는 마을금고도 자체적으로 예금자보호제도를 운용하고 있지만 정부기관이 예금자보호를 하는 것은 아니다.

당좌예금
당좌예금은 예금자의 요구에 따라 예금액의 일부 또는 전부를 언제든지 지급할 것을 약속하는 예금이다. 당좌예금은 은행과의 당좌예금 계약에 의해 수표와 어음으로만 지급된다.

별단예금
별단예금은 보통예금, 당좌예금 등의 일반적인 예금거래 통장이 없는 고객의 어음 추심이나 매각 의뢰를 받았을 경우 본인에게 돈을 지불하기까지 일시적으로 예치하기 위해 만드는 통장이다.

뮤추얼펀드
뮤추얼펀드가 은행의 신탁상품, 수익증권과 다른 점은 수익증권, 신탁상품은 투자자와 해당 금융회사가 계약을 하기 때문에 계약형이라 하며, 뮤추얼펀드는 각각의 펀드가 별도의 회사에 투자자가 투자하는 방식으로 회사형이라고 한다.

아래는 상호금융회사의 예금자보호에 관한 내용이다.

- 새마을금고의 예금자보호제도는 새마을금고 법에 의거 새마을금고연합회에서 예금보호준비금으로 원리금 합계 1인당 5,000만 원까지 보장한다.
- 신협은 신협 법에 의거 신협중앙회가 신용협동조합 예금자보호기금을 설치 · 운용함으로써, 신협의 모든 거래자는 1인당 원리금 5,000만 원까지 예금자보호를 받을 수 있다.

우체국예금은 우체국이 국가 기관이므로 사실상 우체국에서 판매되는 모든 예 · 적금 상품은 당연히 예금자보호가 되는 것과 같다. 단지 우체국 예 · 적금이 상호금융회사와 차이나는 점은 비과세 혜택이 없다는 점이다. 따라서 우체국예금의 안정성은 문제가 없지만 금리 경쟁력은 없는 것으로 결론 내릴 수 있다.

상호금융회사 비과세 상품에 대한 세제개편 내용

Tips

상호금융회사의 예 · 적금 상품에 대한 세제개편이 현실화되고 있다. 일반적으로 은행권, 보험사의 예금 · 저축 상품에 대해서는 이자소득세 14%와 주민세 1.4%를 낸다. 따라서 이자소득에 대해 15.4%를 과세한다. 세금우대 저축통장을 이용하는 경우에는 이자소득세 9%, 농어촌특별세 0.5%만 과세해 이자소득에 대해 5.9%의 세금감면 혜택이 있다. 일반적인 세금우대 저축통장을 이용할 경우 모든 거래 금융회사를 합해 1천만 원까지 가능하고 생계형저축 대상자는 3천만 원까지 가능하다.

그러나 상호금융회사의 예 · 적금은 3천만 원까지는 농특세 1.4%만 과세하기 때문에 이자소득에 대해 14%가 세금 감면되는 것이다. 여기에 (준)조합원이 내는 출자금에 대해서는 1천만 원까지 배당소득에 대해 비과세 혜택이 주어지기 때문에 총 4,000만 원까지 비과세 혜택이 주어진다. 따라서 세금우대 저축통장보다 훨씬 폭넓게 세금혜택이 주어진다고 할 수 있다. 이 때문에 상호금융회사에 돈이 몰리고 있다.

상호금융회사에 비과세 혜택이 주어진 것은 사회적 약자라 할 수 있는 농어촌주민, 서민의 재산 형성을 돕기 위함이다. 농협이나 수협의 경우 농어촌 종사자들만 조합원으로 가입할 수 있다. 그런데 예탁금 비율로 보면 조합원인 농 · 어업 종사자들보다 일반인이 가입대상인 준조합원의 비중이 훨씬 많다. 즉, 상호금융회사가 시중의 돈많은 사람들의 사금고로 변질된 것이다. 이에 주목한 정부는 2012년 8월 이자소득세를 비과세하는 상호금융회사의 정기예탁금에 대해 2013년에는 5%, 2014년에는 9%를 과세하는 세제개편안을 발표했다. 그러나 상호금융회사, 상호금융회사와 거래하는 농 · 어업 종사자, 서민의 반발로 현재는 세제개편안이 3년간 유보된 상태에 있다.

20

증권시장에서 직접 투자하는 것을 습관화하라

기업이 금융회사를 통해 자금을 조달하는 방법을 간접 자금조달방법이라고 하고, 증권시장을 통해 주식과 채권을 발행해 자금을 조달하는 것을 직접 자금조달방법이라고 한다. 또 금융회사를 통해 펀드나 수익증권에 투자하는 것을 간접투자라고 하며, 증권시장에서 직접 주식, 채권을 투자하는 것을 직접투자라고 한다.

금융회사를 통한 간접 자금조달방식은 대출에 대해 확정부 이자를 지급해야 한다. 증권시장을 통해 직접 자금을 조달해도 채권의 경우에도 확정부 이자를 지급해야 하는 것에서는 같다. 그러나 채권의 경우 기업의 경영성과에 기초한 신용평가를 기초로 해서 자금을 조달하는 것으로 신용으로 자금을 조달하는 효과가 있고 증권시장을 통해 자금을 직접 조달하기 때문에 자금조달에 따르는 금융비용을 줄일 수 있다.

상장기업은 주식 유·무상 증자, 채권, 유동화증권의 발행을 통해 증권시장에서 자금을 조달하는 비중이 높다.

유·무상 증자

주식회사가 자본금의 실질적으로 증가시키기 위해서 증자하는 것을 말하며 주주로부터 증자납입금을 직접 징수하는 증자다. 반면 무상증자는 주금납입 없이 기업이 준비금(자산재평가적립금, 자본준비금, 이익잉여금)의 자본전입에 의하여 주식자본을 증가시키는 것으로 신주를 주주에게 무상으로 지급하는 것을 말한다.

시가총액

시가총액은 유가증권시장에 상장돼 있는 모든 주식을 시가로 평가한 총액이다.

시가총액은 주식시장이 어느 정도의 규모를 가지고 있는가를 나타내는 지표이다. 시가총액은 전종목에 해당일의 종가에 상장주식수를 곱한 후 합계하여 산출한다.

주식은 기업성과를 반영해 결산 후 경영 이익을 주식 수에 비례해 배당하면 된다. 만약 기업성과가 나쁘면 이사회의 의결을 거쳐 주주에게 배당을 안 해도 된다. 그러나 배당이 적거나 배당을 안 하는 회사는 투자 이점이 떨어져 주식의 가치가 하락하게 되고, 증권시장을 통한 유상증자에 어려움을 겪을 수 있다. 또 기업의 주가가 떨어지면 회사의 총 발행 주식에 주가를 곱해 계산되는 기업의 시가총액도 떨어진다. 시가총액이 떨어지는 것은 주식투자자의 이익이 줄어들었음을 의미한다.

주가가 변동하는 것에는 다양한 요인이 존재한다. 그러나 결국 주가는 기업실적이 결정한다는 말이 있듯이 기업의 경영성과가 낮은 기업은 주가가 떨어지고, 배당도 적은 것이 일반적이다. 물론 외국인 투자비중이 높은 기업은 순이익의 전부를 배당해 대주주 이익만 챙기는 경우도 있기는 하다.

주식과 반대로 채권, 유동화증권은 기업신용등급의 평가에 따른 금리를 발행금리에 적용시켜 채권 만기일까지 확정부 이자를 지급해야 한다.

증권사는 전통적으로 주식 위탁 거래에 대한 수수료가 가장 큰 수익원이었다. 그러나 데이 트레이딩 거래가 활성화되고 온라인 증권사가 등장함으로 인해서 위탁 중개 수수료 이익이 급감함으로써 증권사는 새로운 수익원을 찾아나서지 않으면 안 되었다. 이를 대체하는 새로운 수익원이 바로 금융상품 판매다.

최근의 대형 증권사는 투자은행이라고 부를 정도로 금융상품

판매에 열성적이다. 펀드상품에 대한 시장의 신뢰가 크게 떨어졌음에도, 증권사의 마케팅 공세가 여전한 것도 이 흐름을 반영하는 것이다.

그런데 사실 증권사의 킬러 상품은 펀드가 아니다. 고객의 입장에서 증권사의 고수익 채권, 단기 실세형 상품은 충분한 경쟁력을 갖고 있다. 이제 고수익 금융상품에 투자하기 위해서 증권사에 간다는 말은 상식이 됐다.

Tips

기초자산이란?

기초자산underlying asset은 선물 또는 선도, 옵션계약의 거래대상이 되는 상품으로 대상자산이라고도 한다. 기초자산의 범위는 아래의 내용을 포함한다.

1. 금융투자상품
2. 통화외국통화 포함
3. 원자재농축산물, 광산물, 에너지
4. 신용위험신용의 변동으로 발생하는 위험

기타. 자연, 환경, 경제적 현상 등에 속하는 위험으로서 합리적으로 적정한 방법에 의하여 가격, 이자율, 지표, 단위의 산출이나 평가가 가능한 것

증권사 창구를 통한 채권투자법

채권거래는 크게 장내거래와 장외거래로 나뉜다. 장내채권거래는 주식거래와 똑같다고 보면된다. 장내채권은 HTS를 이용해 주

식거래처럼 실시간으로 채권매매가 가능하며 장외채권이란 개인이 직접 증권사에 가서 매수 · 매도를 하는 현물거래라 할 수 있다. 장내채권은 증권시장 개정시간부터 거래가 가능하고 증권사의 HTS를 이용해 장내채권의 매수 또는 매도를 할 수 있다.

장외채권은 증권사에 가서 다른 채권을 가지고 있거나 파는 사람을 연결시켜 거래가 성사되는 거래 방법으로 수수료는 따로 붙지 않는다.

장외매매는 보유자 간 직접거래를 해야 하고 거래금액이 최소 10억 원 이상으로 대부분 기관과 기관 간의 거래로 주로 이뤄진다. 소액 투자자는 매매하기 어렵다. 그런데도 소액 투자자도 장외거래가 가능한 것은 개인도 증권사가 회사보유 물량을 개인에게 매매하는 형식으로 판매하기 때문이다.

채권거래에 있어서 장외거래가 좋으냐 장내거래가 좋으냐의 선택은 상황에 따라 다르기 때문에 어떤 방식을 택하던 매매 수익률이 가장 높은 채권을 택하면 된다. 개인의 소액 채권거래는 증권사 보유물량에 투자하는 장외채권거래 방식이 낫다.

장외채권투자 체크포인트

1. 증권사 보유물량의 채권을 장외거래로 매입하는 경우는 만기 보유가 원칙이다. 증권사가 중도에 환매를 보장하지 않는다.
2. 장외채권거래로 투자하는 고수익 채권은 기업이 발행하는 회사채, 카드채, ABS 등으로 원금에 대한 지급보장이 안 되

므로 발행 기업의 신용을 고려치 않고 고수익만을 노리는 투자는 신중을 기해야 한다.

3. 장외채권투자는 각 증권사의 금융상품 몰mall에서 투자 당일의 은행환산 금리 수익률을 참조하여 투자한다.
4. 최근 웅진그룹 계열사의 파산에서 보듯이 투자적격 채권등급 BBB-를 상회하는 A등급의 회사채도 부실화되는 경우가 종종 있으므로 발행기업의 재무상태에 대해서 철저하게 알아보고 투자한다.
5. 2013년 1월을 기준으로 BBB～A등급의 회사채는 은행환산금리로 계산해 수익률이 4.5～6% 정도다. 같은 등급의 채권으로 동일 시점에 발행된 채권이라도 증권사에 따라 수익률이 달라지므로 이를 반드시 확인해야 한다.

채권, 유동화증권에 투자를 집중하라는 것은 이들 상품이 확정이자를 지급하고, 대표적 확정금리 상품인 은행권의 정기예금보다 수익률이 높기 때문이다.

다시 강조하지만 금융상품은 안정성에 문제가 없다면 수익률로 말해야 한다. 그것 이외에 무엇이 중요한가. 금융상품을 선택하는 일에 당신의 시간과 돈을 허비하는 일을 이제 그만둬라. 현재 확정금리 상품 중에서 채권, 유동화증권만큼 높은 금리가 보장되는 상품은 존재하지 않는다. 따라서 당신이 확정금리 상품을 선택해야 하는 경우에는 조금도 망설이지 말고 대형 증권사의 채권, 유동화 상품 리스트를 보고 그중에서 안정성과 수익성을 판단해 선택하면 된다.

채권, 유동화증권 투자를 어렵게 생각할 필요가 없다. 우리는 이미 채권, 유동화증권에 직·간접으로 투자하고 있다. 채권과 유동화증권은 매우 시장 친화적인 상품이고 대중적이기까지 하다.

채권은 투자의 3요소를 모두 갖추고 있는 상품이다. 채권은 기본적으로 이자소득을 얻기 위해 투자한다. 그리고 주식처럼 증권시장을 통해 매매해서 시세차익도 얻을 수 있다. 채권은 그 발행 주체가 정부, 정부 투자기관, 우량기업이 발행하므로 안정성도 갖추고 있다. 또 채권은 증권시장을 통해 언제든 유통시킬 수 있어 환금성도 뛰어나다. 수익성은 BBB- 등급의 회사채가 6%를 넘어, 은행 정기예금의 2배가 넘는다.

주식은 매도 후 3거래일이 돼야만 현금이 입금되지만 채권은

유동화증권에 대해서

Tips

보통 유동화증권으로 부르는 자산유동화증권ABS, Asset Backed Securities은 부동산, 매출채권, 유가증권, 주택저당권채권, 기타 재산권 등과 같은 유형·무형의 유동화 자산을 기초로 해서 발행하는 증권을 총칭한다.

자산유동화증권ABS은 '자산담보증권'으로 불려왔으나 1998년 9월 '자산유동화에 관한 법률'이 제정되면서 '자산유동화증권ABS'이라는 용어를 사용하고 있다. 자산유동화증권에는 금융회사가 개인의 주택을 담보저당권로 대출하고 그 채권을 근거로 해서 발행하는 '주택 저당권 유동화증권MBS, Mortgaged Backed Securities', 투기등급의 고위험채권을 담보로 발행되는 채권담보부증권CBO, 신용도가 낮은 기업들에 대한 은행의 대출채권을 묶어 담보로 발행하는 '대출채권담보부증권CLO'이 있다. 이를 모두 포함해 총칭하는 것이 바로 ABS자산유동화증권다.

매매 당일 바로 현금화가 가능하다. 채권은 최초 투자시점의 수익률이 만기까지 확정된다는 면에서 정기예금과 다를 것이 없는 상품이다. 또 기업이 발행하는 회사채는 정기예금의 단리식 이자지급처럼 3개월마다 이자가 지급되기 때문에 생활자금으로 활용할 수 있다.

이렇게 투자 장점이 많은 채권을 지금 같은 저금리 시대에조차 외면한다면 금융재테크에 무지한 사람으로밖에 볼 수 없다.

다음은 채권투자와 관련해 반드시 알아야 하는 내용들이다.

채권투자, 이것만 알고 하면 된다

채권은 차용금증서와 같다

채권은 개인 간 금전 거래 시 사용하는 차용금증서라고 알고 있으면 된다. 우리가 차용금증서를 작성할 때 반드시 적는 항목이 투자 원금, 상환일자, 이자율, 이자지급 방법 등이다.

채권도 똑같다. 다만 다르다면 우리가 증권시장을 통해 거래하는 채권은 개인보다 월등히 신용등급이 높은 정부기관과 기업이 채권의 발행 주체라는 점이다. 따라서 안정성이 뛰어나다. 적어도 투자적격 채권으로 분류되는 BBB- 이상의 신용등급을 가진 채권은 투자 안정성이 보장된다.

채권의 발행 주체에 따른 분류

이 부분은 쉽게 생각하면 된다. 국가기관이 발행 주체가 되면 국공채가 되는 것이고, 기업이 발행 주체가 되면 회사채가 되는 식이다. 다음은 발행 주체에 따른 채권의 일반적 분류다.

a. 국고채, 국공채

일반적으로 국가가 발행하는 채권에는 국고채와 국공채가 있다.

국고채는 국고관리기금 채권국관채이란 이름으로 발행되다가 1998년 9월부터 그 이름을 국고채로 바꿔 부르고 있다. 국고채는 농지 채권, 농어촌 발전 채권, 철도 채권 등의 채권이 통합 발행된다.

국고채는 중앙은행인 한국은행이 정부를 대신해 발행을 주관한다. 시장 실세금리 지표로 삼는 것이 바로 국고채 3년물의 증권시장 내에서의 유통 수익률이라는 점은 이제 잘 알고 있을 것이다. 따라서 보통 금리가 올랐네, 떨어졌네 하는 것은 바로 국고채 금리를 가지고 말하는 것이다.

국고채는 1년, 3년, 5년, 10년물이 증권시장에서 유통되고 있다. 이 중에서 유통물량이 가장 많은 것이 3년물이다. 그래서 시장 실세금리 지표를 국고채 3년물을 기준으로 하는 것이다.

국공채는 국고채에 지방채, 특수채예보채, 한전채를 합해서 부른다. 국고채와 비교해 국공채는 포함되는 채권의 종류가 많다고 보면 된다.

b. 특수채, 금융채, 회사채

특수채는 정부 투자기관주택공사, 지하철공사, 토지개발공사, 한국전기통신공사, 한국전력공사과 같이 특별법에 의해 설립된 법인이 발행하는 채권으로, 한국도시철도 채권, 기술개발금융 채권, 고속도로건설 채권, 한국공사 채권, 한국전기통신공사 채권, 토지개발 채권 등이 있다.

금융채는 특수채와 유사한 성격을 갖고 있지만, 발행 주체가 한국은행, 산업은행, 중소기업은행 등 주로 정부 투자은행이 발행한다. 산업은행, 중소기업은행이 발행하는 산금채, 중기채는 거래은행으로부터 통장으로 관리되기 때문에 거래가 편한 점이 있다.

회사채는 말 그대로 기업 자금을 조달하기 위해 발행하는 채권이다. 회사채는 3년물이 대부분으로 이표COUPON라고 하는 쿠폰을 통해 3개월마다 이자를 지급한다. 회사채는 발행기업에 따라서 발행금리의 간극 차가 크다. 이 간극은 기업의 신용등급의 차이에서 오는 것이다.

채권의 신용등급 분류

채권은 발행 주체의 재무평가에 따라서 18등급으로 그 신용상태를 구분한다. 채권의 신용등급은 AAA에서 D 등급까지 있다. 그 중에서 AA-에서 BB 등급 구간은 플러스, 마이너스를 붙여 신용등급을 세분화해서 총 18등급으로 분류한다.

채권은 보통 BBB- 등급 이상을 투자적격 채권으로 부른다. 투자적격 채권이란 원리금 지급능력은 양호하지만 상위 신용등급의 채권과 비교해 경제 변동에 따라서 미래에 원리금 상환능력이 떨어질 가능성이 있는 채권이다.

BB 등급 이하의 채권은 투기등급이라고 한다. 투기등급은 발행금리는 높지만, 원리금 상환이 불확실한 채권을 말한다. 증권시장에서는 보통 BBB- 등급 이하의 채권은 유통되기 어렵다.

채권의 이자지급 방법

채권의 이자지급 방법은 이표채와 복리채, 할인채로 구분한다. 이표채는 3개월 단위로 이자가 지급되는 채권으로, 기업이 발행하는 회사채는 대표적 이표채다. 복리채는 국채, 지방채, 특수채로 발행되며, 이자가 재투자되는 복리효과가 있는 이자지급 방식으로 만기에 이자가 일시에 지급된다. 할인채는 통안채, 은행채로 주로 발행되며, 액면금액에서 이자를 사전에 단리로 할인한 금액으로 발행하는 채권을 말한다.

채권투자는 안정성을 고려해 수익률 이전에 우량 채권을 중심으로 매입해야 한다.

채권은 판매회사마다 환매에 대한 조건이 다르므로 매수 전에 이를 체크해 환매로 인한 불이익을 받지 말아야 한다.

채권의 거래

HTS
HTS(home trading system)는 온라인을 이용해 주식거래를 하는 시스템을 말한다.

채권은 장내거래의 경우 HTS로 거래가 가능하다.

채권은 증권시장을 통해 거래되는 것이 일반적이다. 가끔은 은행에서 채권 공모청약을 하기도 하지만 일반적이지는 않다. 채권 거래의 일반적 순서는 우선 거래 증권사에서 종합계좌를 개설한다. 그런 다음 투자하려는 채권 리스트를 보고 금액, 수익률을 결정한 후 합당한 채권을 매수하면 된다. 마지막으로 자신의 계좌에 채권이 입고됐는지를 체크하면 된다.

이표채 투자의 경우, 이지지급일에 이자가 제 날짜에 지급되었는지 확인하는 일을 반드시 해야 한다.

채권투자는 자신이 투자하고자 하는 채권의 위험 가중치를 반드시 파악한 후 해야 한다.

채권투자에는 여러 가지 방법이 있다. 가장 일반적인 것이 회사채를 직접 사는 방법이다. 거래 증권회사에 가서 계좌를 개설하고 소매 채권 매매시스템을 통해 주식 거래하는 것처럼 직접 주문하면 된다. 이 방법 외에도 증권사가 보유 중인 채권을 장외채권 매매 방식으로 투자할 수도 있다.

채권투자가 최근 관심이 증폭된 이유는 아무래도 저금리의 영향이 크다. 한국은행 자료에서도 알 수 있듯이 정기예금 투자자 중에서 세금 공제 후 3% 이상의 금리를 받은 사람이 없다.

그러나 투자적격 채권으로 분류되는 BBB- 등급의 회사채는 연평균 수익률이 4.5~9.69%조사시기에 따라 변동에 이르고 있다. 물론 투기등급의 채권은 이보다 더 높다. 그러나 아쉽게도 금리가 계속 떨어지는 추세다.

채권은 예금처럼 예금자보호가 안 되기 때문에 수익률만을 투자의 기준으로 삼아서는 안 된다.

증권시장에서 투자등급에 따라 고수익을 얻을 수 있는 채권이

기업이 발행하는 회사채다. 회사채는 발행기업의 신용이 낮을수록 수익률이 높아진다. 그러나 채권투자는 단순히 금리 수준만 가지고 판단할 것이 아니다. 회사채 발행기업의 향후 업황도 자세하게 살펴봐야 한다.

투자적격 채권으로 분류되지만 상대적으로 위험이 높은 회사채에 투자하는 경우에는 투자시점에 업황이 안 좋더라도 향후에 좋아질 수 있는 업종의 기업이 발행하는 회사채에 투자하는 것이 좋은 방법이다.

채권은 금리가 높을 때 투자한다

채권은 발행금리가 만기까지 확정되는 확정부 금리 상품이다. 그러나 채권투자의 묘미는 금리 변동을 이용해 수익률을 높이는 것에 있다. 이 말이 무슨 말인가 하면 금리가 높으면 채권 값은 싸진다는 것이다.

만약 당신이 1년 만기 액면가 10,000원인 할인채에 금리 10%로 투자했다고 가정해 보자. 이때 당신은 할인율 10%로 10,000원짜리 채권을 9,000원에 산 것과 같다. 그 후 시장금리가 떨어져 증권시장 내에서의 유통금리가 5%가 되었다면 채권의 보유기간 동안의 수익과 잔존기간을 고려하지 않고 금리 변동에 따른 가격의 변동만을 계산해 채권의 가격은 9,500원이 된다. 채권 가격으로만 따지면 당신은 액면가 10,000원의 채권을 9,000원에 사서 현재가가 9,500원인 채권을 되파는 것이다. 따라서 당신은 채권 매매로 500

원의 시세 차익을 얻게 된다.

위의 거래 내용을 종합해서 결론을 내리면 채권은 채권 가격이 낮은 금리 고점에 투자해 금리가 떨어질 때 되팔면 수익률이 높아지게 되는 것이다. 채권의 수익률은 채권가격과 반비례한다고 정의할 수 있다. 채권 가격은 금리와 반비례의 관계에 있기 때문에 금리가 높을 때는 채권 가격이 낮고, 금리가 낮을 때는 채권 가격이 높아진다.

이런 채권의 가격 변동을 이용해 금리가 높을 때 채권에 투자해서 금리가 낮을 때 채권을 되팔면 기회수익이 늘게 된다.

금융위기가 오면 투자자산의 가격 하락이 급속히 진행되고 금리가 치솟는 것이 일반적이다. 금융위기 당시 단기간에 금리가 비정상적으로 치솟았던 일을 기억할 것이다. 이 시기에 채권에 투자한 사람은 다른 상품에 투자한 사람과 비교해 2009년에 가장 높은 수익률을 올렸다. 그래서 채권의 투자는 오히려 금융위기가 와서 금리가 급등해 채권 가격이 똥값되는 시점이 최적의 투자 기회다.

이 때문에 금융위기가 와서 모든 투자자가 두려움에 떨고 있을 때 욕심을 내라고 말하는 것이다.

채권형 펀드가 직접투자보다 위험하다

채권투자는 채권형 펀드에 간접 투자하는 것이 직접 투자하는 것보다 위험하다. 채권형 펀드는 증권시장 내에서의 채권의 유통 수익률이 즉각 반영되는 채권 시가평가제가 적용됨으로 해서 채권형 펀드에 투자한 후 금리가 상승하는 경우 원금의 손실도 발생할 수 있기 때문이다. 따라서 채권투자는 직접 투자하는 것이 다양한 신용등급의 채권에 투자할 수 있고, 중도에 매매하지 않아도 만기까지 가면 최소한 발행금리를 보장받는다.

유동화증권이 진짜 알짜배기 상품이다

채권투자도 낯선 판에 유동화증권은 또 뭐야 할 사람이 있을 것이다. 그러나 알고 보면 채권처럼 유동화 상품도 이미 우리 일상에서 익숙한 상품이다.

유동화증권의 정식 명칭은 자산 유동화증권이다. 주택 저당권을 증권화해 발행하는 주택 저당권 유동화증권MBS, morgaged backed securities, 후순위 채권이 유동화증권에 포함된다. 유동화증권이란 기업이 받지 못한 매출채권, 금융회사의 대출 금, 리스채 등의 각종 채권을 기초 자산으로 해서 이를 유동화해 발행하는 증권이다.

유동화증권은 ABS라고 부른다. ABS는 Assert Backed Scurities의 약어로 기업, 금융회사가 갖고 있는 자산을 담보로 발행되는 증권으로 '자산 담보부 증권' 이라고 불러왔으나 1998년 9월 「자산 유동화에 관한 법률」이 제정되면서부터 '자산 유동화증권' 으로 바꿔 부르고 있다. 이를 보통 유동화증권으로 부른다.

그러니까 유동화증권ABS 안에 MBS, 후순위 채권, CBO 등이 포함되는 것으로 알면 된다. ABS는 원리금 지급이 거의 확실한 선순위 채권과 그렇지 않은 후순위 채권으로 분리해서 발행된다.

ABS는 자산 보유가 별도로 분리된 SPC(특수 목적회사로 페이퍼 컴퍼니)를 설립해서 발행한다. SPC를 통해 발행된 투자채권을 자산 유동화 전문회사가 인수해서 이를 기초 자산으로 발행하는 것이 유동화증권이고, 유동화증권은 증권사를 통해 유통된다. 이런 과정으로 유통되는 ABS는 발행회사의 채권상환이 끝나면 해산된다.

ABS에는 MBS, 후순위 채권 이외에도 투기등급 수준의 위험가중치가 높은 채권을 담보로 발행하는 CBO(채권 담보부 증권)와 신용도가 낮은 기업들에 대한 은행의 대출채권을 묶어서 이를 담보로 발행하는 CLO(대출채권 담보부 증권)가 있다.

양날의 칼, 후순위 채권

후순위 채권도 유동화증권의 한 상품이다.

후순위 채권은 일반 사람에게도 익숙한 상품이다. 저축은행, 증권사, 은행이 BIS 자기자본비율을 맞추기 위해 발행한 후순위 채권의 발행금리가 은행 정기예금의 2배가 넘으면서 시중의 뭉칫돈이 후순위 채권에 몰렸기 때문이다. 향후 금리가 더 낮아지는 것을 감안하면 만기까지 확정이자가 보장되고 매월 이자를 지급하는 이표채이기 때문에 생활자금을 필요로 하는 고령자에게는 이보다 좋은 상품이 없었다.

그러나 저축은행이 대거 파산하면서 후순위 채권이 수익률은 높지만 안정성에는 문제가 있음을 알게 되었다. 그래서 후순위 채권은 투자자에게 양날의 칼이 되는 것이다.

후순위 채권은 일반적으로 다른 채권보다 발행기간이 평균적으로 장기간이라고 할 수 있는 5년에서 7년이다. 그리고 환매할 수 없다. 후순위 채권은 발행한 금융회사 파산 시 예금자보호가 안 되며, 잔여 채권에 대해 마지막으로 청구권을 갖는다.

금융회사에 후순위 채권 발행이 집중되는 이유는 앞에서도 언급했지만 BIS 자기자본비율 때문이다. 바젤 2 협약에 의해 BIS 자기자본비율을 충족하지 못하는 금융회사는 시장에서 바로 퇴출된다.

저축은행의 후순위 채권 발행이 6월 초에 몰리는 이유가 저축은행의 결산이 대부분 6월 말을 기준으로 하기 때문이다. 자기자본에 비해 후순위 채권 발행 물량이 많은 회사는 역으로 재무상태에 문제가 있는 회사라고 할 수 있다.

우량 금융회사가 발행한 후순위 채권까지 위험하다고 볼 수는 없다. 문제는 건설사에 대한 PF project financing 로 나간 부실이 회사 규모에 비해 매우 심각한 수준인 저축은행이 연이어 영업정지를 당하면서부터다.

후순위 채권은 원칙적으로 환매가 불가능하다. 그렇다고 절대적인 것은 아니다. BIS 자기자본비율이 10% 이상인 금융회사에서 발행한 후순위 채권은 환매가 가능하다. 따라서 후순위 채권에 대한 투자는 철저하게 BIS 자기자본비율을 따져서 해야 한다.

BIS Bank of international settlement, 국제결제은행 는 주요국의 중앙은행을 위한 은행 역할을 하는 국제기구로, 스위스 바젤에 소재한다. BIS는 유럽 중앙은행들이 1930년대 설립했다. BIS 자기자본비율은 1988년에 10개국 중앙은행이 대출금과 기타 은행자산을 위험에 따라 분류하고, 이를 기초로 위험 가중자산에 대한 자기자본비율을 8%로 정함으로써 공식화되었다.

BIS 자기자본비율은 은행의 자기자본을 위험 가중치를 반영한 자산으로 나눠서 계산한다. 보통 BIS 비율이라고 한다. BIS 비율의 정확한 명칭은 'BIS기준 자기자본비율' 이다.

2008년 1월 바젤위원회에서 합의한 바젤 2는 바젤 1에 국제적인 금융회사의 위험관리와 금융자본의 규제를 강화하기 위해서 만들어진 국제 자본 협약이다.

앞으로 바젤 3 협약이 발효되면 금융회사는 2013년부터 2019년까지 단계적으로 협정의 내용을 따라야 한다. 바젤 3의 주요 내용으로는, 첫째, 금융회사는 BIS 비율을 8%로 유지하거나, 둘째, 보통주 자기자본비율은 4.5% 이상 기본 자기자본비율은 6% 이상이 돼야 한다. 또 자기자본을 총 자산으로 나눈 레버리지 비율은 3% 이상 유지하도록 정하고 있다.

정부의 국채발행 증가, 무엇이 문제인가

Tips

채권은 만기일 전까지 이자와 원금이 청산돼야 그 채무가 끝나는 확정부 채권으로, 발행자 입장에서는 빚이다. 따라서 정부가 국채발행을 늘리는 것은 정부재정이 악화되는 것을 의미한다. 즉, 정부가 갚아야 할 빚이 증가하는 것이다.

정부는 국민이 부담하는 세금으로 재정을 운영한다. 그러나 국민의 세금만으로는 건전재정을 유지하지 못하는 경우에 부득이 국채를 발행해서 재정적자를 메꾸게 된다.

물론 재정적자를 한국은행을 통해 돈을 빌려 해결할 수 있다. 그러나 이 경우 한국은행은 화폐를 더 발행해야 되고 이에 따라 시중통화량이 증가해 원화의 가치가 하락되며 물가 상승을 피할 수 없다. 원화가치의 하락원화의 평가절하로 환율인상은 국내 기업이 생산한 상품의 가격 경쟁률을 약화시키고 수입상품의 가격을 상승시켜 국민에게 직접적 피해를 가져온다.

그 이외에도 여러 가지 문제로 인해 정부는 나라살림에 필요한 재원을 마련하기 위해 국채 발행을 늘린다. 현재 정부가 발행하는 국채에는 국민주택 채권, 외화표시 외국환 평형기금 채권외평채, 재정증권, 국고채 등이 있다.

최근 국채발행 증가에 대해 시장에서 우려의 목소리가 커지는 이유는 아무래도 복지예산의 증가로 인한 재정적자 때문이다. 정부, 정치권 모두는 복지예산 증가로 인한 재정적자 문제를 증세로 푸는 문제는 국민의 저항 때문에 쉬운 선택의 문제가 아니다. 차선책이 바로 국채발행을 늘려 재정적자 문제를 해결하자는 것에 여 · 야 할 것 없이 암묵적으로 합의하는 것이 증세가 불러올 국민의 거친 반발이 부담되기에 그렇다. 보편적 복지 원년이라고 하는 2013년 여 · 야가 합의한 추가 국채발행 규모는 9,000억 원대이다.

책 속의 책 8

팩토링 금융을 알면 사업이 쉬워진다

팩토링 금융은 초보자에게는 낯설다. 따라서 팩토링 금융의 경제적 효과에 대해서도 이해가 없을 것이다. 그럼에도 팩토링 금융을 알면 사업이 쉽다고 말하는 이유는 팩토링 금융 전반을 이해하면 분명히 운전자금 조달, 매출 채권의 활용에 큰 도움이 된다.

팩토링 금융을 쉽게 아는 방법은 우리가 일상에서 많이 이용하는 할부금융을 생각해 보면 된다. 할부금융은 아래의 프로세스로 진행된다.

할부금융 프로세스

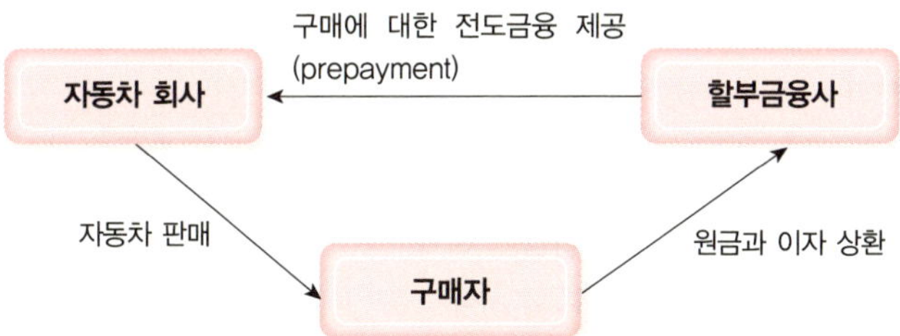

위의 그림을 가지고 할부금융을 설명하면 다음과 같다.

a. 구매자는 할부금융회사로부터 전도금융을 제공받아 자동차를 구매한다.

b. 자동차 회사는 할부금융회사로부터 구매자가 받은 전도금융을 받고 할부금융회사에 차에 대한 구상권을 양도한다.

c. 자동차에 대한 구상권은 할부금융회사가 소유하고 있으므로 구매자는 자동차 회사가 아닌 할부금융회사에 자동차 대금과 이자를 납부한다.

이를 일반화해 보면 기업 A는 자신이 갖고 있는 매출채권미확정 채권 포함을 금융회사에 제공하고, 이를 통해 전도금융prepayment을 받고 채권의 만기일에 원금과 이자를 상환하면 거래가 종료된다. 이런 금융거래 방식을 팩토링 금융이라고 한다.

팩토링 금융을 아는 것이 사업을 하는 데 있어 매우 중요한 일이라고 말하는 것은 거래처로부터 받은 어음상거래를 통해 받은 어음을 보통 물대어음 또는 진성어음이라고 한다을 만기일 전에 할인해 운전자금을 조달하는 일 또는 미확정 채권만으로 운전자금을 조달하는 일이 바로 팩토링 금융에 해당되기 때문이다.

사업에 있어 자금업무는 매우 중요하다. 이 때문에 일정 규모 이상의 중견기업은 회계 팀과 별도의 자금업무 전담 부서를 두고 있다.

중소 사업자는 별도의 자금 부서를 두기에는 재정적으로 부담이 된다. 그래서 회계부서에서 자금업무를 병행한다. 아무래도 그 전문성이 떨어질 수밖에는 없다.

나는 기업에 대한 재무 컨설팅을 수행하면서 자금업무에 전문성이 떨어지는 회사가 충분한 자금 창출을 할 수 있는 채권이 있음에도 그것을 활용하지 못해 부도가 나거나, 금융비용을 과다 지출해 회사가 재정위기에 빠지는 사례를 많이 봤다.

사업을 꿈꾸는 사람, 현재 사업을 하고 있는 사람은 업종, 사업의 규모에 상관없이 자금업무에 능통할 필요가 있다. 사업을 하다보면 일시적 자금경색으로 사업이 위기에 빠지는 일이 허다하기 때문이다. 자금업무에 능통하다고 성공이 보장되는 것은 아니다. 그러나 회사의 재무역량이 강화되면 사업의 안정성이 좋아지는 것만은 확실하다.

21

연금이 당신의 노후를 망치고 있다 I

노후 준비가 초미의 관심사로 떠오르면서 개인연금 상품에 대한 금융회사의 마케팅이 도를 넘어서고 있다. 금융회사의 마케팅 공세가 여론을 왜곡시켜 투자자가 잘못된 투자를 할 가능성이 크기 때문에 개인연금 상품이 '좋다, 나쁘다' 를 떠나서 스스로 정확한 정보를 찾아 투자를 해도 해야 한다.

현재 연금상품을 파는 금융회사는 은행, 보험사, 증권사다. 연금 판매 실적이 개인의 수익과 직결되는 보험사 비정규직 영업직원들의 영업활동은 온 · 오프라인을 가리지 않고 무차별적으로 이뤄지고 있다. 대개 연고 판매가 주를 이룬다. 그들도 참 힘들다. 보험상품 파는 일이 정말 쉽지 않기 때문이다. 그래서 중도 탈락자가 많은 것이다.

그만큼 그들에게 연금상품을 파는 일이 매우 절박한 문제임을 모르는 것은 아니나 과연 지금 판매되고 있는 연금상품이 개인의 노후를 보장할 것이냐의 문제에 대해서는 매우 회의적이다.

항상 하는 얘기이지만, 금융회사가 파는 금융상품은 투자 안정성에 문제가 없다면 수익률로 말해야 한다. 그 점에서 현재 판매되고 있는 연금상품은 우리의 노후를 더 가난하게 할 것이 분명하다. 이유는 당연히 수익률이 시장 실세금리에도 못 미치는 현실 때문이다.

연금저축은 불입금액을 계약 만료 후 연금의 형태로 지급받는 (민간 금융회사가 운용하는) 저축이라고 정의 내릴 수가 있다.

현재 연금저축의 적립금 규모는 2008년에 46조 2,770억 원, 2009년에 51조 9,190억 원, 2010년에 59조 6,140억 원, 2012년 6월에 73조 5,498억 원으로 거의 매년 두 자릿수 이상 급성장하고 있다.

이 통계자료를 보면서 먼저 드는 감정은 분노감이다. 우리 사회의 서민, 중산층은 경제 규모에 비해서 한참 뒤떨어지는 노후 복지 탓에 한푼이라도 아껴 노후 자금을 마련하려고 연금상품에 가입한다. 그러나 연금상품은 금융회사의 대주주 임직원을 먹여 살리는 데는 기여해도 연금상품에 투자하는 사람은 연금적립액이 늘어날수록 손해가 커지는 구조다.

연금상품에 가입하는 것은 소비자의 주권에 속한다. 그렇다면 되도록 객관적 정보를 알아본 후 투자하는 것이 올바른 순서다.

최근 기획재정부는 신연금저축 판매를 허용했다. 기획재정부에서는 신연금저축이 은퇴한 연금저축 가입자를 위해서 기존의 연금저축의 내용을 변경했다고 말하지만 과연 그 말의 진정성을 믿을 수 있겠는가. 연금저축 내용을 변경하기 이전에 금융회사의 부당한 수수료 관행을 규제해야만 했다.

별 의미는 없지만 변경된 신연금저축의 내용에 대해 일단은 알아보도록 하자. 신연금저축은 최소 납입기간이 5년으로 줄었기 때문에 가입기간이 5년 이상 10년 미만인 사람도 연금을 받을 수 있게 됐다. 연금저축 수령기간은 예전 만 55세 이상 5년에서 최대 15년으로 늘어난다. 연금 불입한도는 1,200만 원에서 1,800만 원으로 늘어났다. 따라서 예전의 분기별 300만 원 한도는 없어졌다. 연금 수령 시 일괄적으로 '원금 + 이자' 의 5.5%를 일괄적으로 부과했던 소득세는 나이에 따라 차등 적용된다. 이에 따라 55 ~ 70세는 5.5%, 71 ~ 80세는 4.4%, 81세 이상은 3.3%의 소득세가 부과된다. 연 400만 원 한도의 소득공제는 그대로 유지된다.

퇴직연금의 경우에는 연금소득세 적용을 받기 위해서 최소 15년 이상이 돼야 해당된다. 퇴직연금은 지금까지 가입한도 규정이 없었다. 그러나 부자들이 절세의 수단으로 이용하는 것을 방지하기 위해서 근로자는 퇴직금 이외에 추가저축을 연 1,800만 원까지만 불입하도록 하고 있다. 연금저축, 퇴직연금을 일시금으로 수령하는 경우에는 수령금액의 22%를 기타 소득세로 내야 한다.

개인 연금제도는 1994년에 시작됐다. 그 후 2001년 연금 소득세를 만들면서 연금저축으로 명칭이 바뀌었다. 최근 개편된 신연금저축제도는 2001년 이후 12년 만이다.

◉ 달라진 연금저축 내용

주요 내용	연금저축	신연금저축
의무납입기간	10년	5년
납입한도	연 1,200만 원 (분기별 300만 원)	연 1,800만 원 (분기별 한도 없음)
의무수령기간	5년	15년
연금소득세 (지방세 포함)	연금 수령 시 적립액(원금 + 이자)의 5.5%	55～70세 : 5.5% 71～80세 : 4.4% 81세 이상 : 3.3%

* 기(旣) 가입자는 현재도 자신에게 유리하게 신연금저축의 의무납입기간, 수령기간을 선택할 수 있다. 예를 들어 5년 납입, 5년 수령이 가능해졌다.

자료 : 기획재정부

연금저축 펀드란 무엇인가

Tips

연금상품 중에서 연금저축 펀드와 변액 보험은 공시이율(보험사에서는 예정이율이라고 함)이 아니고 투자한 자산의 운용 수익률에 따라서 수익을 배분하는 실적배당을 한다.

연금저축 펀드는 연 400만 원까지 소득공제가 된다. 연금저축 펀드 중에서는 월 지급식 펀드라는 것이 있다. 월 지급식 펀드는 일시에 목돈을 예치하고 투자금액에 지급률을 정해 매달 연금 형식으로 생활비를 지급하는 상품이다. 월 지급식 펀드의 가장 큰 문제점은 편입된 주식의 가격이 하락하면 투자 원금이 보장되지 않는다는 것이다.

금융회사별 연금상품의 비교

금융회사별 연금상품의 비교

◉ 금융회사별 연금상품의 비교

	연금저축(신탁) (세제 적격, 비적격)	연금저축보험 (세제 적격, 비적격)	연금저축펀드	변액보험
판매회사	은행	보험사(손보, 생보) 은행(방카슈랑스)	증권사	생명보험
적용금리	실적배당	공시이율	투자 수익률	투자 수익률
원금보장	보장	보장	보장 안 됨	보장 안 됨
납입방식	자유적립식	정액식	자유적립식	정액식 (금액 조정 가능)
예금자보호	보호	보호	보호 안 됨	보호 안 됨
장점	안정성	종신 지급 가능	수익성	수익성
단점	저이율	중도 해지 시 손실	원금 손실 가능	중도 해지 시 손실 발생

위 도표는 연금상품을 파는 금융회사의 장·단점을 비교한 것이다. 이 자료의 출처는 보험사다. 아무래도 도표 내용만 들여다보면 상품의 객관적 정보를 얻기 어렵다. 그래서 주요 항목들을 심층적으로 들여다보는 시간을 갖도록 하자.

보험사 공시이율의 한계

보험사는 공시 이율을 예정이율이라 부른다. 보험사의 저축상품은 모두 예정이율을 적용한다.

예정이율이 보험사마다 차이가 나는 이유는 예정이율이 시장금리의 변동과 보험사의 자산운용 수익률의 결과를 반영해 결정되는 구조이기 때문이다. 예정이율 방식은 매월 공시이율이 변하는 변동금리다. 앞으로 시장금리가 더 떨어질 가능성이 높다. 그렇다면 보험사의 예정이율 방식은 투자자에게 불리한 이자적용방식이다. 그들은 고객의 불만을 잠재우기 위해 '최저 보증이율' 제라는 미끼를 던져준다.

최저 보증이율
최저 보증이율은 시장 지표금리 및 운용자산이율이 하락하더라도 보험회사가 일정 이율 이상의 금리는 보장하도록 정한 최저한도 이율을 말한다. 보험회사는 공시이율과 더불어 금리연동형 상품에 대해서 보험가입 시 최저 보증이율을 공시해야 할 의무가 있다.

현재 보험사가 제시하고 있는 최저 보증이율은 2.0%에서 2.5% 정도다. 10년 초과의 경우에는 더 떨어져 약 1.5% 수준이다. 최저 보증이율은 시장금리가 아무리 떨어져도 최저 보증이율이 제시하는 금리는 보장하겠다는 것이다. 그러나 그 취지가 무색하게 보험사의 최저 보증이율은 시장금리에 크게 못 미치고 있다.

우리가 알고 있듯이 연금상품은 5년변경된 신연금저축을 기준으로 이상의 장기를 요하는 상품이다. 복리로 계산하면 금리 1%의 차이도 연금 지급시점에 가서는 큰 차이가 발생한다.

지금도 연금저축의 실질 수익률이 마이너스 상태다. 현재보다 예정이율이 더 떨어진다면 아마 연금저축 가입자들은 패닉 상태가 될 것이다. 연금지급 시기에 받는 돈이 생각보다 형편없을 가능성이 농후하기에 그렇다. 금융회사도 이 사실을 잘 알고 있다.

그래서 연금저축은 판매 주체가 은행이든, 보험사든 실적배당 방식과 변동금리 방식을 이자지급 방법으로 택하고 있다. 자신들은 절대 손해 보지 않게 금리 하락에 대한 위험을 회피하고 있다.

이 점에 대해서는 당신도 궁금했을 것이다. 왜 은행에서 파는 연금상품조차 실적배당 방식의 신탁형만을 파는 것에 대해서 말이다. 만약 금리가 지금보다 오를 가능성이 많다면 분명히 확정금리형으로 바꿔 판매할 것이다.

연금을 파는 금융회사 입장에서는 수익률이 나든 안 나든, 시장의 파이를 키워 수수료만 많이 받으면 그것이 장땡이다.

연금상품에서의 세제 적격과 비적격이란?

연금상품에서의 세제 적격 연금은 소득공제를 받을 수 있는 연금을 말한다. 또 세제 비적격 연금은 소득공제를 받을 수 없으나 10년 이상을 투자했을 때 이자 소득이 비과세되는 연금상품이다. 세제 비적격 연금은 일반 공시이율 연금과 변액 보험으로 구분한다.

세제 적격 연금은 연 400만 원까지 소득공제가 가능하나 연금 수령 시 연금 수령세로 5.5%의 연금소득세를 내야 하고 금융소득에 따라서는 종합과세 대상이 될 수도 있다. 만약 연금 형태가 아니고 일시금으로 수령할 때는 이자소득에 대해 22%에 해당하는 기타 소득세를 내야 한다. 또 중도 해지하는 경우에는 해지에 따르는 벌칙이 있다. 따라서 개인의 소득수준에 맞추어 신중하게 선택할 필요가 있다.

이에 비해서 세제 비적격 연금은 소득공제를 받을 수는 없지만, 10년 이상 유지 시 비과세되는 이점이 있다. 보험사의 일반 공시이율은 금리가 하락하게 되면 적립금이 줄어 연금 수령 시 연금액이 줄어드는 결과를 초래한다.

방카슈랑스란?

방카슈랑스
방카슈랑스(Bancassurance)는 금융회사가 다른 금융회사의 판매채널을 이용해 자사 상품을 판매하는 마케팅 전략을 일컫는다. 예를 들어서 은행창구에서 보험, 펀드상품을 판매하는 식이다. 방카슈랑스는 프랑스어로 은행 'Banque'와 보험 'Assurance'의 합성어다. 우리나라에서는 2003년 8월부터 시행됐다.

방카슈랑스는 쉽게 말해서 은행이 보험사 상품을 은행창구에서 파는 것을 총칭한다. 은행 입장에서는 자신들이 만든 상품이 아니면서 판매 수익을 얻을 수 있어 코 안 풀고 수수료만 챙기는 상품이 바로 방카슈랑스의 실체다.

방카슈랑스는 이미 오래 전부터 네덜란드 등 유럽에서 시행한 제도다. 일찍부터 해상무역으로 발전해 온 서유럽 국가는 은행과 보험의 경계를 두지 않았다.

방카슈랑스란 말도 프랑스어로 은행을 뜻하는 방카Banca와 보험을 뜻하는 인슈란스Insurance의 합성어다. 최근의 은행을 가리켜 유니버셜 뱅크라고 한다. 유니버셜이란 단어가 뜻하는 대로 현재의 은행은 모든 금융 업무를 취급하는 금융회사다.

우리는 은행을 통하면 거의 모든 금융상품에 투자할 수 있다. 문제는 일반 상품도 전문점이나 도매시장에 가야 알찬 쇼핑을 하는 것처럼, 금융상품도 전문도매시장 격인 증권사, 종금사에서 투자해야 훨씬 다양한 고수익 금융상품에 투자할 수가 있다는 것을 다시 한 번 강조한다.

보험사 연금상품의 비교

보험사 연금상품의 비교

◉ 보험사 연금상품의 비교

	세제 적격(소득공제) 연금저축보험	세제 비적격(비과세) 연금보험	변액보험(비과세)
적용금리	공시이율	공시이율	
소득공제	연간 400만 원	없음	없음
원금보장	보장	보장	보장 안 됨
세금 부과	5.5% 연금소득세	비과세 (10년 이상 유지 시)	
추가 납입	가능	가능	가능
특징	중도 해지하거나 일시금으로 수령 시 22% 세금 과세. 원천징수. 배당금이 있음. 소득공제를 원하는 급여 생활자에게 유리.	10년 이후 연금 해지 시 일시금 수령에 따르는 제약 없음. 안정성을 중시하는 투자자에게 적합한 상품.	투자자산 선택 가능. 원금보장 옵션. 만기가 따로 없음. 평생 비과세 통장으로 활용 가능.

급여 생활자의 소득공제

과세 표준별 소득공제에 따르는 세금절감 효과

◉ 과세 표준별 소득공제에 따르는 세금절감 효과

과세표준	소극세율 (주민세 포함)	초고절세 예상금액 (산출세 기준)
1,200만 원 이하	6.6%	400만 원 × 0.660 = 264,000원
1,200만 원 초과~ 4,600만 원 이하	16.5%	400만 원 × 0.165 = 660,000원
4,600만 원 초과~ 8,800만 원 이하	26.4%	400만 원 × 0.264 = 1,056,000원
8,800만 원 초과	38.5%	400만 원 × 0.385 = 1,540,000원

위의 도표를 참조해서 말하면 세제 적격 연금저축보험의 최고 장점은 월급쟁이에게는 월급을 덤으로 한 번 더 받아 13번째 월급으로 통하는 연말정산에서 돌려받게 되는 세금감면 혜택이다. 그리고 보험사 자료를 보면 연금저축은 이자계산이 연 복리이기 때문에 이자가 이자를 낳아 높은 금리가 보장된다고 말하고 있다. 여기에 연금의 적립금 운용 수익으로 배당까지 준다고 하니 세상에 이렇게 좋은 상품이 없을 것 같다.

세제 적격 연금은 급여소득대가 가장 많이 몰려 있는 1,200만 원에서 8,800만 원 소득자에게 약 660,000원에서 1,056,000원을 소득공제로 세금감면 혜택을 받는다.

세제 적격 연금은 급여생활자에게 금리보다 소득공제로 인한 이익이 더 크다. 그러나 중도 해지 시에는 고객이 받은 환급금은 기타 소득세 및 해지 수수료가 부과되어 회사가 최초로 보증한 최종 보증 이율로 계산한 환급금보다도 낮아질 수가 있다.

연금보험저축은 55세에 일시납으로 받거나 중도 해지 시는 22%주민세 포함를 과세하고, 5년 이내 해지 시에는 기타 소득세 22% 외에도 중도 해지 가산세 2.2%의 추가 범칙금을 세금으로 징수하기 때문에 일단 가입했으면 계속 유지해야 한다.

연금저축의 계약이전 제도

연금저축 계약이전 제도를 활용하면 연금계좌를 다른 금융회사로 이전 가능하다. 즉, 증권사에서 연금저축펀드를 가입한 후 주식시장이 침체기로 돌입해 주가가 급락하는 경우에 종신 지급형 연금이 가능한 연금보험저축으로 이전을 신청하면 연금저축계좌로 이동이 가능하다.

참고로 상품의 성격이 다른 일반 연금보험은 해당되지 않는다.

은행 개인연금신탁 수익률

2008~2011년도 수익률 분석

KIS 채권 종합지수
국내 유력 채권평가회사들이 평가한 채권 가격을 평균해 산출한 채권지수다. 이 외의 대표적 채권지수에는 종합 국고채 지수(KEBI)가 있다. KEBI 지수는 국고채 전 종목의 장중 변동 상황을 실시간으로 반영하는 채권지수로 2009년 7월 1일부터 실시됐다. KEBI 지수는 금융투자협회, 한국채권평가회사, 한국경제신문이 공동으로 개발해 국고채 35개 전 종목에 대해 실시간으로 시세를 반영한다.

◉ KIS 채권 종합지수와 은행의 개인연금신탁 상품의 수익률 비교(%)

	2008년	2009년	2010년	2011년
KIS 채권 종합지수	10.14	4.36	7.37	3.84
개인연금신탁 평균 수익률	3.98	4.17	3.76	3.60

위에 나오는 자료는 KIS 채권 종합지수와 은행의 개인연금신탁 상품의 수익률을 비교한 것이다. KIS 지수에서 2008년에 유독 채권의 수익률이 높은 이유는 금융위기로 당시 시중금리 흐름이 일시적으로 고금리 흐름을 보였던 것이 반영된 결과다.

어쨌든 도표에서 KIS 지수와 은행의 개인연금신탁 상품 간에는 도저히 넘을 수 없는 넘사벽의 간극이 존재함을 알 수 있다. 여기에 약 1%에 이르는 은행의 신탁 보수를 감안한다면 그 차이는 더 벌어진다. 신탁보수를 공제하면 2011년의 경우 은행신탁 상품의 실효금리는 3%에도 못 미친다. 최근의 물가 상승률과 이자소득에 대한 원천징수 15.4%의 세금을 감안하면 세전 금리가 3%가 안 되는 금융상품은 투자의 경제성에서 아무런 의미가 없다. 그저 금융회사 직원들 밥 먹고 사는 데에만 기여할 뿐이다. 가족 중에서 금융회사에 다니는 가정은 의미를 찾을 수 있을지 몰라도 정말 이런 상품은 없어져야 한다.

지금까지 노후 준비의 '머스트 해브' 상품이라고 하는 연금저축 상품에 대해 알아보았다. 결과적으로 노후 준비를 민간연금에 의지하는 것은 매우 잘못된 선택이다. 노후 준비에 대한 사고를 바꾸라고 하는 이유도 당신이 노후 준비로 생각하는 금융상품으로는 당신의 노후가 더 가난해지기 때문이다. 노후 준비에 대한 생각을 바꿔라. 그렇게 하면 반드시 길이 보인다.

책 속의 책 9

노후 준비, 당신의 몸을 믿어라

우리나라에서 노후 준비에 대한 문제가 매우 심각한 이유는 자연수명이 늘어나고 소득이 감소해서가 아니다. 모든 자본과 물류의 국경이 사라진 시대에 경기불황의 문제는 전 지구촌이 공통으로 직면하는 문제다. 그럼에도 유로존의 북유럽 국가들은 이번에 유로존을 강타한 재정위기에도 소위 보편적 사회복지 정책을 포기하지 않는다. 그들의 시각에서 보편적 복지의 문제는 이데올로기의 문제가 아니다. 그들은 사회통합의 기초 토대로 인식하고 있다.

북유럽의 근로자는 은퇴 시기만을 기다린다. 왜냐하면 이들 나라의 퇴직자들은 은퇴해도 임금 피크 시점의 80% 수준의 노후연금을 받아 은퇴 후 더 풍족한 생활을 하기 때문이다. 지중해, 카리브해를 떠도는 초대형 호화 크루즈선의 주요 고객이 바로 유럽 국가의 은퇴자들이다. 그들은 젊을 때 하지 못했던 세계 여행을 은퇴 후 여유를 갖게 되면서 비로소 즐길 수 있게 된다. 이것이 가능한 것은 바로 훌륭한 노후복지 시스템 때문이다.

그러나 우리는 어떠한가. 젊어서는 죽도록 일만 하고 늙어서는 나를 보호해 주는 사람이 없어 비참한 노후가 기다리고 있다. 그러니 대한민국이 OECD 국가 중 노후복지 최빈국이라는 소리를 듣는 것 아니겠는가.

국가가 나를 보호하지 않으니 나라도 적극적으로 노후 준비를 해야 하는데 자식들 교육시키랴, 시집 · 장가 보내고 나면 지갑에 남은 돈이 거의 없는 것이 우리나라 퇴직자의 현실이다.

이러 판국에 더 염장 지르는 것이 금융회사에서 나오는 노후 준비 자금에 대한 보고서다. HSBC가 35~55세 500명을 대상으로 조사한 결과에 의하면, 평균 노후 준비 자금이 5억 7,830만 원이란다. 또 삼성생명이 조사한 자료에 의하면, 퇴직 후 사망 시까지 은퇴 직전의 생활수준을 유지하는 조건에서의 노후 준비 자금이 8억 1천만 원이란다.

물론 이 자료는 금융회사가 마케팅 차원에서 발표한 것이지만, 그래도 열불나기는 마찬가지다. 이들 금융회사는 그나마 남은 우리의 노후자금을 빨대로 빨아먹는 존재들 아닌가.

나는 이 논리에 절대 동의하지 않는다. 그리고 정치적으로도 노후복지 문제는 급진전될 것이기 때문에 개인의 노후 준비 자금이 앞으로는 줄어들 것으로 기대한다. 사실 이 문제를 방치하고 어떻게 대한민국이 좋은 집좋은 국가이 될 수 있겠는가.

개인적으로도 노후 준비에 대한 생각이 코페르니쿠스적으로 바뀌어야 한다. 즉, 돈으로 노후 준비가 해결된다는 생각을 바꾸어야 한다. 은퇴자가 퇴직 후 잡을 수 있는 직업에서 사무직은 1% 미만이다. 대부분은 몸을 써야 먹고 살 수 있는 일이다. 이를 부정적으로 생각할 필요가 없다. 육체적 노동은 고령자에게 치명적인 질병을 예방시켜 주는 효과가 있다. 실제 65세 이상의 고령자들에게 가장 많이 드는 비용이 질병 관련 의료비라는 것을 감안하면, 육체적 일은 경제적 소득과 질병 예방 차원에서 두 마리 토끼를 다 잡는 일이다.

자녀들 다 출가시키고 부부만 사는 가정으로 빚이 없다면 노후 준비 자금 없이도 품위 있는 경제생활을 할 수 있다고 생각한다. 물론 품위 있는 경제생활의 기준이 개인마다 다 다를 수는 있다.

퇴직 후에까지 좋은 일자리에 연연하면 안 된다. 그런 일자리는 우리 자식 세대들에게 물려주고 전직이 어떻든 간에 몸으로 하는 일을 찾으면 그런 일자리는 얼마든지 있다.

내가 아는 선배 중에 한 분은 유명 제약회사에서 이사로 있다가 퇴직했다. 그분 동기들이 집에서 할 일이 없어 빈둥대는 시간에 그 선배는 뒤늦게 석공 일을 배워 부부가 경제적으로 부족함 없이 행복하게 산다. 몸을 써야 하는 일이 고되기는 하지만 일을 통해 얻어지는 가치가 돈 이상으로 크다고 선배는 말한다.

반면에 또 내가 아는 전직 은행 지점장 출신의 선배는 퇴직 후에도 금융권 언저리에서 맴돌며 브로커 일을 하면서 여전히 한방을 노리고 산다.

과연 누가 옳은 것인지 가치 판단을 하기는 어렵지만, 나는 전자가 훌륭한 선택이라고 생각한다. 우선 그 선배의 얼굴에는 그늘이 없고 하루하루를 즐기면서 산다는 느낌이 있다.

퇴직 후에도 주 40시간 일하면 매월 100만 원 내외의 수입이 보장된다이런 일자리는 찾으려고 마음만 먹으면 얼마든지 있다. 그리고 앞으로 비정규직에 대한 처우 개선이 획기적으로 이뤄진다면 노동의 육체적 강도는 많이 약해질 것으로 기대한다. 얼마가 됐든 근로 소득이 매월 발생하고, 여기에 국민연금과 퇴직금, 그리고 그동안 모아놨던 종잣돈이 있는 사람은 초라하지 않은 경제생활을 할 수 있다.

내가 퇴직 전에 집을 줄여서 적은 평수로 옮기고, 그 차액으로 소형 오피스텔을 매입해 임대소득을 노리라고 하는 이유는, 소형 오피스텔은 수천만 원으로 투자가 가능하다. 여기에서 매월 40~60만 원의 임대소득이 발생하는 경우 퇴직 후 부부가 큰돈을 준비하지 않아도 평균 수준의 경제생활을 해나갈 수 있다.

금융회사의 노후 준비 자금에 대한 조사결과만큼 경제수준을 확보하고 있는 사람은 전체의 10% 이내다. 랜덤으로 어쩌다 나오는 자료에 주눅 들지 말기 바란다. 왜냐하면 그 조건에 해당되는 사람보다 그렇지 않은 사람이 훨씬 많다.

22

연금이 당신의 노후를 망치고 있다 II

연금이 당신의 노후를 망치고 있다는 말은 맞다. 최근에는 퇴직연금이 근로자의 퇴직금마저 끌어들이고 있다.

2012년 7월부터 퇴직급여 보장법이 전면 실시됨에 따라서 4인 이하의 사업장2010년 12월 이후 4인 이하 사업장까지 퇴직금 지급이 의무화되는 퇴직연금제도가 법적으로 보장되었다은 무조건 이에 따라야 한다.

퇴직연금은 회사로부터 받게 되는 퇴직금을 연금 형태로 받아 안정적인 노후생활을 하기 위한 퇴직급여의 한 가지 형태다. 금융회사가 운용하는 연금저축, 퇴직연금은 결론적으로 말해 그나마 남아 있는 개인의 잉여소득을 금융회사가 빨대 꽂고 빨아 먹을 수 있게 정부가 합법적으로 보장하는 것이나 다름없다는 것이 문제다.

어쨌든 퇴직급여 보장법이 전면 실시됨에 따라서 1인 기업이나 가족 기업을 제외한 모든 사업장에서는 퇴직금 지급이 의무화됐다. 퇴직급여 보장법은 정부가 앞장서서 퇴직금 운용을 강제하는 연금 보장법이다. 이제 퇴직연금이 우리의 미래에 어떤 영향을 미칠 것인지에 대해 그 경제성을 따져봐야 한다.

퇴직연금의 형태

퇴직연금의 형태는 확정급여형DB형, 확정기여형DC형, 개인퇴직계좌IRA가 있다.

확정급여형

확정급여형은 간단하게 말해서 회사가 근로자의 퇴직금 운용을 주관하는 방법이다.

확정급여형은 자신이 미래에 받게 되는 퇴직금의 예측이 가능하고, 퇴직금의 적립과 운용을 회사가 주관하기 때문에 개인 입장에서는 편리한 점이 있다. 개인이 퇴직금 운용의 주체가 되는 확정기여형은 스스로 자신이 금융회사를 찾아서 해야 하기 때문이다.

확정급여형을 선택하는 경우에는 회사가 파산해도 퇴직금의 60% 이상을 사내에 적립해 둔 돈으로 보장받을 수가 있다. 그러나 그 나머지는 못 받을 수도 있다. 따라서 확정급여형은 회사가 파산할 가능성이 거의 없거나 이직율이 낮은 근로자가 선택하면 좋다.

최근 확정급여형을 운용하는 회사의 퇴직금 운용 수익률이 너무 낮아 문제가 되고 있다. 2012년을 기준으로 확정급여형 원리금 비보장 상품을 운용하는 43개사 중에서 33개사의 퇴직금 운용 수익률이 마이너스 수익률을 기록 중이다.

확정급여형은 퇴직금에 해당하는 금액을 퇴직연금 사업자에게 맡겨 퇴직금을 운용하는 방식이다. 임금 상승률을 고려해 근로자가 받을 퇴직급여는 거의 확정된다.

확정급여형은 운용수익 손실을 회사가 책임지는 이점이 있다. 확정급여형의 경우 퇴직금 사업자는 회사가 선정하고 근로자는 이에 관여하지 않는다.

확정기여형

확정기여형은 퇴직금을 근로자의 개별 계좌로 이체하면 근로자가 주도적으로 퇴직연금 사업자를 직접 찾아가 운용을 맡기는 방식으로 운용수익 손실을 근로자가 책임진다.

확정기여형은 근로자가 스스로 금융회사의 상품에 대한 학습을 해야 하는 번거러움이 있다.

확정기여형은 운용수익이 높을 경우에 법적 퇴직급여보다 많은 퇴직금을 받을 수 있고, 개인의 여유자금을 추가로 저축할 수 있다. 확정기여형 운용사업자 49개사 중에서 수익률이 마이너스인 회사는 2012년 기준으로 46개사다.

확정급여형과 확정기여형의 차이

확정급여형과 확정기여형의 차이는 퇴직금의 운용 주체가 누구이냐에 따라 달라진다. 확정급여형은 정해진 퇴직금을 수령할 수 있는 대신에 운용의 위험성과 수익성을 회사가 주도하고, 확정기여형은 회사가 정해진 퇴직금을 근로자 계좌에 이체시키면 퇴직금 운용에 따른 수익성, 안정성을 근로자가 책임지는 형태다.

확정급여형의 경우 손실에 대한 위험을 회사가 지기 때문에 법적으로 정해진 퇴직금을 받을 수 있는 장점이 있고, 확정기여형은 손실 발생의 위험을 근로자가 지나 퇴직금 운용 결과에 따라서 추가 수익의 발생 가능성이 있다.

개인퇴직계좌

개인퇴직계좌는 근로자가 회사를 이직할 시 회사의 퇴직급여 운용형태가 이전 회사와 다를 수 있다는 점을 고려해 근로자가 자신의 퇴직급여를 한곳에 모아서 관리할 수 있게 한 것이다.

개인이 자신의 퇴직계좌를 관리하게 됨으로써 수익과 손실의 위험을 모두 개인이 부담한다는 측면에서 확정기여형과 같다고 할 수 있다. 그러나 확정기여형은 퇴직금을 회사가 부담하지만 개인퇴직계좌는 개인이 모든 자금을 부담한다.

개인퇴직계좌는 퇴직 전용통장이다. 퇴직 후 60일 이내 퇴직금 일시금의 80% 이상을 개인퇴직계좌로 이전하면 퇴직소득세 과세가 해당 계좌의 해지 시점까지 늦춰지는 이점이 있다.

개인퇴직계좌는 세제혜택을 받을 수 있고, 중도 해지가 자유롭다. 개인퇴직계좌를 운용하는 동안에 발생하는 수익에 대해 이자소득세가 면제되고, 해지할 때는 원금과 운용수익 전체에 대해서 퇴직소득세만 부과된다.

자금이 필요한 경우 언제든 중도 해지가 가능하며, 중도 해지이율이 아닌 약정이율이 적용된다. 퇴직금을 개인퇴직계좌로 옮기면 퇴직시점에 과세했던 세금퇴직금 소득세을 환급받을 수 있다.

개인퇴직계좌는 은행, 보험, 증권사에서 판매한다. 개인퇴직계좌는 퇴직 소득세 이자수익이 비과세되는 절세효과가 있다. 개인퇴직계좌는 80% 이상의 퇴직금을 퇴직 후 60일 이내에 가입해야만 한다. 개인퇴직계좌 운용기간에 발생하는 수익에 대해서는 이자소득세가 면제되나, 해지 시에는 운용수익 전체에 대해 과세한다는 점을 알고 있어야 한다.

개인퇴직계좌는 연금 형식으로 수령할 수도 있고, 중도 해지도 자유롭다. 연금 수령 시기는 55세부터다.

퇴직연금의 수익률

퇴직연금은 기업이 회사 내에 적립해 두었다가 퇴직자에게 일시금으로 주던 기존의 퇴직금 제도를 바꿔 금융회사에 맡겨 퇴직금을 운용하게 하고, 그 돈을 퇴직자에게 연금 형태로 지급하게 하는 것이다. 퇴직연금에는 앞서 말한 대로 확정급여형과 확정기여형이 있다. 확정급여형은 회사가 단체로 연금의 운용기관을 정하는 것이고, 확정기여형은 근로자가 운용기관을 개별적으로 정해 퇴직금을 운용하는 방식이다. 여기에 개인이 퇴직계좌를 관리하는 개인퇴직계좌가 있다.

형태는 다르지만 퇴직연금은 퇴직 후 노후생활에 직면한 퇴직자에게는 생명줄 같은 돈이다. 형태가 중요한 것이 아니고 수익률이 중요하다.

현재 각 은행이 운용하는 퇴직연금은 수익률이 1% 미만일 경우에도 수수료만 1% 가까이 공제한다. 4대 시중은행의 퇴직연금 수익률에 수수료를 1% 공제하고, 수수료를 공제한 수익률에 15.4% 과세까지 하면 그 수익률은 3% 이하가 된다.

이런 상품에 노후의 생명줄 같은 돈을 맡기는 것이 과연 누구를 위한 것인가. 정부는 이 시장에 개입해서 적어도 물가 상승률도 못 넘는 수익률을 내는 금융회사에게는 수수료를 못 받게 하는 등의 규제책을 강구해야 한다.

퇴직연금을 도입할 당시 정부는 기업들이 보수적으로 운용해 오던 퇴직금의 수익률을 높이고자 이 제도를 도입했다고 말했다. 그러나 현실은 그렇지가 못하다. 은행들은 수익을 내기는커녕 수수료만 떼어가 자신들의 뱃속만 채우고 있다.

그럼에도 국민 · 우리 · 신한 은행 등 3대 은행의 퇴직연금 수탁고만 15조 원이 넘는다. 만약 퇴직연금을 운용하는 50여 개의 금융회사를 다 합한다면, 퇴직연금 수탁고는 천문학적인 금액이다. 이 돈들의 운용결과가 수많은 근로자에게는 실질 수익률 마이너스를 안겨주고, 이를 운용하는 회사에게만 배를 채워주고 있다.

연금저축도 수익률이 낮기는 마찬가지다. 채권으로 투자하는 은행의 연금신탁 상품은 16개의 시중은행 평균 수익률이 3.03%다. 같은 기간의 채권 종합지수에도 턱없이 못 미친다. 만약 은행의 연금 신탁을 선택하지 않고, 우량 회사채에 투자하는 경우 최소한 이보다 수익률을 2배는 더 받을 수 있다.

현재 은행의 연금 신탁 수수료가 0.7~0.9% 수준이다. 1% 미만의 수익률을 낸 은행은 수수료가 고객에게 돌려준 수익과 별 차이가 없다.

낮은 수익률을 기록해 놓고도 수수료만 받아가는 현재의 불공정한 연금시장은 다시 말하지만 개혁의 대상이다.

23

간접투자는 당신의 노력, 헌신, 수고를 항상 배신한다

펀드는 금융상품 중에서도 최고로 불공정한 상품이다. 이는 수치가 말해 준다. 국내에서 판매되는 주식형 펀드의 평균 수익률은 시장 평균을 넘지 못한다.

시장평균 수익도 못 내는데 수수료는 반드시 내야 한다. 적어도 펀드가 시장으로부터 진정성을 얻기 위해서라도 시장평균 수익률을 못 넘는 펀드는 수수료를 낮춰 받고, 원금 손실이 발생한 펀드는 수수료를 받지 말아야 한다.

펀드회사가 마이너스 수익률을 내면서도 사세가 계속 성장하는 이유는 원금이 손실이 나더라도 많이 팔수록 수익은 체증되는 구조이기 때문이다.

워렌 버핏도 투자를 권하는 인덱스 펀드

세상에서 가장 성공한 투자자로 잘 알려진 워렌 버핏은 알고 보면 하이브리드잡식성 투자자의 전형이다. 그의 포트폴리오에 있는 종목들은 식품에서 금융, 제조업, IT에 이르기까지 업종을 가리지 않는다.

그런 그도 펀드에 대한 평가는 매우 인색하다. 그런 그가 하는 말이 정 그렇게 펀드에 투자하려 한다면, 시장 평균 수익률을 목표로 하는 인덱스 펀드에 투자하라는 것이다.

펀드에 투자하는 사람이 고작 시장 평균 수익률을 노리고 주식형 펀드에 투자하겠느냐만은 그가 인덱스 펀드를 추천하는 이유는 펀드라는 상품이 주가 등락에 따라 얼마든지 원금 손실의 발생 가능성이 있고 펀드를 운용하는 자산운용사의 실력을 믿을 수 없기 때문이다.

여기에 원금 손실이 발생해도 투자 원금의 1%에서 3% 이상을 수수료로 내야 하는 펀드에 투자하는 것은 그의 시각으로도 매우 어리석다고 본 것이다.

그런 면에서 자산운용사에 속한 펀드매니저의 간섭이 거의 없는 지수형 펀드인 인덱스 펀드가 그나마 수수료도 싸고 최소한 시장 평균 수익률은 보장받을 가능성이 크기에 여타의 펀드보다 낫다고 본 것 이다.

뱅가드
뱅가드 그룹(Vanguard group)은 세계 최고의 인덱스 판매 뮤추얼 펀드 회사다.

인덱스 펀드는 미국에서 최대 펀드 회사의 하나로 성장한 뱅가드vanguard에서 최초로 만들어졌다. 뱅가드가 S&P 지수와 연동시켜 시장 평균 수익률을 목표로 하는 인덱스 펀드를 최초로 시장에 내놨을 당시 시장의 반응은 매우 냉담했다.

앞에서 언급했지만, 주식투자에 나서는 사람은 그것이 직접투자든, 펀드를 통한 간접투자든 간에 시장 평균을 넘는 높은 수익률을 기대하는 것이 일반적인 심리다. 그런데 인덱스 펀드의 경우 고작 시장 평균 수익률을 목표로 한다니 시장 초기의 반응이 냉담할 수밖에 없었을 것이다.

시장의 조롱 속에 출범한 인덱스 펀드는 시장의 조롱을 뒤엎었다. 뱅가드는 1975년에 관리하는 자산 총액이 1,100만 달러에서 900억 달러가 넘는 메가 펀드회사로 성장했다. 당연히 시장의 냉담했던 반응은 호의적으로 변했다.

인덱스 펀드는 지수형 펀드다. 쉽게 말해서 최소 80개에서 120여 개 내외의 시가총액 상위 종목으로 포트폴리오를 구성하고, 포트폴리오에 편입된 종목의 수익률이 펀드의 수익률이 되는 펀드다. 포트폴리오에 편입된 종목 중에서 경영성과가 두드러진 기업의 편입비중을 높게 가져가는 것이 인덱스펀드의 일반적 형태다.

인덱스 펀드도 연동되는 지수에 따라서, 시장에 대응하는 방법에 따라서 결과에 차이가 있을 수 있기 때문에 시장흐름과 자신의 투자 성향에 맞는 펀드를 찾아 투자하는 것이 옳은 방법이다.

주식처럼 사고파는 상장지수펀드

우리말로 상장지수펀드라고 하는 ETF exchange traded fund는 인덱스 펀드를 유가증권시장에 상장시켜 주식처럼 사고팔 수 있게 만든 것으로 일반적인 주식 거래와 똑같다고 생각하면 된다.

ETF는 국내에서는 주로 KOSPI 200지수, KRX 100 등과 같은 특정 지수의 수익률에 연동되는 인덱스를 거래가 용이하게 상장시킨 것이다. 따라서 당연히 수시로 사고팔 수 있고, 일반 주식처럼 거래수수료도 없다.

ETF는 개의 꼬리가 몸통을 흔드는 웩더독wag the dog 현상의 늪에 빠지는 결과를 경계해야 한다. 이 말이 무슨 말인가 하니, 인덱스 펀드의 운용을 담당하는 자산운용사들이 ETF의 수익률을 높이기 위해 ETF에 편입된 종목군들의 주식을 ETF에 투자된 자금으로 매집하는 경우가 발생하고 반대로 매도하게 되면 ETF의 인덱스에 편입된 종목을 팔아야 하는 경우가 발생한다.

이 과정에서 주식시장에서 폭락장이 오게 되어 ETF 매도 물량이 쏟아지게 되면 자산운용사들은 보유종목을 내다 팔게 되고, 이에 따라 주가 폭락이 온다. 이렇게 ETF의 수익률을 높이기 위해 인덱스에 편입된 종목을 매매하면 ETF가 현물시장주식시장의 주가에 영향을 미치는 현상이 발생한다. 이를 가리켜 꼬리가 개의 몸통을 흔드는 웩더독 현상이라고 한다.

최근 들어서 ETF의 시가총액이 급증한 이유는 아무래도 금융위기가 상수화되면서 그 위기의 대안 상품으로 ETF가 부각된 탓이다. 2012년 말 기준으로 국내 ETF 시장은 준자산 총액이 14조 7,177억 원을 기록했다. 2012년 ETF 개설 당시의 3,444억 원과 비교해 43배 커졌다. 현재 ETF 상장 종목은 135종목이다. 유가증권시장의 1.3%

를 차지한다. 일평균 거래 대금은 11.3% 수준이다.

일반 주식형 펀드의 환매추세에도 ETF 시장은 신규상장과 자금유입이 이어지고 있다. 주식형 펀드의 들쑥날쑥한 수익률에 지친 투자자들이 그 대안으로 ETF를 선택하고 있는 결과다. 앞으로 ETF 시장은 2015년까지 30조 원까지 성장할 것으로 예상하고 있다. 주식형 펀드들이 시장 평균에도 못 미치는 수익률을 내면서 그 반동의 결과로 ETF 거래가 증가한 것으로 볼 수 있다.

ETF는 일반적 주식형 펀드와 비교해서 몇 가지 장점이 있다.

첫째, ETF는 상장된 펀드를 주식투자와 똑같이 사고팔 수 있어 투자가 편리하다. 둘째, 인덱스 펀드는 주식형 펀드와 비교해 안정적인 수익률을 낸다는 점이다. 주식형 펀드가 특정 소수의 개별 종목에 공격적으로 투자한다면, 인덱스 펀드는 KOSPI 200 지수나 업종, 상품, 채권 관련 지수에 연계해 투자하기 때문에 분산효과가 극대화된다. ETF는 인덱스 펀드에 투자하는 모母 펀드의 개념이다. ETF는 인덱스 펀드의 모펀드로 인덱스 펀드가 KOSPI 200 지수에 편입된 종목에 투자한다면 ETF는 다양한 인덱스 펀드에 투자하는 것이다. 셋째, ETF는 운용 수수료가 매우 낮다. 수수료가 가장 낮다는 인덱스 펀드보다 더 낮은 0.15～0.6%로 매우 싸다.

ETF의 유형 중에서 주목해 볼만 것이 인버스 ETF와 레버리지 ETF다. 인버스 ETF는 '거꾸로 펀드' 라고 할 수 있다. 즉, KOSPI 200 지수가 하락하면 수익이 나고, 그 반대의 경우는 수익이 떨어지는 구조로 설계돼 있다. 레버리지 ETF는 코스피 등락폭이 커질수록 고수익을 내는 펀드다.

ETF 시장에서 이 두 가지 유형이 차지하는 시장점유율이 각각 40%로 합하면 80%를 차지한다. 물론 이 비율은 시장변동에 의해 얼마든지 달라질 수 있다. 이 두 가지 펀드 유형이 ETF 시장을 거의 독점하는 이유는 아무래도 유로존의 재정위기가 가져온 시장의 변동폭이 커진 것 때문이다. 이런 흐름에서 개별 기업을 분석하거나 주가를 전망할 필요가 없고 투자가 편리한 ETF에 돈이 몰리는 것은 어찌 보면 당연하다고 할 수 있겠다.

레버리지 ETF는 시장 평균 이상의 수익률을 올리기 원하는 공격적 성향의 투자자에게 적합하고, 인버스 ETF는 우량 종목으로 이미 포트폴리오를 하고 있는 투자자가 주가 하락에 대비해 그 위험을 축소하는 리스크 회피의 수단으로 활용할 수 있다.

"꼬리가 개의 몸통을 흔든다." 웩더독 현상

Tips

웩더독wag the dog 현상이란 "꼬리가 개의 몸통을 흔든다"는 뜻으로 앞뒤가 바뀌었다는 말로 선물이 현물시장을 흔들 때를 가리켜 흔히 쓰는 표현이다.

선물시장은 주식시장의 위험을 회피하기 위해 개설되었지만 선물의 영향력이 커지면서 선물이 주식시장의 주가를 뒤흔드는 주객 전도의 상황이 나타났고 이를 개가 꼬리를 흔드는 것이 아닌 꼬리가 개의 몸통을 흔드는 상황과 같다고 해서 이를 웩더독 현상으로 표현하고 있다. 원래 웩더독 현상은 정치용어로 국민 또는 여론의 시선을 다른 쪽으로 돌리거나 비난을 잠재우기 위해 연막을 치는 행위를 가리킨다.

1997년에 배리 레빈슨 감독이 연출한 영화 〈왝더독〉은 이를 잘 표현한 영화다. 이 영화에서 대통령 진영은 재선이 어렵게 되자 국민의 시선을 다른 곳으로 돌려 결국 재선에 성공한다는 줄거리의 영화다. 한때 우리나라도 국내정치와 관계없는 소위 북풍여론으로 대선결과에 크게 영향을 미치는 정치의 웩더독 현상이 발생하곤 했다.

ETF 시장에서의 웩더독 현상은 ETF의 수익률을 높이기 위해 ETF에 편입된 인덱스 펀드에 속해 있는 종목들을 매매함으로써 상장지수펀드인 ETF가 오히려 주식시장의 주가에 영향을 미치는 현상을 말한다.

적립식 펀드를 아직도 적금으로 알고 있는 당신은 바보다

저금리 시대로 금융시장이 진입하면서, 저축상품의 대안으로 등장해 급속히 사장의 파이가 커진 대표적 상품이 적립식 주식형 펀드다.

이 상품으로 군소 자산운용사에 불과했던 미래에셋은 메가 자산운용사를 넘어서 국내 굴지의 메이저 금융그룹이 됐다. 이는 한 기업의 성장사로는 경이롭다고 할 수 있겠지만, 실은 시장 투자자를 감언이설로 속여 투자자의 잉여소득을 갈취한 결과이지 아무런 공익성이 없다. 나중에서야 투자자들은 적립식 펀드가 결국 위험 가중치가 높은 주식 성장형 펀드에 불과하다는 것을 깨닫게 됐다.

적금상품은 수익률이 낮더라도 100% 원금을 보장하는 것이 장점이다. 적립식 펀드는 이를 기준으로 할 때 적금상품이 아니다. 그냥 주식을 나눠서 투자하는 상품에 불과하다. 이 사실을 알고 난 후 수많은 투자자들은 적립식 펀드가 결국 자산운용사의 배만 채워주는 수단에 불과했다는 것을 알게 됐다. 그럼에도 아직도 적립식 펀드를 일반 적금상품으로 알고 있다면 당신을 바보라고 말할 수밖에 없다.

자산운용사가 말하는 적립식 펀드의 장점은 매월 일정 금액으로 주식을 사기 때문에 소위 분할매수 효과가 발생해 평균 매입단가를 낮추는 것에 있다고 한다. 즉, 같은 돈으로 주가가 높을 때는 적은 수의 주식을 사고, 그 반대의 경우에는 상대적으로 많은 주식을 사기 때문에 주식의 평균 매입단가를 낮추는 효과가 있다는 것이다.

그러나 이 말은 정교하게 만들어진 수사에 불과하다. 이유는 이 효과가 발생하기 위해서는 주가가 일정한 박스권에서 움직인다는 가정이 성립돼야 한다는 점이다. 그리고 모든 종목의 주가가 낮아지는 경우에 주식을 싸게 산다고 해서 적립식 펀드의 수익률이 높아지는 것이 아니다.

우리가 적금에 투자하는 목적은 금리가 낮아도 의미 있는 종잣돈을 만들고자 함이지 높은 수익률을 기대하고 하는 것이 아니다.

적립식 펀드는 일반 적금상품과 다르게 주가 등락에 따라서 언제든 원금 손실의 가능성이 있고, 운용 수수료가 투자 원금의 3%에 이른다. 지금은 금리 0.1%에도 거래 금융회사를 옮기는 시대다. 그런데 3%의 수수료를 내고 투자할 만큼 적립식 펀드가 가치 있는 상품이던가.

자산운용사는 수급을 고려해야 되기 때문에 살 수 있는 종목이 제한적이다. 대부분 시가총액 상위 종목으로 포트폴리오를 구성한다. 그렇다면 개인이 주도적으로 미래에 수익성이 개선될 것으로 예상되는 시가총액 우량종목을 매월 꾸준하게 사면 될 것이지, 무엇 하러 높은 수수료를 내가면서 적립식 펀드로 간접투자하는가. 직접 투자하면 주가 급락장에서 손절매의 이니셔티브를 내가 쥐고 있기 때문에 치고 빠지는 것에서도 유리하지 않은가.

펀드회사의 블루오션 주가연계증권

주식형 펀드의 수익률에 대한 실망감이 확산되면서 자산운용사가 밀고 있는 상품이 주가연계증권이라 부르는 ELS다. ELS는 분명 자산운용사에게는 새로운 캐쉬카우가 된다는 점에서 블루오션이다.

ELS equity linked security, 주가연계증권 나 ELD equity linked depdgit, 주가연계예금 모두 주식 편입 비중이 높은 성장형 펀드의 위험을 줄일 수 있게 설계된 펀드다. 이들 상품은 펀딩된 자금을 처음에 채권 정기예금에 투자해 만기시점까지 원금을 보장할 수 있는 안정성을 최대한 확보한 후 주식 · 선물 · 옵션 등의 파생상품을 활용해 위험은 낮추고 수익은 높인다는 점을 내세운다.

ELS는 기본적으로 원금을 보장하는 펀드로 알려져 있지만, 최근에는 파생상품이 덕지덕지 붙는 바람에 안정성은 사라지고 수익이 역마진 나는 예가 비일비재하다.

우리는 돈이 있으면 무조건 돈을 굴려야만 된다고 믿고 있다. 예금금리가 최소한 5%가 넘으면 그 말은 맞다. 그러나 현재는 그런 시대가 아니다. 쉬는 것도 투자가 되는 시대다.

저금리로 인해서 투자상품을 선택하는 일이 쉽지 않다는 것을 잘 알고 있다. 이 때문에 펀드에 눈이 가는 것도 이해할 수 있다. 그러나 펀드에 투자하는 순간부터 당신은 원금의 손실이 나도 펀드회사에 수수료를 갖다 바쳐야 하는 노예 신세로 전락하게 된다. 심한 표현이라 해도 할 수 없다. 과장된 표현일 수는 있어도 실상이 그렇다.

내가 말하는 것이 절대적일 수 없다는 것을 잘 알고 있다. 그럼에도 내가 채권과 소형 수익성 임대부동산에 더 많은 관심을 갖고 투자할 것을 권하는 것은 현재의 시장환경에서는 이들 투자상품이 예측 가능한 수익률을 보장하고 있기 때문이다.

개인의 재테크는 되도록 위험을 피하고 최대한 수익률이 예측 가능한 상품으로 투자해야 한다. 그렇게 재테크의 안정성을 확보한 후에 위험이 높은 상품의 투자비중은 최소화해야 한다. 이렇게 하는 것이 정석이다.

Tips

주가연계상품에 대해서

주가연계상품에는 ELSEquity-Linked Securities, 주가연계증권, ELDEquity-Linked Deposit, 주가연계예금, ELFEquity-Linked Fund, 주가연계펀드가 있다. 주가연계상품을 사전적으로 해석하면 주가에 주식, 예금을 연계해서 투자하는 ELS, ELD가 있고, ELS를 편입자산으로 하는 ELF가 있다. 주가연계상품 중에서 최근 핫HOT상품이 ELS다. ELS는 2003년부터 국내에 판매가 허용된 금융파생상품 중 하나로 개별 주식의 가격이나 주가지수에 연계시켜 투자수익이 결정되는 상품이다. ELS는 우량채권에 투자하여 원금을 보존하고 그 일부를 주가지수, 옵션 등의 다양한 금융파생상품에 투자해 투자위험은 낮추고 고수익을 추구한다고 하나 최근의 흐름은 위험만 높고 수익은 낮은 전형적인 로우일드Low yield 하이리스크High Risk 상품이 되고 있다.

24

금리에 적응하라

금리를 결정하는 요인은 너무 많다. 환율의 변동, 시중 통화량, 정부의 금리 정책, 물가, 정부 재정, 유가, 경기 등락 등등.

한국은행이 존재하는 가장 중요한 이유는 물가 통제다. 현재의 물가 수준으로 본다면 한국은행의 금리 정책은 매우 보수적으로 운용되고 있다. 한국은행이 이처럼 금리를 보수적으로 운용하는 이유는 정부의 기업친화적 정책과 무관하지가 않다.

우리 금융시장은 알다시피 1990년대 중반까지 관치금융의 시대였다. 그 이후 금융 자유화가 추진되고, IMF 외환위기 사태로 금융시장을 완전히 개방하면서부터 우리 금융시장은 무한경쟁 시대로 진입했다.

금융 자유화 이전과 이후 확실하게 달라진 점이 금리이다. 금융 자유화 이전에 우리 금융시장은 만성적인 자금의 부족으로 인해 고금리 흐름이 계속돼 왔다. 금융 자유화 이후에 자금의 공급이 수요보다 많아지면서 본격적인 저금리 시대가 도래하게 되었다.

우리가 일반적으로 말하는 금리는 시장 실세금리다. 시장 실세금리의 기준은 국가가 발행하는 국고채 3년물의 증권시장 내에서의 유통 수익률이다.

이 시장 실세금리는 환율, 한국은행의 금리정책, 물가, 시장의 유동성, 채권 발행 주체의 위험 가중치 등에 의해서 매일 변동된다. 금융위기로 시장 전체의 위험 가중치가 급상승하는 경우는 시장 실세금리는 치솟는다.

시장 실세금리 변동에 따라서 매우 민감하게 반응하는 투자상품이 채권이다. 채권투자는 수익률이 금리 변동에 의해 절대적으로 영향을 받는다.

시장금리의 변동은 주식투자라고 해서 예외는 아니다. 금리가 낮아지면 채권에서 이탈된 자금이 주식에 집중되어 주가를 끌어올린다. 우리는 이를 두고 유동장세 또는 금융장세라고 한다. 주식시장에서 '정말 큰 장은 금융장세' 라는 말이 있는 것처럼, 기업 실적이 주가를 결정하는 실적 장세보다 더 강력한 힘을 발휘하는 것이 금융장세다.

최근에 우리 경제, 상장기업의 펀더멘탈에 특별한 호재가 없었다. 오히려 아직 끝나지 않은 유럽발 재정위기로 인한 시장의 불확실성은 더 강해졌다. 그럼에도 주가는 떨어지지 않고 있다. 물론 주가 상승에 의한 자본이득을 소수의 대기업이 독점하고 있는 것은 불편한 진실이다. 아무튼 시장 유동성에 비해 금리는 크게 떨어져 투자자는 과거와 다른 금융환경에 거의 멘붕 상태다. 지금처럼 저금리로 인해 투자할 곳이 마땅치 않은 상태가 지속되면, 시장 유동성은 주식시장으로 몰릴 수밖에 없다. 그래서 경제의 펀더멘털과 무관하게 주가는 현재 흐름을 계속 유지할 가능성이 크다.

안철수 열풍으로 한때나마 정치 테마주에 돈이 몰렸다. 그 여진은 아직 끝나지 않았다. 대선에서 여당이 승리하면서 이와 관련된 새로운 정치 테마주가 급등하는 흐름이 반복되고 있기 때문이다.

주가는 기업 실적을 대변하는 것이라고 아무리 말해도 정치 테마주에 돈이 몰리고, 이들 종목의 주가가 기업의 내재가치에 비해서 말도 안 되게 오른다. 그러다 정치 지형이 바뀌면 언제고 주가가 폭락하는 것이 정치 테마주다. 이렇게 상식 없는 투자를 하면서 주식투자로 성공하기를 바라는 것은 욕심이라고 생각하지 않는가.

금융상품 투자 역시 금리가 수익률에 절대적으로 영향을 미친다. 확정금리 상품은 100% 시장 실세금리의 변동이 수익률을 결정한다. 확정금리 상품은 가입시점의 금리가 만기까지 확정된다. 시장금리가 떨어지면 확정금리 금융상품의 수익률은 역시 떨어진다.

초저금리로 인해서 보수적 투자자들조차 주식시장을 기웃거리는 것도 저금리로 인해 확정금리 상품의 수익률이 크게 떨어졌기 때문 아니겠는가. 주식시장에 특별한 호재가 없음에도 50대 이상 퇴직자의 신규 주식계좌가 계속 증가하고 있는 것이 바로 이 흐름을 반영하는 것이다.

지금 확정금리 금융상품으로는 1억 원을 투자해도 매월 받을 수 있는 세금 공제 후 이자가 30만 원도 안 된다. 변동금리 방식을 택하고 있는 연금저축 상품의 수익률은 확정 금리 상품보다도 더 심각하다.

앞으로 금융상품 투자의 경제성을 담보하는 시장 실세금리는 더 떨어진다. 금리가 투자의 거의 모든 것을 결정한다. 스스로 금융상품의 프레임에 갇혀서 다른 대안을 찾지 못하면 당신의 현금자산은 당신에게 어떤 선물도 줄 수 없다. 그래서 저금리 시대에서의 투자는 그 경계를 두어서는 안 된다.

경제성장의 속도는 늦춰지고, 소득은 감소하는 감속경제 시대에 우리는 살고 있다. 씀씀이를 줄이지 않으면 소득을 늘려야 현재 수준의 경제생활 수준을 유지할 수가 있다. 그렇지 않으면 그 차이만큼 빚을 내야 한다. 급속히 증가하고 있는 가계부채가 이런 흐름을 반영하는 것이다. 지출은 줄이지 않고, 빚의 의존도를 높이면서 우리는 지금 가계대출 1,000조 원 시대를 살고 있다. 더 큰 문제는 지금도 가계대출이 계속 늘고 있다는 점이다.

한번 생각해 보자. 100원을 버는 것이 쉬운가. 100원을 덜 쓰는 것이 쉬운가. 대부분 이성을 갖고 사는 사람이라면 후자를 선택해야 한다. 그럼에도 가계대출이 계속 늘어나는 이유는 우리가 빚의 무서움을 모르거나, 정말 생각 없이 살기 때문에 발생하는 일이다.

빚은 계속 늘고 있는데도, 소득은 줄고 물가는 오르는 삼중고 시대에 우리는 살고 있다. 한국은행의 자료에 의하면2012년 2월 2일 기준 주택담보 대출로 나간 돈이 약 400조 원이다. 이 중에서 대출금이 연 소득의 4배를 초과하거나 담보가치의 33～50%를 넘어 대출자의 부채상환 능력에 비해 과다하다고 판단되는 대출이 100조 원에 이르고 있다.

경제활동 인구 중 380만 명이 다중 채무자로 분류되고 있다. 여기에 또 하나의 문제는 대출의 질이 나빠지고 있다는 점이다. 비교적 금리가 낮은 은행대출에 비해 소위 제2금융권의 대출이 2배 이상 늘어났다. 2011년 은행의 대출이 1조 4,000억 원 늘어난 반면 제2금융권의 대출은 2조 3,000억 원이 늘었다.

2011년 근로자의 월평균 실질임금은 271만 원으로 2010년보다 약 3.5%가 줄었다. 최근 신빈민 계층에 편입되는 인구가 느는 것에는 다 이유가 있다.

대출시장에서 대출금리의 양극화도 큰 문제다. 신용도가 낮은 사람에게는 대출금리가 살인적으로 높다. 대출시장의 양극화가 부의 양극화에 일조하고 있다.

말은 저금리 대출로 갈아타라고 하지만 현실적으로 어려움이 적지 않다. 그래도 노력은 해봐야지 않겠는가. 앞에서도 말했지만 지금 가계대출이 1,000조 원을 넘는다. 이로 인해 발생되는 이자만 연 50조 원이 넘는다. 그런데도 고금리 대출을 취급하는 저축은행, 캐피탈 회사, 대부업체의 대출 비중은 늘고 있다. 빚을 줄이는 일이 재테크보다 우선돼야만 한다.

이자를 줄이는 최고의 방법은 신용관리다

요즘은 금융권 전산망이 통합 관리되기 때문에 소액도 30일 이상 이자를 내지 못하면 개인 신용등급이 바로 떨어진다. 대개 금융권의 신용대출은 개인의 신용등급에 의해서 결정되는 것이 일반적이다.

돈이 없어서라기보다 사소한 부주의로 신용카드 결제일을 놓쳐 신용등급이 강등되는 사례가 비일비재하다. 신용을 관리하기 위해서는 역설적으로 신용카드를 써야 하는 시대다. 예금 잔고가 부족한 사람은 신용카드 사용내역이 신용등급을 높이는 데 도움이 되기 때문이다. 대개의 경우 은행의 신용등급은 예 · 적금 잔고, 신용카드 사용액, 연체 발생 일 수 등을 참고해 개인의 신용등급을 결정한다. 신용등급을 잘 유지해야 부득이 대출을 받아야 할 일이 생길 때 저금리로 대출받을 수 있다.

신용관리를 못해 대출금 수백만 원 때문에 연간 100만 원 이상의 이자를 부담하는 사람이 많다. 만약 신용등급이 나빠서 제2금융권이나 대부업체에 1,000만 원을 연 30%의 금리로 대출받았다고 생각해 보라. 1년에 내는 총 이자가 300만 원이다. 이 돈은 정기예금 금리가 3%라고 가정하면 1억 원을 예금해야 받을 수 있는 돈이다.

저금리 대출상품으로 갈아타라

저금리는 동전의 양면 같은 것이다. 예금을 하는 사람에게는 불리하지만 대출을 받는 사람에게는 저금리 대출로 갈아탈 수 있는 기회가 된다.

따라서 개인의 신용등급을 일정 등급 이상으로 잘 관리하면 저금리 대출상품으로 갈아탈 기회가 있다. 대표적 저금리 대출상품에는 바꿔드림 론, 햇살 론, 전세자금 대출, 생애 최초 주택 구입자금 대출, 대출 보금자리론 등이다.

시중에 나와 있는 저금리 대출상품은 서민을 위한 것으로 신용관리만 잘 하면 누구든 대출을 받을 수가 있다.

변동금리 대출상품을 택한다

향후 금리는 지금보다 더 떨어진다. 향후 금리가 더 떨어진다면 예·적금은 가입시점의 금리를 보장받는 확정금리 상품이 유리하다. 그러나 대출상품은 앞으로 금리가 낮아지는 것을 가정할 때, 변동금리 대출상품이 유리하다.

대출상품도 상호금융회사가 좋다

상호금융회사는 저축은행처럼 자산운용을 대출로 운용한다. 따라서 회사의 수익을 높이기 위해서라도 대출에 사활을 건다. 동네마다 있는 신협, 새마을금고, 단위농협, 단위수협 간판을 허투루 보지 마라.

주택담보 대출의 경우 상호금융회사가 충분한 경쟁력을 갖고 있다. 은행이나 저축은행은 대출 모집인까지 두고 적극적으로 대출 영업을 하지만, 상호금융회사는 대출이 회사의 수익에서 매우 중요함에도 죽자 살자 식으로 영업하지는 않는다. 이 때문에 몰라서 대출문의를 안 하는 수가 있다. 적극적으로 대출상품을 알아보기 바란다. 대출금리도 저축은행보다는 낮다.

또한 독립 채산제로 운영되기 때문에 예금 잔고에 비해 대출액이 적은 곳은 상대적으로 호조건으로 대출을 받을 수가 있다.

할부금융회사에서는 대출받지 마라

신용등급이 떨어지면 어쩔 수가 없지만, 신용등급이 일정 수준 이상이 되는 사람은 할부금융회사에서 대출받는 것은 피해야 한다. 할부금융회사는 캐피탈, 카드사를 다 포함하는 개념이다. 이들 회사는 예・적금을 받을 수가 없어 대출을 하기 위해서는 은행에서 자금을 조달하거나 채권을 발행해서 자금을 조달해야 하기 때문에 대출에 따르는 조달 비용이 높다.

대출이 과도하다면 집을 팔아 갚는 것이 현명하다

부동산 시장의 패러다임이 완전히 변했다. 중대형 아파트는 앞으로 오르기 어렵다. 경제성이 없는 아파트를 오를 것으로 기대하고 많은 이자를 내면서까지 끌어안고 살 이유가 없다.

경제가 어렵다. 경제가 어려울수록 가계경제를 지혜롭게 운용해야 한다. 그 방법 중의 하나가 빚을 잘 관리하는 일이다.

자본주의 사회에서 부의 양극화 문제는 임금의 차이에서 발생한다. 그러나 내가 받는 임금이 상대적으로 적다고 해서 그조차도 소홀히 관리해서는 희망이 없다. 소득을 얻기 위해서는 무조건 일을 해야 한다. 그러나 일하려 해도 일을 할 수 없고, 일을 해도 임금이 적어 가난할 수밖에 없는 현실에서는 가난을 개인의 문제로만 돌려서는 안 된다는 것을 잘 알고 있다. 실제 현재 우리나라의 고용 지표와 임금격차는 심각하다.

노벨 경제학상 수상자 폴 크루그먼은 1996년대 『나라는 회사가 아니다』A country is not a company라는 수필을 썼다. 수필에서 그는 기업이 아무리 덩치가 크다고 해도 국민경제와는 운영하는 데 큰 차이가 있다고 말한다.

회사는 생산성을 기준으로 생산성이 높은 사람은 우대하고, 생산성이 낮은 사람은 잘라낼 수가 있다. 그러나 국가는 그렇게 할 수 없다. 고령으로 일할 수 없는 사람도, 능력이 부족한 사람도 국민이다. 그리고 이런 국민이 없다면 국가라는 존재는 성립할 수가 없다.

우리나라는 압축경제 시절부터 우리가 가진 자원을 대기업에 집중시키고 이들이 흘려주는 떡고물을 기대해 왔다. 소위 낙수효과를 기대하며 경제 시스템을 가동해 왔다.

그 덕분에 국내 대기업은 국가와 국민의 전폭적 지원 아래 글로벌 기업의 날개를 달고 비약적으로 성장했다. 그러나 기대했던 낙수효과는 발생하지 않았으며, 임금의 차이는 매우 심각한 수준에 있다.

자살률은 세계 최고다. 우리나라 사람 중에서 한때나마 자살을 생각한 적이 있다고 응답한 사람이 15.6%다. 이 중에서 실제 자살을 계획한 사람이 3.3%이고, 결국 자살한 사람이 이 중에서 3.2%다.

이것이 속도와 경쟁만을 최고의 가치라고 생각하는 대한민국의 현 주소다.

희망을 상실한 사람은 극단적인 선택을 한다. 당신은 세상 사는 것이 아무리 고통스러워도 이런 어리석은 선택은 하지 않으리라 믿는다. 행복하면 행복한 대로, 고통스러우면 고통스러운 대로 인생은 살아야 할 가치가 충분히 있다. 주변을 돌아보며 살자. 지금 당신의 주변에 그 누군가 삶의 무게에 지쳐 당신의 도움을 바라고 있을 수 있다. 그들과 그들의 어깨에 짊어진 무거운 짐을 함께 하라. 인간을 구원하는 것은 바로 우리들 인간이다.

나는 지금 재테크 책을 쓰고 있다. 그래서 덧붙이고 싶은 말이 있다. 당신의 소득이 얼마이든 아주 작은 돈이라도 꾸준히 저축하라. 그것이 미래의 희망이 된다는 것을 경험적으로 잘 알고 있다.

그런데 불행하게도 우리나라의 저축률은 2000년대에 들어와 4.7%로 급락했다. 불과 1990년대만 해도 우리나라의 저축률은 19.8%였다. 지금은 OECD 국가 평균 저축률 7.4%에도 크게 뒤진다.

기우인지는 모르겠으나 떨어지는 저축률과 사회 병리 현상이 급증하는 것에는 상관관계가 있다. 저축은 돈을 떠나서 해피 바이러스를 선물하는 희망의 도구라는 생각을 한다.

저축률 하락이 선진국에서는 일반적 현상이다. 문제는 우리나라의 경우 1998년 21.6%에서 2002년 4.7%%로 하강속도가 너무 빠르게 진행됐다는 것에 있다. 더욱이 이 흐름이 구조화되고 있다.

저축률이 이처럼 단기간에 급락한 이유는 실질소득의 증가가 둔화되었기 때문이다. 이는 2000년 들어와 임금이 낮은 비정규직이 급증한 사회 시스템의 영향이 크다.

일반적인 경제법칙에 따르면 경기가 회복되면 고용이 늘고, 개인의 가처분소득이 증가한다. 그러나 외환위기를 겪으면서 우리 경제는 이 궤도에서 이탈했다. 경제가 성장해도 더 이상 고용이 늘어나지도 않으며, 개인의 가처분소득의 증가에도 기여하지 못하고 있다.

최근에 청년들의 만혼화, 비혼화와 그로 인한 저출산의 문제가 심각하다. 이 문제들이 다 고용불안과 소득의 감소 탓이라고 할 수는 없지만, 절대적으로 영향을 미친 것만은 분명하다.

2013년은 한국형 베이비 붐 세대가 본격적으로 은퇴를 하는 첫 번째 해다. 아무런 노후 보장이 안 돼 있는 현실에서 부모 세대는 저축을 자신의 노후를 준비하는 데에 소진할 수밖에 없다. 청년 세대가 기댈 곳은 노동을 통해 가처분소득을 늘리고, 그 잉여소득으로 저축을 늘리는 일이다. 그런데 이것에는 한계가 있다.

그래서 우리는 금융정책보다 포괄적인 사회정책을 요구하고 있는 것이다. 베이비 붐 세대의 자녀들은 이미 20대 연령으로 진입했다. 우리 사회는 이 세대들의 경제적 자립과 육아 등을 지원함으로써 경제의 성장 동력을 찾아야 한다. 이것이 우리가 기댈 수 있는 마지막 기회다.

이와 함께 인구구조의 급격한 변화로 인해 현역 세대가 은퇴 세대를 먹여 살리는 복지정책은 한계가 있다는 것을 받아들여야 한다.

고령자도 자신의 몸을 움직여 할 수 있는 일을 찾아야 한다. 이들에게 일자리를 제공해 사회활동에 참여시키는 일은 사회 복지적 부담을 줄이는 측면에서 의미가 크다.

금리 얘기를 해야 하는데 얘기가 이렇게까지 확장됐다. 이해해 주리라고 생각한다.

책 속의 책 10

가난을 개인의 책임으로 돌리는 사회는 정의롭지 않다

이 책은 금융을 주제로 다루고 있으니 엄연히 재테크 책의 범주에 들어간다. 그런데 이 책을 쓰면서 저자로서의 한계를 느낀다.

아무리 금융지식이 많아도 또 열심히 저축하고 살아도, 부자 되기가 정말 힘든 것이 현실이고, 나 또한 나만 아는 특별한 부자 되는 비법이 없기 때문이다. 그런 면에서 무력감을 느낀다.

시류에 편승하는 재테크 책에서는 통장을 많이 만들고 펀드에 간접투자하면 돈을 번다고 말하지만, 이는 거짓말이다. 만약 이들의 말을 따라 한다면, 개인은 더 가난해지고 금융회사는 돈을 버는 결과만 낳을 것이다. 그래서 재테크 책을 쓰는 대부분의 저자는 그들이 의도하든, 의도하지 않든 자본의 이익을 대변하는 자들이다.

적어도 IMF 외환위기 전에는 열심히 일하고, 저축에 잉여소득을 올인만 하면 누구나 부자의 꿈을 꿀 수 있었다. 당시는 1,000만 원을 예금하면 3년 후 1,500만 원이 돼서 돌아오고, 5년 후에는 원금의 2배인 2,000만 원이 됐다. 굳이 위험자산에 투자 안 해도 돈이 쑥쑥 늘어나는 소리가 들렸다. 현재의 저금리 시장에서는 상상이 되지 않는 일이다.

과거에는 투자의 예측 가능성이 지금보다 비교되지 않을 정도로 높았다. 포트폴리오 구성도 안정성 있게 할 수 있었다. 부동산을 제외한 현금자산의 70~80%를 제2금융권 정기예금 또는 채권에 투자하고, 위험자산으로 분류되는 주식, 파생상품에는 10~20% 이내로 투자하는 경우 아무리 시장 리스크가 높아져도 원금 손실의 가능성이 거의 없었다.

그러나 현재는 안정자산이라는 것이 없다. 왜냐하면 제2금융권의 정기예금 세후 수익률이 물가 상승률을 밑돌아 장기적으로 원금의 손실이 발생하기 때문이다. 그래서 위험 부담이 큰 줄 알면서도 주식투자를 포기하지 말라고 말할 수밖에 없다.

최근의 시장흐름에서 참으로 무력감을 느끼는 전문가가 많다. 그도 그럴 것이 과거에 비해 모든 것이 너무도 불확실해졌기 때문이다. 그래도 여윳돈을 가지고 투자에 고민하는 사람은 행복한 사람이다.

불과 얼마 전까지 스스로 중산층이라고 말하다가 이제는 스스로 빈곤층이라고 말하는 사람이 크게 늘었다. 무언가 우리 사회의 경제 시스템에 적신호가 켜진 것이다. 그리고 부의 기초적 토대가 되는 임금의 차이는 과거보다 그 간극이 현격히 벌어져 있다. 우리는 예전보다 더 많은 일을 하면서도 더 적은 돈을 번다. 이유가 무엇이겠는가. 극단적인 분업화가 가져온 결과이다. 반면 고소득 임금을 받는 사람은 크게 늘었다. 금융자본의 득세, 대기업의 생산 외주화가 가져온 비극이다. 이런 상황에서 가난을 개인의 책임으로 돌리는 것이 과연 정당한가. 탐욕적인 금융자본과 대기업의 시장 독점을 통제해야 경제의 정의가 이뤄진다. 이 부분에 대해서 당신의 생각은 어떠한가.

25

투자상품을 조합해 창조적 투자를 하라

당신은 충분히 건축가architect, 아키텍트처럼 당신이 주체적으로 금융상품을 설계하고 투자하는 능력을 갖고 있다. 건축가는 그 능력에 따라서 같은 땅, 같은 건축자재를 가지고도 남들이 상상하지 못하는 부가가치를 창출한다. 그 부가가치의 핵심은 창의성에 기초한 것이다.

지금 당신에게는 남들과 똑같은 여유자금과 소득이 있다. 건물을 짓는 것과 마찬가지로, 당신은 투자상품을 어떻게 창의적으로 결합하고 투자하느냐에 따라 그 결과가 크게 차이난다.

내가 생각하는 투자상품의 설계를 말해 보겠다. 내 견해가 절대성을 갖는 것은 아니다. 당신이 나보다 창의적이고, 높은 수익률을 보장하는 조합을 만드는 사람일 수도 있다.

주가연계증권 대신 다른 투자상품을 연계해 투자하는 법

주가연계증권ELS, ELD 상품의 골자는 펀딩된 자금을 우선 채권, 예금에 투자해서 안정성을 최대한 확보한 후 발생이자를 가지고 주식, 파생상품에 투자하는 것이다.

모든 펀드상품이 그렇지만 이 상품 역시 투자자는 수동태가 되고, 그 결과에 상관없이 일정액의 운용보수를 수수료로 내야 한다. 주가연계증권에 투자하는 사람은 상품을 선택하는 것 이외에는 투자한 후 할 일이 없다. 그저 운용사들이 좋은 결과를 내기를 바라는 것이 할 일의 전부다.

이렇게 할 필요가 없다. 경제성도 없다. 수익률 측정도 가능하지가 않다.

나는 이렇게 투자할 것을 권한다. 만약 당신이 현재 시점에 투자 가능한 돈이 3,000만 원이라고 가정해 보자. 투자 자금이 3,000만 원이라면 최소 3가지 이상의 투자조합이 가능하다.

첫째, 회사채 + 자유적립식 예금 또는 주식투자.

회사채는 기업이 자금을 조달하기 위해 증권시장을 통해 발행하는 채권이라는 것을 다들 알 것이다. 회사채의 이자지급 방법이 이표채다. 이표라는 말은 쿠폰으로 3개월마다 이자가 지급되는 채권을 말한다후순위 채권도 이표채다.

채권 만기일까지 3개월마다 이자가 지급된다는 면에서 이자지급 시기만 3개월이라는 것만 다를 뿐, 매월 이자가 지급되는 정기예금의 단리식과 거의 같다. 회사채에 투자해 3개월마다 받는 이자를 생활자금으로 쓸 수도 있고, 재투자해서 이전소득을 더 늘릴 수도 있다.

앞에서 주가연계증권은 안정자산인 채권, 정기예금에 투자한 후 발생이자로 주식, 파생상품에 투자해 기회이익을 높이는 상품이라고 말했다.

그렇다면 개인이 주체가 되어 채권에 투자한 후, 그 발생이자로 다른 상품에 투자해 기회이익을 높이는 것과 다르지 않다. 다르다면 파생상품과 결합해 투자하는 현재의 주가연계증권에 비해 원금 보장이 거의 100%되고, 수수료를 안 내도 된다는 이점이다. 그리고 채권에 직접 투자하기 때문에 만약 투자 후 시장금리가 떨어지면 매도해 시세차익을 챙길 수 있다. 채권의 수익률은 금리와 반비례의 관계에 있기 때문에 채권 값이 싸지는 금리 고점에 투자해 채권 값이 오르는 금리 저점에 팔면 시세차익이 발생하는 구조다.

현재 투자적격 채권으로 분류되는 회사채 BBB- 등급의 수익률이 세금 공제 전으로 4.5～6% 이상이다. 회사채에 투자한 후 3개월마다 발생하는 이자로, 공격적 투자자는 꾸준히 주식을 사고 보수적 투자자는 적금상품 중에서 복리로 금리가 체증되는 자유적립식 예금에 투자하면 된다.

이렇게 하면 예상되는 수익률은 시장 실세금리 이상의 수익이 보장되고, 발생이자로 주식에 투자하는 경우 주가가 상승하면 그 이상의 수익도 기대할 수 있다. 회사채에 투자한 후의 발생이자로만 주식을 산 것이기 때문에 주가가 폭락해도 투자한 회사채 발행 기업이 파산하지 않는 한 원금은 100% 보장된다.

둘째, 소형 오피스텔 + 자유적립식 예금 또는 주식투자.

우리가 빚내서 투자하는 이유는 소위 레버리지 효과를 극대화하기 위해서다. 레버리지 효과는 낮은 곳에서 물을 퍼올려 높은 곳에서 떨어트리면 낙차가 커져 효과가 배가 되는 원리로, 낮은 금리로 자금을 조달해 고수익 상품 투자로 그 이상의 고수익을 올린다는 말이다.

그러나 주식에 신용거래로 투자했다가 주가가 급락하면 깡통계좌를 차는 일이 비일비재하므로 레버리지 효과를 맹신해 투자하면 조기사망하는 경우가 많다. 옛말에 누울 자리를 보고 눕는다고 했다. 레버리지를 잘못 사용했다가는 자신을 향한 비수가 될 수도 있다.

나는 지금의 투자시장 현황에서 소형 오피스텔은 소액 투자자에게 높은 기대 수익률을 확정적으로 안겨주는 상품이라고 믿고 있다. 또 소형 오피스텔은 책의 앞부분에서 언급했듯이 매매가가 쌀수록, 핵심권에서 멀어질수록 비례해 수익이 높아진다.

5,000만 원의 소형 오피스텔은 시흥시 정왕동, 안산시 고잔동의 대규모 소형 오피스텔 단지 등에 있다. 가지고 있는 돈이 3,000만 원이라도 레버리지를 활용하면 5,000만 원대의 오피스텔에 투자 가능하다. 이 경우는 낮은 금리로 자금을 조달해 그 이상이 보장되

는 사례에 해당하기 때문에 레버리지 효과가 확실히 일어난다.

오피스텔의 담보 내 대출 가능액이 보통 매매가의 60%다. 그렇다면 3,000만 원을 갖고 있다면 매매가가 5,000만 원인 오피스텔에 투자할 수 있다. 이때 대출금리가 6%를 넘지 않고일반적으로 주택담보대출 금리는 그 이하다 임대 수익률이 10%라고 가정하면 레버리지 효과가 일어나서 수익률이 발생하게 된다.

매월 발생하는 임대 수익으로 주식에 투자하든, 자유적립식 예금에 투자하든 자신의 성향에 맞게 투자하면 된다.

이 방법 이외에도 많은 방법이 있을 것이다. 어느 방법을 선택하든 수익률의 예측 가능성이 높아야 한다. 내가 참으로 안타까운 일은 숟가락으로 밥 떠먹여 주는 것처럼 그놈의 편리성에 안주하여 더 넓은 투자의 세계를 못 보고 단순히 금융회사가 판매하는 금융상품으로만 투자하는 것이다.

지금, 자리를 털고 일어나서 증권사에 가서 채권에 능통한 직원의 자문을 구해 보고, 저가의 오피스텔 대단지가 있는 지역 내 부동산중개소에 직접 방문해 시장 상황을 직접 보고 느껴보라. 투자의 시각이 한층 넓어진다. 투자는 자신의 생명줄 같은 돈 가지고 하는 것이다. 어찌 보면 열심히 일하는 것만큼 중요하다. 당신이 일하는 것만큼 열심히 투자한다면 많은 사람들이 당하고 있는 원금 손실의 늪에는 빠지지 않을 것이다.

26

사채로 고통받는 사람들을 위해서

사채는 독일까? 아니면 약일까? 결론적으로 말하면 현재의 사채는 순기능에 비해서 역기능의 폐해가 너무 크다.

우리는 소위 비제도권에서 이뤄지는 금융거래를 사채로 정의한다. 그러나 이는 매우 도식적인 것으로 금융 허가를 받은 회사라고 해도, 적어도 시장금리의 3～4배 이상의 금리로 돈을 빌려줘 이득을 취하는 금융회사는 모두 사채로 봐야 한다.

그렇다고 하면 10～30% 이상의 금리로 소액 신용대출을 해주는 저축은행도 사채라고 할 수 있다. 저축은행의 예금금리가 4% 정도인데 이보다 3～4배는 넘어 그 이상 받는 것은 공인된 사채가 아니고 무엇인가.

허가받은 사채로 불리는 카드사, 할부금융이야 말할 것도 없다. 이들 금융회사는 수신 권한이 없어 제1금융권에서 대출로 자금을 조달하거나, 카드채 발행을 통해 저금리로 자금을 조달해 고금리를 받아먹고 사는 회사다. 할부금융 사업이 얼마나 돈이 되는 사업인가

하면 GE 그룹의 예에서 찾아볼 수 있다. GE 그룹은 방송, 항공기 엔진, 발전, 가전, 금융에 이르기까지 사업 포트폴리오 면에서 우리가 그토록 비난하는 국내 재벌들의 문어발식 경영과 다를 것이 없다. 그런데 정작 중요한 것은 GE 그룹의 사업 포트폴리오에 들어 있는 사업 전체의 이익을 다 합한 것보다 할부 금융회사 GE 캐피탈의 이익이 더 많다는 사실이다. 이로 인해 금융위기 당시 GE그룹이 재정위기에 빠지기도 했다. 이것이 존경받는 글로벌 기업의 진짜 모습이다. 현대 캐피탈이 그렇게 무차별적으로 많은 돈을 쓰면서 광고를 해대는 것도 할부금융이 그만큼 돈이 되는 사업이라는 것을 반증하는 것이다.

카드사의 현금서비스 금리가 몇 %나 되는지 알고나 쓰는가. 20%가 넘는다. 이들은 이렇게 변명한다. 자신들에게 대출받는 사람은 신용도가 낮은 사람으로 채무 불이행이 많아 채권 회수에 드는 비용이 많이 들어 어쩔 수 없다고. 그러나 이는 변명에 불과하다. 하긴 앞에서 말했듯이 세계적 기업이라는 GE 그룹의 사업 포트폴리오 중에서 가장 돈 많이 버는 사업이 현대판 대부업에 불과한 GE 캐피탈이라면 말 다한 것 아닌가.

신용등급은 바닥이고 대출은 필요한데채무 불이행을 당연시하는 도덕적 해이자는 제외, 은행 대출은 어렵고 신용카드 돌려막기도 한계에 와서 더 이상 길이 없을 경우 부득이 선택하는 것이 사채다. 사채 무서운 줄 알면서도 쓸 수밖에 없는 것이 현실이다.

사채로 대출을 받아 이자 내는 것도 버겁고, 빚 구덩이에서 헤어나오지 못하는 이들이 의외로 많다. 이런 상황에 처하게 되어 사회 연대 은행이라고 자처하는 미소금융에 가면 저금리로 대출 대환이 가능할까? 전화를 해도 들리는 말은 은행처럼 뻔한 얘기다.

당신이라면 어떻게 하겠는가. 오랜 기간 대부계에 몸담았던 경력자로서 말하자면 결론적으로 다 내려놓고, 처음부터 다시 시작하라고 말해 주고 싶다. 어떻게든 버텨 보려고 안간힘 쓸수록 더 깊은 수렁에 빠진다.

신용카드 돌려막기까지 한계에 왔다면, 사채의 유혹에 빠지지 말고, 거래 금융회사에 가서 현재의 상황을 고백하고 대책을 세우는 것이 좋다. 금융회사 입장에서는 배 째라는 사람보다는 그래도 성실하게 채무를 이행하겠다고 하는 사람은 한푼이라도 이자를 받을 수 있기 때문에 대놓고 무시하지는 않는다. 금융에도 인정은 있다. 채무를 독촉하는 사람도 따지고 보면 다 우리의 이웃이다. 역할이 그런 것이지 사람이 나쁜 것은 아니다.

불법사채의 협박성 독촉을 받는 경우는 두려워 말고, 통화를 녹음해서 관계당국에 신고하면 될 문제다. 이것이 두려워 더 나쁜 상황에 빠지는 것이 제일 어리석다.

물론 제일 좋은 것은 빚을 안 지는 일이다. 그러나 살면서 모든 일이 내 뜻대로 되던가. 세상을 살면 예기치 않던 온갖 일들이 다 있다. 이때 심호흡 한번 길게 하고, 당당하게 문제를 해결하라. 고통도 임계점에 달하면 서서히 사라지는 것이 인생이다. 사채로 고통받고 있는 청년들이 있다면, 혼자의 생각에 갇혀서 계속 악수惡手를 두지 말고, 주변의 어른이나 사회경험이 많은 선배를 찾아가 문제를 털어놓고 해결책을 찾아라. 그들 역시 당신들과 똑같은 경험 한두 번씩 거치면서 사회생활을 해왔다.

27

사소한 금리 1%가 불러오는 엄청난 나비효과

이제는 금융시장에서 판매되고 있는 금융상품 전체의 경제성을 따져볼 시간이다. 금융상품의 경제성은 앞에서도 말했지만 안정성과 수익성으로 평가하면 된다. 이 기준에 따라 선택해야 할 금융상품과 버려야 할 금융상품을 구분해 보자.

펀드는 수익성과 안정성의 예측이 불가능하다. 펀드처럼 투자형 상품은 시장금리, 주가 변동 등의 경제흐름에 따라서 그 변동폭이 매우 크다. 그러나 이런 점까지 감안해 가능한 한 금융시장에서 판매되는 거의 모든 금융상품의 수익성과 안정성을 알아보도록 하자.

자문형 랩

자문형 랩 어카운트(wrap account)가 정확한 용어로 자산운용사에게 큰 폭의 자율권이 부여된 일종의 사모펀드다. 자문형 랩은 자산 편입 비율에 규제가 있는 일반 펀드와 비교해 자산운용사가 임의로 채권, 주식을 능동적으로 자산에 편입시킬 수 있어 시장 대응력이 강하다. 그러나 역효과만 발생했던 것이 자문형 랩의 그동안의 실적이다. 이것이 자문형 랩이 투자자에게 외면받는 이유이기도 하다.

리츠(REIT'S)

부동산을 기초자산으로 하는 뮤추얼 펀드로 'Real Estate Investment Trust's'의 약어다.

한눈에 보는 모든 금융상품의 수익성 · 안정성의 비교

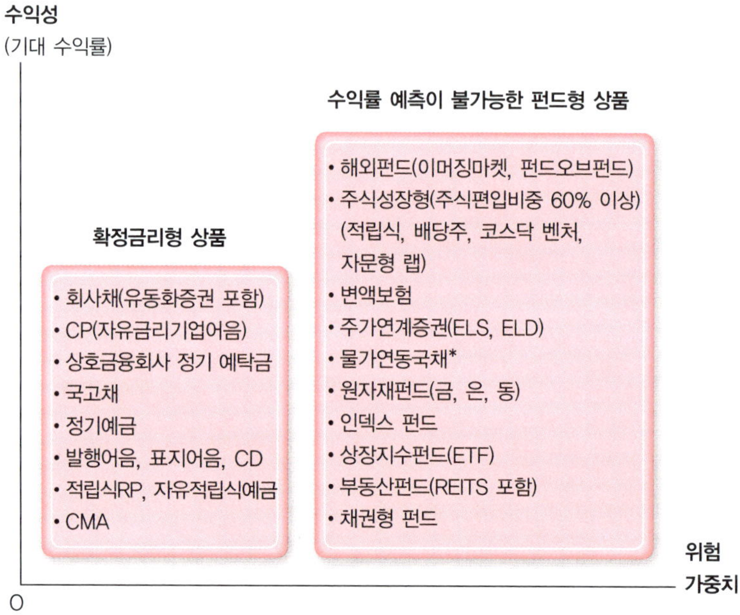

* 물가연동국채는 표면금리는 1.5%로 낮으나 물가 상승분이 이자에 반영된다.

위 그림에 있는 금융상품이 지금 당신이 투자할 수 있는 거의 모든 금융상품이다. 그림에 있는 상품을 가지고 당신이 선택해야 할 금융상품에 대해서 알아보자.

위 그림에서 수익성은 그동안의 수익률 결과와 상품의 특성을 고려해 경제성과 안정성을 구분했다. 아무래도 투자형 상품은 앞서 말한 대로 시장의 경제 상황에 따라 변수가 매우 크고 수익률 편차도 크기 때문에 참고만 하면 될 것 같다.

지금부터 내가 하는 말을 경청하기 바란다. 내가 하는 말은 지금까지의 경험과 현재의 시장 상황을 고려해 말하는 것이다. 자, 그럼 그림에서 당신이 취할 상품과 버릴 상품의 경계를 명확히 해보자.

우선 우리가 가장 많이 소비하는 은행권 상품, 보험사 저축상품을 보자. 이들 상품은 변동금리 상품이라고 해도 수익률 예측의 편차가 크지 않아 우열을 명확히 할 수 있다.

그렇다면 우리가 취할 상품이 무엇인지 범위를 최대한 축소해서 경제성을 기준으로 세 가지만 꼽아보자.

물론 이 기준에 따라도 채권이 최고의 상품이지만 일단 채권은 제외하고, 소매 금융회사를 대표하는 은행, 보험사, 종금사, 상호금융회사, 저축은행의 상품만으로 비교우위를 따져보자. 우리가 금융상품을 선택할 때는 보통 세 가지가 기준이 된다. 첫째, 소액을 저축해서 목돈을 만드는 상품, 둘째, 단기자금을 운용하는 수시 입출금이 가능한 상품, 셋째, 목돈을 예금해 매월 이자를 수령하는 상품.

그럼 여기에 대한 답을 찾아보자. 첫째, 이른바 저축형 상품은 상호금융회사의 적금상품, 저축은행의 자유적립식 예금이다. 둘째, 문제에 해당하는 수시 입출금 상품은 CMA다. 셋째, 목돈으로 매월 이자를 받는 상품은 종금사의 발행어음1년 만기의 경우 매월 이자를 지급받는다, 다음으로는 역시 상호금융회사의 정기 예탁금, 개인 대주주 계열 저축은행의 정기예금이다. 이 상품들을 가지고 가입시점의 금리를 비교해 투자하면 된다.

세 번째 목적의 상품이 매우 많다. 그러나 여기서는 소매 금융회사의 상품에 한정해서 말하는 것이다. 이 상품 이외에 다른 상품에는 투자할 일이 없다. 민간에서 판매하는 연금저축 상품은 안정성이 같다면 금리로 말하면 된다. 이 기준에 따른다면 아무런 경제성이 없다. 하지 말라는 얘기다. 더 이상 이 얘기는 하지 않겠다.

내가 왜 위 내용의 상품을 선택했는지는 이 책의 전반부를 읽은 독자라면 다 알 것이다. 굳이 이유를 달지 않아도 될 것 같다.

투자형 상품 중에서는 ELS의 약진이 두드러진다. 2012년에도 ELS 판매액이 전년도에 비해 약 35% 증가했다고 한다. 그동안 시장을 주도했던 변액보험, 해외펀드의 부진으로 펀드투자에서 이탈한 사람이 급증하자, 그 대체 펀드로 펀드회사들이 ELS에 마케팅을 집중한 결과이지 수익률이 정말 좋아서 판매액이 급증한 것이 아니다.

처음부터 말했지만 나는 개인적으로 펀드 투자에 대해 매우 회의적이다. 세상은 넓고 할 일은 많다고 하는 것처럼, 현금자산이 있으면 시장 상황에 능동적으로 대응하는 투자를 얼마든지 할 수 있다. 수익률이 시장평균에도 못 미치는 펀드에 수수료까지 내면서 투자할 이유가 전혀 없다. 이 문제 역시 각자가 판단할 몫이다. 그러나 적어도 20년 이상 금융 일을 해온 사람의 주관은 객관을 담보하고 있다고 생각하지 않는가.

우리 세대의 시대는 바람처럼 날아갔다. 우리 세대는 사회생활을 하면서 살아남기 위해 자신의 영혼을 악마에게 파는 것을 당연시해 왔다. 과연 우리 세대가 자신의 위치에서 정의를 세웠다면 이처럼 자본의 횡포가 시대를 암울하게 할 수는 없었을 것이다. 그래서 내가 쓰고 있는 이 재테크 책에서만이라도 시장의 진실을 전달하고

자 한다.

재테크는 기능이나 정보, 지식이 많다고 되는 것이 아니다. 그리고 재테크는 단순히 돈을 쫓는 머니게임이 아니다. 우리가 재테크를 하는 이유는 행복하게 살기 위함이다. 그렇다면 무엇이 우리를 진정으로 행복하게 하는지를 먼저 생각해 보는 것이 우선적으로 할 일이다.

28

금융에 강한 사람은 왜 금융위기에만 투자할까

교과서로 배우는 인간은 이성적이며 합리적인 존재다. 그래서 학습받은 대로 이성적으로 사람의 행동을 규정한다. 인간은 도구를 사용할 수 있고, 사유하는 지능을 갖고 있다. 그러나 인간은 동물의 본능을 버리지 못한다. 그래서 이성적 존재라고 하는 인간이 지배하는 이 세상이 이처럼 혼탁한 것이다.

이를 인정하지 않으면 우리가 시장에서 행하고 있는 모습을 설명할 길이 없다. 인간은 합리적으로 소비하며 이성적으로 판단한다고 하지만, 실상 인간은 매우 본능에 충실하며 탐욕적이다. 이를 인정하지 않으면 시장에서 인간의 소비 행동을 이해할 수가 없다.

인간은 자신의 소득 이상으로 과소비를 하고, 호황기에 끝물인지 알면서도 이를 받아들이지 않고 투자를 감행한다.

투자의 세계에서 그나마 인간이 이성적으로 시장을 평가하는 것은 역설적으로 불황의 그늘이 짙게 깔리는 시점이다. 호황기에는 이미 불황이 오는 신호가 여기저기서 감지됨에도 누구도 관심을 갖지 않는다. 그리고 막상 불황이 닥치면 상황을 미리 알았다면 하고 후회한다. 그러나 그때는 이미 늦었다. 시장의 흐름에 너무 앞서가는 것도 안 되지만 너무 뒤처져서도 안 된다.

호황기에는 그 호황이 계속되는 것으로만 안다. 아니 그렇게 믿고 싶어하는 것이 정확한 표현이다. 그리고 호황기에는 부정적 논리는 발붙이지 못한다. 그것이 진실의 소리임에도 시장은 자신들이 믿고 싶어하는 것만 믿는다.

저금리는 둘째 치고라도 이처럼 단기간에 부동산 시장이 급락의 수준을 넘어 붕괴라는 단어까지 등장할 정도로 침체될지 누가 상상이나 했겠는가.

이전의 부동산 버블은 세계 경제의 호황, 풍부한 유동성, 참여정부의 국토균형개발이 종합적으로 연계되어 있다. 어쨌든 이 시기에는 부동산 시장에서 긍정적 논리만이 받아들여졌다.

국토의 70%가 산지인 나라, 개발 수요는 끊이지 않는데 개발 가능한 땅은 극히 적은 나라에서 부동산은 시기가 문제지 묻어만 두면 언젠가는 무조건 오른다는 이른바 대마불사가 부동산 시장을 지배하는 논리였다.

주택시장에서 중대형 아파트가 주도할 때도 이런 논리가 시장에서 설득력을 가졌었다. "1990년대 이전에 지어진 아파트는 대부분이 국민주택 규모 이하의 아파트다. 1970년대 초에 만들어진 국민주택의 규모는 현실을 반영하고 있지 못하다. 그동안 우리 경제는 비약적으로 성장했으며, 개인의 가처분소득도 크게 늘어나 쾌적한

국민주택
국민주택기금으로부터 자금을 지원받아 건설된 85㎡(약 25.7평) 이하의 주택을 말한다.

주거공간에 대한 욕구가 강해졌다. 그리고 실제 1인 희망 주거면적도 늘어났다."

과거의 아파트는 2베이 구조로 공간 활용도가 매우 떨어졌지만 현재 지어지는 아파트는 3베이 구조로 과거 동일 평형의 아파트와 비교해서 공간 활용 면적이 넓어졌고, 무엇보다 채광이 잘 된다. 좀 더 좋은 주택에 살고자 하는 개인의 욕구가 뭐가 잘못된 것이냐는 논리가 시장흐름을 지배하면서 다른 의견은 모두 무시됐다.

그러나 결국 지나친 욕심은 화를 부르는 것처럼 현재 아파트 가격 하락은 중대형 아파트에 집중되고 있다. 반면 소형 아파트는 매물이 없어 가격이 치솟고 있으며 임대수요도 많다. 이 모든 것이 불과 5~6년 동안 벌어진 일들이다.

IT산업에서 기술의 진화가 빛의 속도로 변한다고 하는 것처럼 투자상품의 가치도 빛의 속도로 변동하는 세상에 우리는 살고 있다.

부동산 호황기에 성찰 없이 자신이 보고 싶은 것만 보고, 생각 없이 집단 동조에 동참한 사람은 지금 어떻게 되었나. 분양가가 가장 높을 때 빚을 잔뜩 안고 투자했다. 나름대로는 시세차익으로 금융비용을 까고도 남는다고 생각하고 투자를 했겠지만, 현재 애물단지로 변한 중대형 아파트를 끌어안고 관리비, 대출이자 부담에 골머리 앓고 있다.

현재 중대형 아파트는 환금성이 급속도로 떨어져 제값 받고 팔기도 어렵다. 단기간에 중대형 아파트가 가장 많이 공급된 용인시의 경우 입주가 끝났음에도 시세가 마이너스인 단지가 지천이다. 이를 어찌 할꼬.

이제는 내 집을 가지고 자본이득을 얻는 시대는 끝났다. 사는 집을 줄이고 가능한 한 현금유동성을 많이 확보해 금융위기에 주식, 채권에 투자하는 사람이 돈을 벌 확률이 높다. 노련한 투자자는 이 점을 잘 알고 있다. 최근의 미국발 금융위기, 유럽 남부벨트 국가들의 재정위기 때 소위 블루칩이라고 불리는 주식, 우량 채권에 투자해 큰 돈을 번 사람이 많았다.

호황기나 불황기에 가장 경계해야 하는 일이 어느 일방이 담론을 주도하며 일방적으로 한쪽으로만 의견이 쏠리는 것이다. 이때는 다른 시장의 소리는 묻힌다. 이른바 집단동조화의 마술이 작동되는 것이다. 그러나 위기가 없다면 기회도 없는 것이다. 위기가 오지 않는다면 AA 등급 이상의 우량회사채, 삼성전자, 오리온, 태평양 같은 최고 주가의 종목을 어떻게 싼 가격에 살 수 있겠는가.

지난 5년 동안의 시장 상황을 복기해 보기 바란다. 그러면 이 말이 통계적으로도 매우 검증됐다는 것을 알게 될 것이다. 위기에 두려워 말고 위기를 투자의 기회로 삼아라. 금융위기가 큰 부자를 낳는다는 역설이 존재하는 곳이 현재의 금융시장이다.

29

포트폴리오, 하지 말란 말이야!

— 당신은 포트폴리오를 걱정할 만큼 부자가 아니다

포트폴리오란 말은 투자와 관련해서 참으로 많이 쓰는 말이다. 인터넷 증권방송을 보니 이제는 포트폴리오를 줄여서 그냥 포트라고 한다. 포트로 쓰든 포트폴리오로 쓰든 포트폴리오는 투자전략에 있어 유용한 도구로 인식되고 있는 점만은 분명해 보인다.

포트폴리오의 사전적 의미는 서류가방 또는 자료 수집철이란 뜻으로 나와 있다. 포트폴리오의 사전적 의미가 서류가방, 자료 수집철이 된 것은 중세시대로 거슬러 올라간다.

중세의 봉건영주들은 재산목록을 종이로 철해서 보관하고 정리했다. 그럴 만도 했을 것이다. 중세 영주는 소유하고 있는 방대한 농장, 수많은 농노들, 그리고 자신들의 이권을 지키기 위해 전쟁에 나서는 기사들, 금 · 은 · 보석의 동산에 이르기까지, 이 많은 것들을 관리하기 위해서는 재정을 관리하는 전문 집사만도 여럿이 있었을 것이다.

포트폴리오가 투자에서 중요한 도구로 쓰이게 된 시점은 마코

마코위치
해리 마코위치(harry max markowitz)는 1990년 「포트폴리오 위험 정의 및 통계학적으로 표현」이라는 논문으로 노벨 경제학상을 수상했다.

위치의 「포트폴리오의 선택」이라는 논문이 1952년에 세상에 나온 이후부터다.

이 논문을 기초로 해서 투자분석에 포트폴리오 이론이 본격적으로 쓰이게 됐다고 하겠다. 논문에 따르면 경제 주체는 위험 및 수익에 있어 저마다 다른 성격의 다양한 자산의 보유비중을 적절히 배분해 투자함으로써 자산의 안전성과 수익성을 높일 수 있다고 말한다.

주식투자에서 포트폴리오 이론이 많이 쓰이는 이유는 특성이 다른 여러 종목에 분산투자함으로써 시장의 변동에 민첩하게 대응하는 효과와 더불어 미래의 불확실한 위험을 사전에 회피하는 효과를 갖기 때문이라고 한다.

포트폴리오가 경제적 효용성을 확보하기 위해서는 운용자산이 일정 금액 이상의 규모를 갖춰야만 한다. 현금 자산을 불과 몇 천만 원이 돈도 서민 입장에서는 큰돈이다. 우리나라의 가계자산은 대부분 사는 집을 빼면 현금으로 수천만 원의 돈을 갖고 있는 사람도 20%를 넘지 않는다 갖고 있는 사람이 그 돈으로 분산투자해 얻을 수 있는 효과는 크지 않다.

헤징
헤징(hedging)은 원래 울타리로 막아 외부로부터의 위험을 막는다는 뜻으로 자본거래에서는 현물의 가격 변동으로 발생하는 위험을 최소한으로 줄이기 위해 선물시장에서 현물과 반대되는 포지션을 설정하는 것이다. 즉, 현물투자에 대한 위험을 회피하는 것을 목적으로 하는 투자 방법의 모든 것이라고 할 수 있다.

당신은 보유자산이 다양하고 많은 중세 봉건영주가 아니다. 또 금융자산이 너무 많아 꼭 포트폴리오가 필요한 사람도 아니다. 금융자산이 많은 사람은 금융과세를 회피하기 위해서 절세 상품에도 투자해야 하고, 현물투자의 위험을 헤징hedging하기 위해 파생상품에도 투자할 필요가 있다. 그러나 당신의 현금자산은 집을 담보로 해서 현금을 창출하지 않는 한 많아야 수천만 원이 되지 않는다. 과연 이 돈을 분산투자한다고 펀드, 주식에 나눠서 투자한다고 그 효과가 발생하겠는가. 시장 상황이 나쁘면 아무리 분산투자를 해도 그 효과가 발생하지 않는다. 예를 들어 분산투자의 효과를 얻는다고 갖고 있는 현금을 여러 종목에 나눠서 투자해도 주식시장이 급락하면 손실을 줄일 수는 있다 해도 이를 피할 수 없다.

분산효과가 발생하기 위해서는 다른 성격의 상품, 즉 주식, 채권, 수익성 부동산 등에 나눠서 투자해야 효과가 발생한다. 그러나 당신의 지갑이 이렇게 다양한 자산에 투자할 수 있을 정도로 두둑하지는 않지 않은가. 갖고 있는 현금이 적은 사람은 언제든 입출금이 가능한 CMA에 예금하고 시장 상황에 적합한 투자상품을 골라 투자를 검증하는 것이 효과적 방법이다.

30

당신이 가장 고민하는 재정설계 문제 8가지를 쿨하게 답한다

지금 집을 사야 하는지, 말아야 하는지 말해 달라

집을 사야 하는가, 말아야 하는가의 문제는 개인의 가치판단 문제이기 때문에 어떻게 하라고 말하기는 어렵다. 다만 현재 부동산 시장의 흐름에 대해서 말하는 것으로 당신의 판단에 도움을 줄 수는 있다.

지금 생각해 보면 불과 10년 전에 시작되었던 부동산 버블 초기의 거침없는 주택가격 상승은 꿈만 같은 일이었다. 1998년에 분양된 타워팰리스는 평당 분양가가 900만 원이었음에도 미분양 물량이 많았다. 그랬던 것이 2000년 초 시작된 부동산 버블의 결과로 불과 4～5년 사이에 분양가 대비 5～6배나 올랐다. 이 정도로 놀라지 마시라.

그 당시의 서울, 경기도 7대 도시 구도심에서 광역적으로 추진되던 재개발 사업으로, 뉴타운 지역으로 지정된다는 첩보 수준의 정보에도 대지 지분이 불과 1년 사이에 3배, 4배, 그 이상 오르는 것은 일도 아니었다. 당시 용산 지구 내의 국제빌딩 인근의 자투리 땅은 대지 3.3$m^2$1평의 지분가격이 1억 원을 넘기도 했다. 이 정도면 시장이 미쳤다고밖에는 표현할 길이 없다.

우리 사회를 위협할 정도로 부의 양극화가 극단적으로 악화된 것은 근로소득의 양극화에도 1차적 원인이 있었겠지만 그 이상으로 부동산을 통안 불로소득의 차이에서 왔다. 실제 소득의 양극화 수준을 나타내는 주택 지니계수는 최악이다.

부동산을 통한 부의 양극화, 그로 인한 불로소득의 양극화가 부의 균형을 깨트렸다는 것은 우리 자본주의의 위기다.

독일의 경우 10년 동안의 주택 가격 상승을 통한 자본이득은 세금으로 전부 환수한다. 그러니 무리해서 집을 사지도 않고, 임대주택의 임대료도 저렴해 대부분의 독일 사람은 집을 통해 자본이득을 얻을 생각을 하지 않는다. 대다수 독일 국민은 임대주택에서 산다. 우리는 부동산 불패신화가 깨진 지 오래 됐음에도 내 집 마련으로 자본이득을 기대하는 심리가 여전하다. 이를 탓할 수만은 없다. 그동안 실제 부동산 매매로 부를 축적하는 것이 일반적이었다.

아직도 많은 사람들은 주택시장이 붕괴됐다고 해도 귀 담아 들으려고 하지 않는다. 나름대로 근거도 있다. 부동산 버블 붕괴가 시작됐던 2007년 대비 소위 아파트 시장을 주도했던 수도권의 버블세븐 지역은 붕괴됐는지 몰라도, 5대 광역시를 포함한 지방의 아파트는 가격이 평균 40% 상승했다.

지방의 아파트 시가총액은 2007년 기준으로 약 420조 원이었지만 2012년 말 기준으로는 약 674조로 늘어났다. 이 통계자료만 보면 주택시장의 버블 붕괴는 수도권만 해당되는 것으로 볼 수도 있다.

그러나 이는 상대적으로 저평가되었던 지방의 아파트가 침체기에 반등한 것으로 대세적 흐름으로 받아들여서는 곤란하다. 2011년 말 이후 지방의 아파트 가격을 주도했던 부산, 대전 등의 아파트 가격이 소폭이지만 하락 추세에 있는 점을 주목해 보아야 한다.

그러나 근본적인 문제를 보면 이 사실들은 중요하지 않다. 주택시장이 향후에 다시 정상적인 가격 사이클에 복귀하기 어렵다. 부동산도 넓은 범위에서 소비재와 같은 상품이다. 구매력 있는 수요층이 탄탄해야 상품의 가격이 오르는 것은 소비재나 부동산이나 똑같다.

지금은 어떠한가. 주택 시장의 잠재 수요층인 20대 후반에서 30대의 평균소득이 집을 마련하기에는 턱없이 부족하다. 과거처럼 분양받자마자 집 값이 뛰면 무리해서라도 대출받아 집을 산다고 하지만 지금은 그렇게 할 때가 아니라는 것을 당신도 잘 알 것이다. 그리고 현재의 청년 세대들은 기성세대처럼 내 집 마련에 목숨 걸지 않는다. 그들에게 집은 선택의 문제지 꼭 사야 하는 대상이 아니다.

투자상품의 가격을 결정하는 것은 상품의 내재가치와 인구 변동, 사회·문화적 가치 판단의 변화 등 다양한 요인에 의해 결정된다. 현재 부동산 시장의 붕괴를 염려하는 와중에도 독신자를 위한 소형 아파트, 오피스텔은 가격의 강한 하방 경직성을 유지하면서도 장기적으로는 상승해 왔다. 바로 독신 가구의 급증이라는 사회 현상이 부동산 시장의 가격결정에 영향을 미쳤기 때문이다. 세상이 변했다. 그리고 사람들의 의식도 변했다. 내 집 마련은 이제 선택의 문제지 반드시 해야 하는 미션이 아니다. 각자가 잘 생각해서 투자할 것인가를 선택하라.

과거처럼 내 집 마련으로 자본이득이 가능하다고 생각하는 사람은 없을 테니까. 이제 내 집 마련은 개인의 철학에 더 관련돼 있다. 만약 내 집을 마련하고자 하는 니즈needs가 있다면 당연히 중대형보다는 $85m^2$ 이하의 소형 아파트를 선택하고, 아파트에 편중돼 있는 주택시장에서 새삼 경제성이 부각되고 있는 다세대주택도 관심있게 보기 바란다. 현 시점에서 그나마 경제성이 있는 곳이 광교 신도시 내의 소형 아파트다. 왜 그런지는 여러분이 직접 알아보기 바란다.

최고의 노후 준비 상품은 무엇인지 말해 달라

돈 가지고 하는 노후 준비는 충분히 말했다고 생각한다. 돈 가지고 하는 노후 준비는 본문을 복기해 선택하면 된다.

노후를 준비하는 데 있어서 이제는 돈만으로는 안 된다는 것이 내 생각이다.

자연 수명 증가에 따라서 자신의 노동 수명을 늘려야 한다. 평생 공부라는 말이 있지만 자기계발을 통해서 자신의 전문성을 계속

발전시켜야 한다. 아니면 새로운 직업을 찾아 미리 준비하는 것도 필요하다.

나는 고등학교 시절에 요리나 패션 관련 일을 해보고 싶었다30년 전 얘기지만 실제 의상학과에 입학원서를 집어넣었다. 우리 세대는 부모님의 바람과 사회적 편견으로 하고 싶은 일을 하지 못하고 살았다. 더욱이 나 같은 경우는 군대를 29살에 제대해 다른 일을 생각할 처지가 못 됐다.

아마 나 같은 경우가 많았을 것이다. 나는 여행과 요리하는 것을 좋아한다. 그래서 요즘에 생각하고 있는 것이 한식 조리사 자격증을 따서 테이블 4개, 5개 정도 있는 밥집을 하는 것이다. 나는 내 주변 친구들도 그렇고 우리 세대가 남의 시선에 매달려 인생을 너무 획일적으로 살지 않았나 하는 생각을 많이 한다.

내 계획이 또 꿈으로 끝날지는 모르겠으나 이번만은 꼭 도전해 보리라고 단단히 마음먹고 있다.

우리의 인생이 너무 찰나적으로 훅 지나간다고 생각지 않는가. 정말 인생은 아무리 오래 산다고 해도 봄, 여름, 가을, 그리고 겨울을 100번을 반복하면 흙으로 돌아가는 것이다. 너무 아등바등하며 살 필요가 없다. 큰 집에 산다고 천 년, 만 년 살 수 있는 것도 아니다. 우리는 가진 것을 뒤로 하고 먼지가 되어 떠나는 존재들이다. 주변도 돌아보면서 노년은 그래도 정의롭고 의미 있는 인생을 살아야 하지 않겠는가. 아름다운 노년생활을 보내기 위해서는 돈도 중요하지만 계속해서 일을 하는 것이 중요하다. 은퇴 전의 직장의 지위는 생각지 말자. 눈높이를 낮추고 육체를 이용해서 하는 일도 마다하지 않으면 일할 수 있는 곳은 의외로 많다. 뒷방에 모여 서로 신세 한탄으로 세월을 낚는 것보다 이것이 훨씬 나은 선택이다.

중소 사업자다. 저금리로 사업자금을 조달하는 법에 대해 알려 달라

나는 사회생활을 저축은행 법인영업부에서 시작했다. 법인영업부는 기업, 중소 사업자에게 돈을 세일sail하는 곳이다. 나는 그곳에서 많은 케이스를 다뤄봤고 경험도 많다. 이런 나의 경험 자본으로 말하자면, 대출을 잘 받는 방법은 딱 두 가지뿐이다.

첫째, 빵빵한 물적 담보가 없다면 자신과 자신의 사업체의 신용관리를 철저히 관리해 신용공여 부분을 최대한 늘리는 것이다. 둘째, 같은 맥락에서 재무기록을 꼼꼼히 관리해 신용보증기금 보증서를 최대한 활용하는 것이다.

신용보증기금이 끊어주는 지급보증서는 현금이나 다름없기 때문에 바로 현금화할 수 있고, 받을 어음의 어음할인 한도를 늘리는 것은 물론이고, 할인 금리도 낮출 수 있다. 금리 절감에 큰 도움이 된다. 그래서 재무 전문가들은 사업의 시작과 끝을 신용보증과 함께 하라고 말한다. 신용보증기금의 지급보증서는 기업의 경영성과, 특히 전년도 매출, 재무제표, 은행거래 내용을 가지고 지급보증 금액을 결정하기 때문에 철저하게 재무관리에 힘쓰고 그 기록을 꼼꼼하게 챙기지 못하면 받기가 어렵다.

물적 담보가 없이 신용으로 사업자금을 조달하는 방법은 이 두 가지 방법 이외는 없다. 따라서 자기신용 관리는 물론이고 외부기관에 사업체의 경영현황을 실시간으로 평가받을 수 있도록 재무관리에 대한 기록을 잘 해두어야 한다.

추천하고 싶은 '머스트 해브' 통장 3가지를 말해 달라

나는 앞에서 금융시장의 변화가 빛의 속도로 변하는 상황에서는 현금자산, 즉 유동성이 준비되어 있는 사람만이 승자가 된다고 말했다. 바로 그 유동성을 실시간으로 확보하는 상품이 CMA다. CMA를 모계좌로 하면 급여이체 등 수시 입출금 통장으로 이용할 수 있고 CMA를 통해 증권사의 고수익 채권상품에 편리하게 투자할 수 있다.

저축상품은 저축의 습관을 키워주고 본격적인 투자를 위한 종잣돈을 만드는 의미가 크다. 현재 시중에서 판매되는 금융상품 중에는 실질적으로 비과세되는 마을금고라고 부르는 상호금융회사의 적금상품과 자유적립식 예금이 경쟁력이 있다.

의미 있는 종잣돈을 만들면 그때 가서 투자상품을 본격적으로 선택하면 된다. 그때까지는 이 두 가지 상품으로 소득을 잘 관리하고 최대한 빠른 시간에 종잣돈을 만드는 것이 중요하다.

마지막으로 내가 추천하고 싶은 저축상품은 '주택청약종합저축통장' 이다. 이 상품은 꼭 아파트 청약을 목적으로 하지 않아도 장점이 많은 상품이다. 아래의 표는 '주택청약종합저축통장' 의 주요 내용이다.

◉ 주택청약종합저축통장 가입정보

구분	내용
가입조건	제한 없음
저축방식	적립식, 예치식
저축금액	월 2만~50만 원
판매회사	우리, 신한, 하나, 기업, 농협은행
청약주택	모든 주택
주택규모	최초 청약 시점에 결정
1순위 조건	가입 후 2년

위의 내용 이외에 주택청약종합저축통장이 갖고 있는 장점은 연 4%의 금리복리로 계산되는 정기예금과의 단순비교는 적절치 않으나 매월 이자를 받는 정기예금 단리식의 금리가 3% 초반이라는 점을 감안하면 상대적으로 높다고 할 수 있다와 소득공제에 있다. 근로소득이 있는 무주택가구주의 경우 연간 불입액의 40%인 48만 원까지 소득공제를 받을 수 있다.

주택청약종합저축통장은 예치식과 적립식 가입이 모두 가능하다. 예치식은 최대한도가 1,500만 원으로 추가로 50만 원씩 24회1,200만 원까지 4% 금리로 총 2,700만 원까지 저축할 수 있다. 적립식은 월 2만~50만 원까지 5,000원 단위로 자유롭게 납입할 수 있다. 주택청약종합저축은 만기는 따로 없고 주택청약에 성공하는 시점이 만기다. 가입 후 2년이 지나서 중도 해지하는 경우에도 약정이자를 모두 수령할 수 있다. 단, 가입기간이 1년 이상~2년 미만이면 연 3% 금리만 받을 수 있다.

주택청약종합저축통장은 다른 확정금리 상품과 비교해서 상대적으로 금리가 높다는 것이지 한국은행의 기준금리정책에 따라 언제든지 금리가 변동되기 때문에 가입 전 금리를 확인하고 선택해야 한다. 단, 내 집 마련에 대한 니즈가 있는 사람이라면 금리 변동에 영향받지 않아도 된다. 이외에도 물가연동국채, 상호금융회사의 정기예탁금, 증권사 보유물량 장외채권매입 등도 추천하고 싶은 상품이다.

주식투자를 하려고 한다. 추천하고 싶은 종목이 있으면 말해 달라

나는 개인적으로 주식투자가 과거에 비해 매우 쉬워졌다고 생각한다. 부의 양극화 시대답게 종목 간 주가 양극화가 현저하게 발생되는 것이 지금의 주식시장이다.

경기불황에도 코스피지수가 선방하고 있다. 금융장세의 영향 때문이다. 그런데 이 와중에서도 주가가 하락하는 종목이 대부분이다. 왜 그럴까? 소수의 시가총액 상위종목이 주가 상승의 이익을 독점하기 때문이다. 오르는 종목과 내리는 종목 간의 경계가 너무나 명확해졌다. 업종별로 시가총액 상위종목, 그러니까 소위 블루칩 종목들은 시장이 전반적으로 하락장이 계속돼도 주가의 하방 경직성이 강한 특징이 있어서 주가 하락의 정도가 상대적으로 적고 상승장으로 전환되면 신고가를 갱신하는 것이 일반적 흐름이다.

이것이 최근의 주식시장 흐름의 특징이다. 오르는 종목만 오른다. 어느 종목이 이에 해당되는지 당신도 잘 알 것이다. 이 부분에 대해서는 본문에서 충분히 말했다고 생각한다. 여기에 한 가지를 덧붙인다면 어느 업종이든 시장에서 독점적 위치를 차지하는 기업에 투자하라는 것이다.

현재는 개인의 부만 양극화되는 시대가 아니다. 같은 업종의 기업 간에도 주가 양극화는 도저히 극복 안 될 정도로 간극이 계속 벌어지는 것이 대세적 흐름이다.

최근까지 코스피지수를 견인한 것은 시장에서 독점적 위치를 차지하는 소위 시가총액 상위종목이었지, 중소형 종목은 대부분 하락을 면치 못했다.

어떻게 투자해야 하는지 전혀 감이 없다. 앞으로 어떻게 투자해야 하는지 말해 달라

금융위기가 반복되는 시대다. 금융위기가 수시로 반복되고 있고 그 주기도 짧아지고 있는 현실에서 장기 전략을 짜는 문제는 누구에게나 벅찬 문제다.

경제는 생물이다. 끊임없이 변화하는 것이 당연하다. 경제의 변동성을 최소화해서 그 종속변수인 개인의 재테크가 예측 가능성을 높이기 위해서는 금융위기의 진원지인 금융자본을 통제할 필요가 있다. 이 문제는 너무 거시적인 문제이나, 이 문제에 대해서 모든 경제 주체들은 공동으로 대응해야 한다.

세계의 자본시장이 이처럼 탐욕적으로 변한 것은 금융규제가 본격적으로 완화되기 시작한 1980년대 초부터다. 그 이전에는 강력한 금융규제법인 그래스 스티걸 법의 영향으로 탐욕적인 금융자본을 제어하는 장치가 있었다.

역사는 변증법의 합이라고 한다. 이 말은 역사는 일시적으로 그 반동에 의해 모순으로 점철되는 것 같지만, 또 모순의 반동으로 새로운 질서가 만들어진다. 금융개혁에 목소리가 커지고 있는 흐름에서 보자면 앞으로 금융시장의 예측 가능성은 많이 개선될 것이다.

경제 시스템에 종속되어 있는 개인의 재테크 역시 그 예측성이 호전되리라고 생각한다.

투자를 한다는 것은 어려운 일이 아니다. 내 돈으로 투자하는 것이다. 내가 투자의 주체인 것이다. 상식과 원칙을 만들고 이를 지켜나가면 되는 것이다. 투자는 많이 안다고 성공하는 것이 아니다. 상식과 원칙을 지키는 것이 장기적으로 성공의 가능성을 높인다는 사실은 검증된 것이다. 그런 관점에서 시장의 흐름을 놓치지 말고 능동적으로 대응해 투자하라.

그럼에도 펀드에 투자해야겠다. 펀드 투자 잘하는 방법에 대해 알려 달라

펀드에 투자 잘하는 방법은 역설적으로 펀드에 투자를 안 하면 되는 것이다. 그럼에도 우리가 펀드 투자에 미련을 못 버리는 이유는 자신의 능력에 대한 믿음이 없기 때문이다.

우리가 가장 손쉽게 목돈을 투자하는 상품이 정기예금이다. 그런데 이 정기예금의 금리가 3년 동안에 반토막이 났다. 이자로 생활하는 사람에게는 치명적이다. 그러니 주식은 거들떠보지도 않던 보수적 투자자마저 주식시장을 기웃거리는 것이다.

2009년에만 해도 저축은행은 복리 정기예금의 금리가 8.1%였다. 2012년 말에는 이 금리가 반 이하로 떨어져 3.9%다. 은행은 이보다 더 낮은 3.2%다. 세금 공제 후 이자로 환산한 금리는 3%가 되지 않는다. 그러니 예금 고객들이 멘붕 상태가 되는 것은 어쩌면 당연한 일이다.

흔히 펀드 투자를 잘하는 방법을 이렇게 말한다. 첫째, 자산운용에 대한 수익률이 검증된 자산운용사를 선택하고, 둘째, 가능한 한 낮은 수수료의 펀드를 선택하라고.

그러나 이런 방법이 의미가 없는 것이 펀드의 수익률이라는 것은 결국 시장의 변동에 따른 상품의 가격 변동에서 온다. 펀드에 가장 잘 투자하는 방법은 직접투자와 마찬가지로 경기 동향, 개별 기업의 경영성과, 업종에 대한 비전이 그 기준이 돼야 한다. 펀드 유형별 수익률은 시장 평균에 항상 못 미친다. 그러니까 코스피지수가 떨어지는 경우에는 펀드 수익률도 하락을 면할 수밖에 없다.

펀드는 운용자산의 규모가 크기 때문에 수급을 고려해 주식 거래량이 많은 시가총액 상위 종목을 중심으로 포트폴리오를 구성할 수밖에 없다. 그 종목이라는 것이 거의 뻔하다. 그렇다면 당신이 직접 투자하면 될 것을 왜 수수료를 주면서 펀드에 투자하는가.

펀드에 투자해서 가슴앓이 하지 말고 자신의 투자 역량을 키워 직접 투자하는 노력을 해보기를 바란다.

3천만 원으로 임대 부동산에 투자할 수 있는가? 투자가 가능한 지역을 말해 달라

지금까지 나의 삶을 짓눌러 왔던 경쟁이란 짐을 내려놓고 나니 내 눈에는 다른 세상이 찾아왔다. 세상을 사는 것에는 지식보다 세상에 대한 성찰, 사색이 더 중요함을 깨닫게 됐다. 나는 내 지식과 경험이 사회에 유용하게 쓰이기를 소망한다. 그래서 부족한 글이지만 탐욕적인 누군가를 위한 것이 아니라, 이 땅의 주인인 서민, 중산층의 삶에 유용한 도구가 되기를 희망한다.

나는 군 생활이 길어서 남보다 늦게 사회생활을 시작했다. 나의 30대는 왜 그랬는지 모르지만, 남과의 경쟁에서 이기기 위해 존재하는 것 같은 삶을 살았다. 그러다보니 제대로 여행 한번 못 가보고 살았다. 이에 대한 반동인지는 모르겠으나 나는 틈만 나면 등짐을 지고 세상을 정처 없이 떠돌던 방랑시인 김삿갓처럼 세상 곳곳을 유람하며 살고 있다.

다만 경제에 대해 관심이 많은 사람답게 여행하는 지역의 경제 상황을 세밀하게 관찰하는 습관이 일반 여행자와 다르다면 다르다고 하겠다.

우리는 특정 대상의 사물을 관찰하는 경우 대개 주류적인 여론의 시각에 종속된다. 이 때문에 우리의 사고는 획일적이며, 집단 동조화에 부화뇌동한다.

임대 부동산 시장을 평가하는 시각도 그 범주에서 못 벗어난다. 주류 언론이 생산해 내는 기사 내용에 종속되다 보면 임대 부동산에 대한 투자는 부자나 가능하다고 믿는다. 그래서 정말 큰 시장은 서민, 학생들이 집단 거주하는 외곽 지역임에도 소위 핵심권역을 중심으로 평가한다. 이러니 소액 투자자는 발붙일 곳이 없는 것으로만 보인다.

우리나라의 독신자 비율이 급격히 증가하는 것을 모르는 이는 없다. 이 독신 가구의 주류가 누구인가. 학생, 직장인, 30~40대의 독신 남녀들이다. 이들의 평균소득은 도시 가구의 평균소득에 많이 못 미친다. 소득을 감안했을 때 이들은 비싼 임대료를 내고 소위 말하는 핵심권역에 살기는 어렵다.

주거용 오피스텔이 몰려 있는 강남의 역삼동, 논현동의 오피스텔은 평당 매매가가 1,200만 원에서 1,500만 원 수준으로 월 임대료도 분양면적 50m²전용률 55% 수준의 소형 평수도 80만 원에서 최고 100만 원이 넘는다. 이런 임대료를 주고 살 수 있는 독신 가구의 비율이 얼마나 되겠는가. 단기 거주를 필요로 하는 유흥업 종사자가 강남 오피스텔에 많이 거주하는 것도 이런 이유에서다. 강남 오피스텔, 핵심권역을 중심으로 보면 1억 원 이하의 돈으로 임대 부동산에 투자한다는 것은 오피스텔을 담보로 대출 가능액 한도까지 풀full로 대출받아도 가능한 일이 아니다. 그러나 이 지역은 전체 시장으로 보면 크지 않은 시장이다.

지방의 대학가, 공단 밀집지역, 수도권 50만 인구 7대 도시 역세권 지역 중에는 소위 독신 가구를 위한 스튜디오 주택한 공간에 주방과 주거시설이 같이 있는 주택인 저가의 소형 오피스텔, 다세대, 소형 저층 아파트 매물이 아직도 많다. 다만 임대 주택은 임대 회전율, 잠재 수요 임대 수익을 기준으로 투자 대상을 잘 골라야 한다. 쉬운 일은 아니다. 그리고 반드시 현장 실사를 철저히 해야 한다. 아래는 상대적으로 적은 투자금으로 임대 부동산 투자가 가능한 지역이다.

저가 임대주택 매물 집중 지역

1. 안성시 대덕면 내리 중앙대 후문 대학촌

이 지역은 짧은 시간에 소형 오피스텔이 대거 들어선 곳이다. 지역적으로 고립되어 있고, 잠재수요의 다수는 중앙대 재학생으로 방학 기간의 공실이 발생할 위험이 상존하는 지역이다. 그러나 비교적 소액으로 투자가 가능한 지역이다. 그리고 인근의 대림동산, 평택대 주변의 용이동에는 수도권 남부지역에서는 비교적 큰 원룸 단지가 있다.

2. 안산시 고잔동, 시흥시 정왕동의 대규모 오피스텔 단지

수도권 오피스텔 단지 중에는 저가의 소형 오피스텔 물건이 가장 많은 안산시 고잔동, 시흥시 정왕동의 대규모 오피스텔 단지는 매매가가 4,500만~7,000만 원대의 저가 매물이 가장 많은 지역이다. 이 지역은 공단밀집지역으로 이곳에서 일하는 근로자의 수요가 많다. 생각보다 유흥가도 활성화돼 있어 오피스텔에 거주하는 유흥업 종사자와 한양대 에리카 캠퍼스, 한국산업기술대, 경기공업대, 안산대, 신안산대를 다니는 학생수요도 있다. 백문이불여일견이라고 여기서 백번 말해도 한번 직접 가서 보는 것보다 못하다.

3. 부천시 원미구의 심곡동, 중동 신도시 오피스텔 단지

부천시는 경기도 7대 도시 중에서도 20대, 30대의 독신자가 가장 많이 거주하는 지역이다. 중동 신도시에는 신도시 중에서는 일산 다음으로 소형 오피스텔이 가장 많이 공급된 지역 중 하나다.

중동 신도시의 소형 오피스텔 단지 역시 저가 매물이 많은 곳 중 하나다. 그리고 중동 신도시가 속해 있는 원미구 부천역 인근의 심곡동에는 청년, 독신 가구를 대상으로 영업 중인 고시원, 원룸 주택이 몰려 있는 대표적 지역이다. 이곳 부천시 원미구 내의 스튜디오 주택은 서울과 전철로 몇 정거장이 안 되고 서울지하철 1호선·7호선이 운행돼 서울접근성이 뛰어나다. 반면 우수한 입지조건에 비하여 스튜디오 주택원룸, 다세대 주거용 오피스텔의 가격은 낮게 형성돼 있다. 다가구를 개조한 원룸 주택은 세대별 등기가 안 되기 때문에 매매하기 위해서는 전체 가구를 매입해야 한다. 이 때문에 투자금의 투자 단위가 최소 수억 원이 넘는다는 점을 알고 투자계획을 세워야 한다.

그러나 개별 등기가 가능한 이 지역 내의 다세대주택(빌라, 연립), 소형 아파트, 오피스텔은 비교적 적은 돈을 가지고도 투자할 수 있다.

4. 수원시 인계동 오피스텔 단지

수원시의 오피스텔은 영통 신도시와 인계동에 집중돼 있다. 영통 신도시의 오피스텔은 신축이 대부분으로 가격대가 높다. 인계동의 오피스텔은 건축 연령이 높은 대신 저가의 소형 매물이 많고, 임대수요층도 탄탄하다. 수원 지역은 화성시를 포함해 우리나라에서 대학이 가장 많은 곳이다. 오피스텔 단지가 몰려 있는 영통구만 해도 아주대학교, 경기대학교, 경희대학교 수원캠퍼스가 있고, 율천동·하서동에는 성균관대학교 자연캠퍼스, 동남보건대가 있다. 화성시에는 수원역에서 스쿨버스가 다니는 학교만 수원대, 한신대, 장안대, 협성대 등이 있다. 또 인계동은 수원에서 유흥가가 가장 번성한 지역이다. 유흥가뿐 아니라 공공시설이 몰려 있는 곳이기도 하다. 지역 입주조건에 비해서 매매가가 싸고 임대수익이 높은 소형 오피스텔이 수도권 남부지역 중에는 물량이 많은 대표적 지역이다.

5. 강원도 내의 한림대, 상지대, 관동대 등의 대학촌

강원도 무시하지 마라. 강원도 춘천, 원주는 경춘선 복선전철화, 중앙선 연장으로 서울과 일일생활권이 된 지 오래다. 춘천의 아파트가 괜히 오르는 것이 아니다. 반면 스튜디오 주택의 수요는 많지만 소형 아파트, 개별 등기가 가능한 다세대주택의 가격은 아직까지는 많이 오르지 않았다.

강원도에서 소형 임대부동산 중에서 경제성이 있는 매물이 많은 곳은 춘천시의 강원대 · 한림대, 강릉시의 관동대 · 강릉원주대, 원주의 상지대 대학가이다. 대학가 지역의 임대 방식은 방학 기간의 공실률을 감안 해 대개 1년치 월세를 한 번에 받는 선월세로 임대방식을 택하고 있어 임대 회전율이 안정적이다.

6. 천안 백석대, 단국대, 상명대, 호서대 등 대학촌이 몰려 있는 안서동의 다세대주택

천안시는 거주인구 대비해서 대학생이 가장 많은 지역이다. 천안시의 안서동 · 두정동은 백석대학교, 단국대학교, 상명대학교, 공주대학교, 호서대학교 천안캠퍼스 등 천안시의 대학이 몰려 있는 지역이다. 이 지역의 원룸스튜디오 주택의 개념 주택의 임대 방식은 다른 지역의 대학촌과 마찬가지로 1년 선월세 방식을 택하고 있어 안정된 임대수익이 보장된다.

위에 예를 든 지역 외에도 저가의 소형 아파트, 다세대주택, 소형 오피스텔 등의 스튜디오 주택이 밀집돼 있는 지역이 많다. 대구권의 대학이 몰려 있는 경산시의 하양읍 · 진량읍, 대전의 한남대 · 대전대 대학촌, 부산의 부산대 일대의 대학촌의 소형 수익성 부동산은 매매가는 낮은 반면 잠재수요층이 풍부해 투자금 대비 임대수익이 높은 대표적인 지역이다. 이곳 말고도 소액을 가지고 임대부동산에 투자 가능한 지역을 찾아보면 의외로 많다. 그리고 관광 특수가 있는 강원도 속초시, 동해시의 오피스텔을 세컨드 주택의 개념으로 소액으로 매입하는 것도 경제성이 있다. 온갖 악재에도 불구하고 시장은 여전히 넓고 투자할 곳은 많다. 분발하기 바란다.

이제 이 책을 끝맺어야 할 시점이다. 부족한 내용의 책을 끝까지 읽어준 독자 여러분에게 감사하다. 우리는 잘 살기 위해서 재테크에 열중한다고 말한다. 그러나 개인이 아무리 재테크를 잘해서 돈을 많이 벌어도 행복지수를 높이는 것에는 한계가 있다.

경쟁에서 탈락해 가난에 허덕이는 사람이 급증하고 있는 사회에서 나만 잘 먹고 잘 산다고 행복할 수는 없다. 우리 공동체가 사회적 약자를 보호하고 그들과 행복을 함께 할 때 사회 구성원의 행복지수도 높아진다. 경쟁의 무거운 짐은 잠시 내려놓고 무엇이 우리를 정말 행복하게 하는 것인지 생각해 보자.

여러분 가정이 행복하기를 소망한다.

저자 후기

책말미에 넋두리 좀 해볼까 합니다.

우리에게 좋은 집은 어떤 집일까요, 또 좋은 부모는 어떤 부모를 말하는 것일까요? 좋은 집의 좋은 부모는 학력이 떨어지고 직업이 변변치 못해 돈도 못 버는 자녀라고 차별해서 대하지 않습니다. 그리고 그 자녀를 시혜의 대상으로 삼지도 않습니다. 잘났든 못났든 소중한 자녀로 대합니다. 이런 가정에서 성장한 자녀들이 다른 형제가 자신보다 못하다고 해서 멸시하고 비난할 리 만무합니다.

민주공화국에서의 국가는 국민 모두에게 좋은 집이 돼야 합니다. 그것이 국가의 의무이기도 하구요. 우리나라 헌법에도 모든 국민이 인간답게 생활할 권리를 보장하고 있습니다. 국가는 당연히 사회적 약자를 보호할 의무가 있습니다. 국가는 국민에게 좋은 집의 좋은 부모가 돼야 합니다. 국가가 시행하는 사회복지는 단지 가난한 사람을 구제한다는 극빈적 인식부터 버려야 합니다. 민주공화국에서의 국민복지는 국가가 주는 시혜가 아닙니다. 국민이 당연히 누려야 할 사회권리입니다. 국민의 사회적 권리란 일을 할 권리이며 직업과 기능의 편차 없이 생활에 필요한 임금을 각자의 노동을 통해 받을 권리입니다.

선진 복지국가에서는 다하는 일들입니다. 왜 핀란드에서는 아스팔트 타설공이 고소득 직군에 속하는 것일까요. 그들은 사람들이 꺼려하는 3D 업종일수록 더 높은 대우를 하기 때문입니다. 덴마크에서는 의사보다 청소부의 임금이 더 높다고 합니다. 그러니 부모가 좋은 대학가라고 들들 볶지 않습니다. 대학을 안 가면 어떻습니까. 대학을 안 가도 자기가 하고 싶은 일을 찾아 열심히 일하면 안락한 생활이 보장되는데 말입니다. 이 나라 부자들은 높은 세금을 물려도 국가에 저항하지 않습니다. 이것이 자신뿐만 아니라 사회공동체 모두를 행복하게 한다는 것을 잘 알고 있기 때문입니다.

우리나라는 멀었습니다. 자신의 기득권을 버리고 사회개혁에 앞장설 정치인, 정치집단이 없기 때문이다. 국가정책을 발의하고 입법화하는 여의도 국회는 자신의 이익이 걸린 문제에 대해서는 결코 포기하지 않지만 서민을 위한 법 개혁에는 뜨뜻미지근합니다. 당연합니다. 그들은 대형차에 보좌하는 비서진만 6명이 되고 임기 내 국민세금을 25억 원이나 쓰는 사람들입니다. 우리 사회의 진보를 자처하는 자들은 진보를 자신의 상업적 명성과 부의 축적의 수단으로 삼고 있는 사람입니다. 이런 판국에 나만 잘 먹고 잘 살자는 재테크가 무슨 소용이 있겠습니다. 재테크를 안 해도 우리 국가가 좋은 집이 돼준다면 모든 국민이 행복하지 않겠습니다.

우리가 나서야 합니다. "함께 참여해서 여의도를 점령합시다."

그래서 대한민국의 정의를 세웁시다. 정치권의 진영논리에 휩싸여 진보니, 보수니 하면서 서로를 공격하지 맙시다. 사회적 약자를 보호하는 사회복지 문제에 진보가 어디 있고 보수가 어디 있습니까.

보수정당이 집권한 유럽국가를 보십시오. 보수정당이 집권했다고 해서 복지예산이 줄어들지 않았고 또 사회주의정당이 집권했다고 복지예산이 갑자기 늘어나지도 않습니다. 그들에게 복지문제는 이데올로기의 문제가 아니라 국가 통합을 위해 꼭 필요한 가치라는 것을 국민 모두가 인정합니다.

그리고 청년들이여. 우리 50대 꼰대를 비난하지 맙시다. 50대가 배운 민주공화국은 헌법에만 있는 것이었지 현실은 유신독재, 전두환 군사정부 아래의 전체주의 상황에서 보고 배운 것입니다. 그래도 소수나마 사회의 정의를 세우고자 노력하는 50대 꼰대들도 있다는 사실을 알아주기 바랍니다.

밤이 깊었습니다. 넋두리를 그만해야겠습니다. 우리 대한민국 국민 모두가 행복한 그날까지 자신이 서 있는 자리에서 정의를 실천합시다.